AF143701

# NATURZEIT MIT KINDERN

# GRÜNE OASEN IM
# RUHRGEBIET

Natalie Dickmann

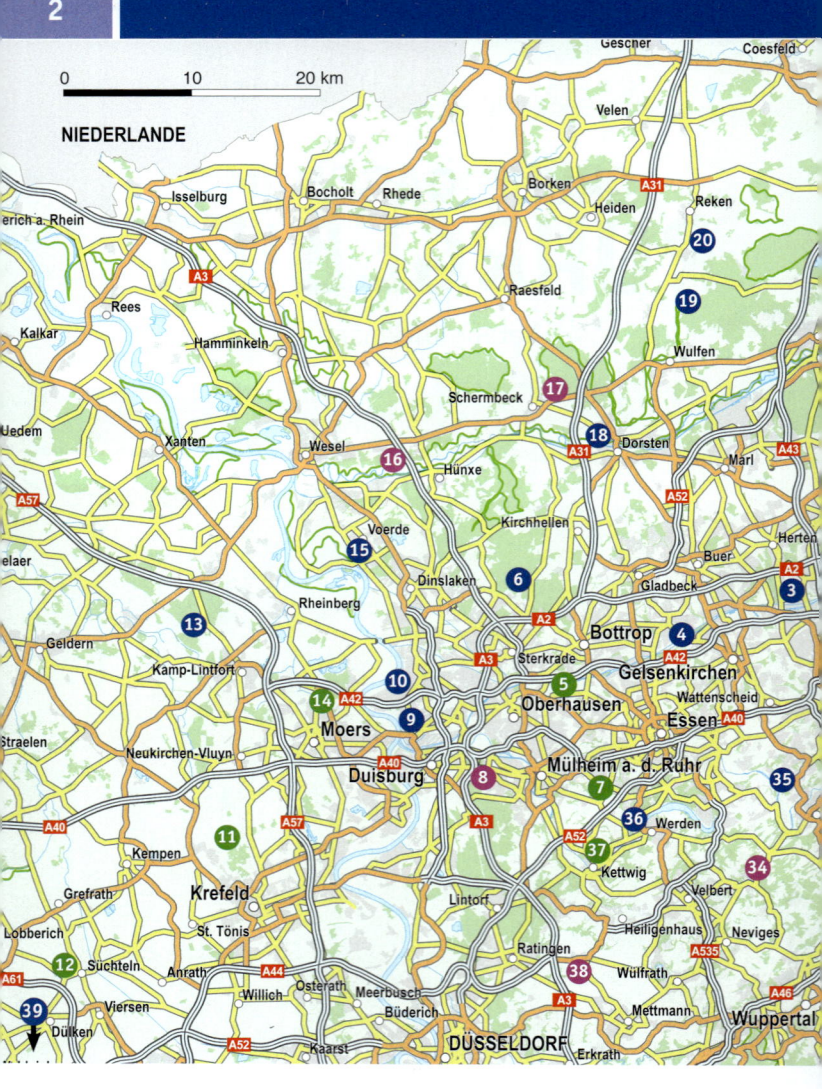

## Grüne Oasen im Ruhrgebiet

»Naturzeit« in der Metropolregion ..6
Ruhrgebiet aktiv .........................9
Wandern mit Kindern ............... 14
Die Touren in diesem Buch ........ 18

## 40 Familientouren

**Grüne Oasen im Zentrum** ........ 22

❱ **Tour 1:** ............................... 28
Durch Dortmunds grünen Süden
*Eine Bachwanderung in der
Bittermark*
*(ab 6 Jahre, 2 h 30, ⬍ 120 m)*

❱ **Tour 2:** ............................... 32
Waldspielplatz und Quelle
*Vom Gysenbergpark in den
Gysenberger Wald*
*(ab 4 Jahre, 2 h, ⬍ 80 m)*

**Spiele in der Natur** ................. 37
*eine Waldexpedition mit Kindern*

❱ **Tour 3:** ............................... 42
Alpine Vegetation mitten im Pott
*Die Halde Hoheward und der Ewaldsee*
*(ab 6 Jahre, 3 h 30, ⬍ 120 m)*

**Industrienatur** ........................ 46
*neues Leben auf alten Brachen*

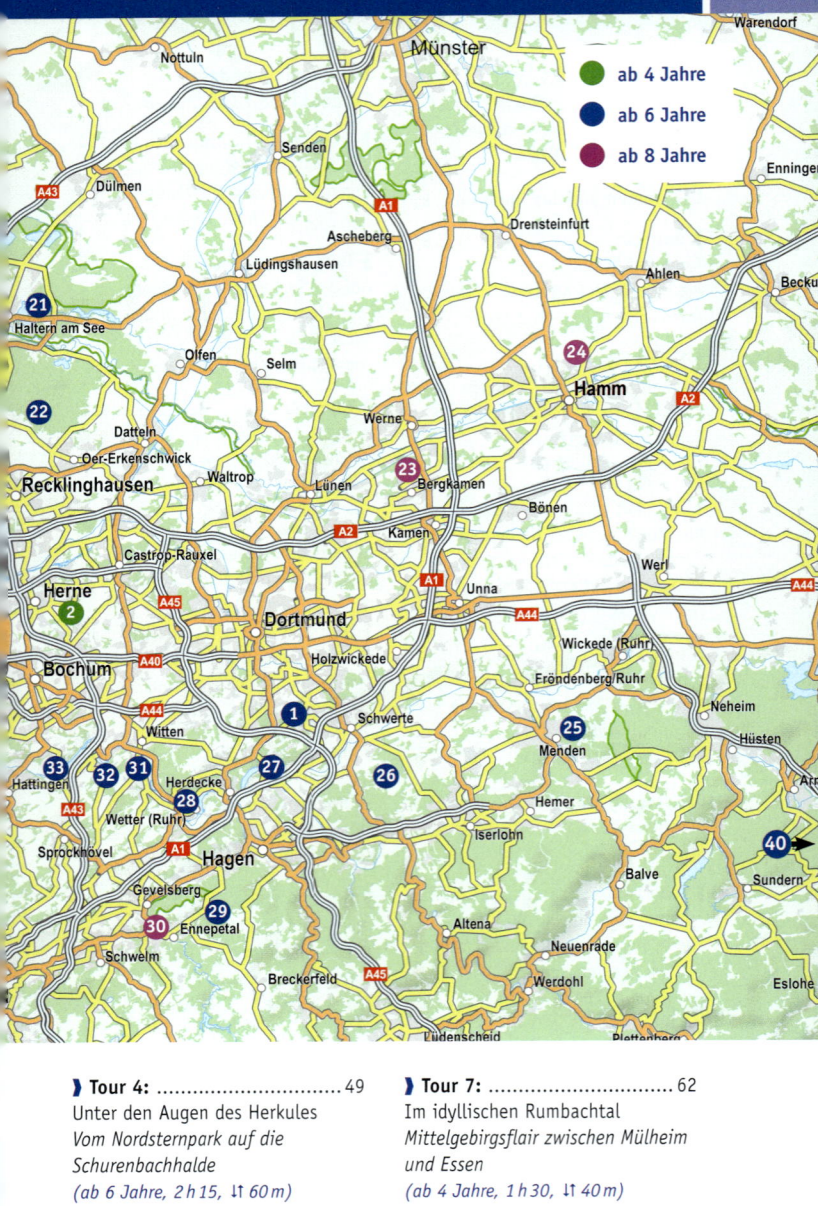

ab 4 Jahre

ab 6 Jahre

ab 8 Jahre

❱ **Tour 4:** ............................ 49
Unter den Augen des Herkules
*Vom Nordsternpark auf die*
*Schurenbachhalde*
*(ab 6 Jahre, 2 h 15, ⇅ 60 m)*

❱ **Tour 5:** ............................ 54
Bienen, Burg und Brache
*Fleißigen Honigsammlern und einer*
*alten Sage auf der Spur*
*(ab 4 Jahre, 1 h 30, ⇅ 10 m)*

❱ **Tour 6:** ............................ 58
Am wilden Rotbach
*Kletterpartie in naturbelassenem Gelände*
*(ab 6 Jahre, 2 h 45, ⇅ 30 m)*

❱ **Tour 7:** ............................ 62
Im idyllischen Rumbachtal
*Mittelgebirgsflair zwischen Mülheim*
*und Essen*
*(ab 4 Jahre, 1 h 30, ⇅ 40 m)*

**Farbe für den »Pott«** .............. 66
*Pottsteine suchen, finden und*
*verstecken*

❱ **Tour 8:** ............................ 68
Berg und Tal an der Ruhr
*Raffelberg, Kaiserberg und die*
*Auen der Ruhr*
*(ab 8 Jahre, 4 h, ⇅ 100 m)*

❱ **Tour 9:** ................................ 74
Wo die Ruhr in den Rhein mündet
*Mit dem Rad zur Rheinorange*
*(ab 6 Jahre, 3 h, ↓↑ 70 m)*

**Der Westen und das Rheintal** .. 80

❱ **Tour 10:** ............................ 84
Tiger und Schildkröte
*Die begehbare Achterbahn in Duisburg*
*(ab 6 Jahre, 2 h 45, ↓↑ 30 m)*

❱ **Tour 11:** ............................ 88
Waldlehrpfad am Hülser Berg
*Kleine Runde zu drei Wildgehegen,*
*Quelle und Aussichtsturm*
*(ab 4 Jahre, 2 h, ↓↑ 60 m)*

❱ **Tour 12:** ............................ 92
Abenteuerpfade am Niederrhein
*Zum Walderlebniszentrum und zum*
*Wildgehege auf den Süchtelner Höhen*
*(ab 4 Jahre, 1 h 45, ↓↑ 40 m)*

❱ **Tour 13:** ............................ 96
Schmale Pfade in der Leucht
*Eine Million Jahre Erdgeschichte*
*mitten im Wald*
*(ab 6 Jahre, 3 h, ↓↑ 30 m)*

**Geocaching** ......................... 102
*eine Schnitzeljagd mit digitaler*
*Schatzkarte*

❱ **Tour 14:** ........................... 104
Aufstieg zum Geleucht
*Kleine Runde auf den Aussichtsturm*
*und um den Waldsee*
*(ab 4 Jahre, 1 h 45, ↓↑ 70 m)*

❱ **Tour 15:** ........................... 108
Über den Rheindeich
*Mit dem Rad von Voerde nach*
*Götterswickerhamm*
*(ab 6 Jahre, 3 h, ↓↑ 30 m)*

**Der Norden und das
Tal der Lippe** ...................... 114

❱ **Tour 16:** ........................... 118
Wie Sand am Meer
*Durch die Drevenacker Dünen*
*(ab 8 Jahre, 3 h 30, ↓↑ 40 m)*

❱ **Tour 17:** ........................... 122
Auf der Suche nach Tierspuren
*Der Ameisenbarfußpfad in der*
*Üfter Mark*
*(ab 8 Jahre, 3 h 30, ↓↑ 60 m)*

❱ **Tour 18:** ........................... 126
Flussfahrt auf der Lippe
*Wildes Wasser zwischen Dorsten und*
*Schermbeck*
*(ab 6 Jahre, 2 h 30)*

**Lebensraum Fluss** ............... 129
Reiher, Kormoran und Eisvogel

❱ **Tour 19:** ........................... 130
Tante Guste und der Galgenberg
*Eine Waldrunde mit Höhepunkten*
*(ab 6 Jahre, 2 h 30, ↓↑ 80 m)*

❱ **Tour 20:** ........................... 134
Auf der BahnLandLust-Route
*Radtour vom Ruhrgebiet ins*
*Münsterland*
*(ab 6 Jahre, 3 h 30, ↓↑ 140 m)*

❱ **Tour 21:** ........................... 140
Hullerner See und Westruper Heide
*Am Seeufer, durch die Heide und*
*durch Dünen*
*(ab 6 Jahre, 2 h 30, ↓↑ 30 m)*

❱ **Tour 22:** ........................... 144
Gipfelsturm am Stimberg
*Auf den höchsten Punkt von*
*Oer-Erkenschwick*
*(ab 6 Jahre, 3 h, ↓↑ 110 m)*

❱ **Tour 23:** ........................... 149
Abenteuer auf grünen Halden
*Vom Beversee auf die Adener Höhe*
*(ab 8 Jahre, 4 h, ↓↑ 100 m)*

❱ **Tour 24:** ........................... 154
Mit dem Rad rund um Hamm
*Durch Felder, lichte Wälder und am*
*Kanal entlang*
*(ab 8 Jahre, 4 h, ↓↑ 100 m)*

**Das Tal der Ruhr
und der Süden** ..................... 160

❯ **Tour 25:** ........................... 166
Schildkröten im Hexenteich
*Mittelgebirgswanderung zwischen
Menden und Neheim*
*(ab 6 Jahre, 2 h 45, ⬍ 100 m)*

❯ **Tour 26:** ........................... 171
Spiel und Spaß am Elsebach
*Wanderung an der Grenze zum
Sauerland*
*(ab 6 Jahre, 2 h 45, ⬍ 110 m)*

**Eine Wettfahrt im Bach** ......... 175
*Boote aus der eigenen Werkstatt*

❯ **Tour 27:** ........................... 178
Bergtour zur Ruine Hohensyburg
*Eine Kletterpartie durch die
Ruhrsteilhänge*
*(ab 6 Jahre, 3 h, ⬍ 220 m)*

❯ **Tour 28:** ........................... 184
Aussicht über dem Harkortsee
*Über den Harkortberg zu Quellen, einer
Grotte und vielen Aussichtspunkten*
*(ab 6 Jahre, 2 h 30, ⬍ 120 m)*

❯ **Tour 29:** ........................... 188
Staumauer und kleine Bäche
*Rund um und über die Hasper
Talsperre*
*(ab 6 Jahre, 2 h 45, ⬍ 180 m)*

❯ **Tour 30:** ........................... 192
Endeckertour im Ennepetal
*Rund um die Kluterthöhle*
*(ab 8 Jahre, 3 h 45, ⬍ 280 m)*

❯ **Tour 31:** ........................... 197
Mit dem Kanu auf der Ruhr
*Von Witten-Bommern zum
Kemnader See*
*(ab 6 Jahre, 2 h 30)*

❯ **Tour 32:** ........................... 200
Bergbau im Muttental
*Wissenswertes in schöner Natur*
*(ab 6 Jahre, 2 h 30, ⬍ 120 m)*

❯ **Tour 33:** ........................... 205
Abenteuerwege im Wald und am Wasser
*Auf dem historischen Leinpfad rund
um Bochum-Stiepel*
*(ab 6 Jahre, 2 h 30, ⬍ 70 m)*

❯ **Tour 34:** ........................... 210
Weitblick über das Ruhrgebiet
*Unterwegs auf der Entdeckerschleife
bei Velbert-Langenberg*
*(ab 8 Jahre, 4 h, ⬍ 230 m)*

❯ **Tour 35:** ........................... 213
An der rauschenden Ruhr
*Über zwei Brücken, zur Horster
Schleuse und in den Park Hörsterfeld*
*(ab 6 Jahre, 1 h 45, ⬍ 60 m)*

❯ **Tour 36:** ........................... 217
Kletterpartie auf dem Baldeneysteig
*Zwischen Steig, See, Staumauer
und Wildgatter*
*(ab 6 Jahre, 3 h, ⬍ 130 m)*

**Wildschwein, Hirsch und Co** .. 222
*Wie leben eigentlich Tiere im Wald?*

❯ **Tour 37:** ........................... 224
Botanische Vielfalt an der Ruhr
*Auf dem Waldlehrpfad im Kettwiger
Stadtwald*
*(ab 4 Jahre, 1 h, ⬍ 80 m)*

**Buche, Eiche oder Ahorn?** ...... 228
*Die Bäume in unserem Wald*

❯ **Tour 38:** ........................... 232
Wandern im Schwarzbachtal
*Unterwegs in wilder Natur*
*(ab 8 Jahre, 3 h 30, ⬍ 110 m)*

**Ausflug für ein Wochenende** .. 236

❯ **Tour 39:** ........................... 238
Auf dem Wildnis-Trail in der Eifel
*In zwei Tagen von Heimbach
nach Zerkall*
*(ab 6 Jahre, 2 Tage, ⬍ 500 m)*

❯ **Tour 40:** ........................... 244
Wo die Ruhr entspringt
*Auf dem Rothaarsteig zur Quelle
der Ruhr*
*(ab 6 Jahre, 2 Tage, ⬍ 520 m)*

**Reiseinfos**

Unterkunft und Übernachtung .. 250
Register ............................... 257
Autorin ............................... 258
Impressum ........................... 259

# »Naturzeit« in der Metropolregion

*Das Ruhrgebiet ist der größte Ballungsraum Deutschlands und mit über fünf Millionen Einwohnern dicht besiedelt. Es steht für Bergbau, Industrie und eine gute städtische Infrastruktur. Und doch versteckt sich zwischen Autobahnen, Eisenbahnstrecken und Kanälen auch ganz viel Natur. Grüne Oasen, in denen Familien unbeschwerte Zeit und kleine Abenteuer in der Natur erleben können, ohne dafür weit zu reisen.*

## Die Geschichte von Bergbau und Industrie

Im 19. Jahrhundert war mit dem Landschaftsnamen »Ruhrgebiet« nur die Gegend um die untere und mittlere Ruhr gemeint. Hier wurde zuerst Kohle entdeckt und gefördert. Durch den Abbau von Kohle und Eisenerz wurde das Ruhrgebiet in den nächsten Jahrzehnten zu einem der mächtigsten Wirtschaftsräume Europas. So zählte man hier im Jahr 1804 über 200 Zechen.

Anfang des 20. Jahrhunderts entstand der »Siedlungsverband Ruhrkohlenbezirk« (SVR), der Vorgänger des »Regionalverband Ruhr« (RVR). Damit dehnte sich die als Ruhrgebiet bezeichnete Region aus: vor allem nach Norden bis in die Niederungen der Lippe, aber auch nach Westen in die Gebiete des linken Niederrheins. Heute zählen zum RVR 53 Gemeinden, die in elf kreisfreie Städte und vier Kreise zusammengefasst sind.

Gegen Ende des 20. Jahrhunderts begann der Strukturwandel im Ruhrgebiet: Bereits in den 70er Jahren befanden sich Bergbau und Stahlindustrie in einer Krise. Im Jahr 1990 wurde der letzte neue Schacht in Betrieb genommen. Zu diesem Zeitpunkt gab es noch 19 Zechen im gesamten Ruhrgebiet. 2007 waren es nur noch vier Bergwerke. Am 21. Dezember 2018 wurde die Steinkohleförderung endgültig eingestellt.

Durch das schleichende Ende des Bergbaus in den vergangenen Jahrzehnten hat das Ruhrgebiet nach und nach eine deutlich erkennbare Wandlung durchgemacht: Nach vielen Jahren, in denen Bergbau und Stahlindustrie die Landschaft prägten, durfte sich die Natur an vielen Orten tief im Westen wieder durchsetzen und grüne Oasen schaffen. So ist die Luft über der Ruhr und auch im restlichen »Pott« längst wieder blau und klar.

## Geographie des Ruhrgebietes

Das Ruhrgebiet wird durch die Flüsse Ruhr, Emscher und Lippe gegliedert. Ganz im Westen befindet sich außerdem der Rhein. 17,5 Prozent der Fläche sind mit Wald bewachsen. Das sind etwa 78.000 Hektar. Im Vergleich zu anderen europäischen Industrieregionen ist das ein relativ großer Waldanteil. Durch Aufforstung und Rekultivierung von Halden werden die Waldflächen jedes Jahr größer. Auch die Brachflächen stillgelegter Industrieanlagen holt sich die Natur zurück.

Das Ruhrgebiet grenzt im Osten an das Mittelgebirge des Sauerlands und im Süden an das Bergische Land. Außerdem befindet sich in der Region der Höhenzug des Ardeygebirges, das sich bis zu einer Höhe von 274 Metern über Dortmund, den Ennepe-Ruhr-Kreis und den Kreis Unna zieht. Der höchste Berg des Ruhrgebiets ist der Wengeberg, der mit seinen 441 Metern in Breckerfeld im Ennepe-Ruhr-Kreis steht. Am Gipfel befinden sich ein Sendemast und ein Restaurant.

### Naturzeit im Ruhrgebiet

Das Wanderrevier Ruhr ist geprägt durch eine abwechslungsreiche Mischung aus Relikten der intensiven Bergbauzeit und Naturlandschaft. Wir wandern durch ausgedehnte Wälder, genießen die Aussicht von einer Halde, durchstreifen ein renaturiertes Industriegelände oder spazieren an Kanälen und Flüssen entlang. Die Stauseen der Ruhr ermöglichen sogar Wassersport und auf Ruhr und Lippe kann man gut paddeln.

Zwei Wochenendtrips führen über die Grenzen des Ruhrgebiets hinaus ins Sauerland und in die Eifel. Wir besuchen mit den Touren aus diesem Buch sowohl die Quelle der Ruhr [> Tour 40] als auch ihre Mündung in den Rhein bei Duisburg [> Tour 9] und spannen somit einen Bogen über den Fluss, dem die Region ihren Namen zu verdanken hat.

### Die Regionen in diesem Buch

Für einen besseren Überblick und eine gute Übersicht haben wir das Ruhrgebiet in vier Gebiete eingeteilt.

### Grüne Oasen im Zentrum

Der am dichtesten besiedelte Teil des »Potts« überrascht mit kleinen grünen Oasen, durch die auch die Emscher fließt. Zwischen Duisburg und Dortmund steigen wir auf Halden, radeln an Rhein und Ruhr und wandern auf Pfaden in Parkanlagen und an Kanälen entlang. Schön ist es auch im waldreichen Rumbachtal zwischen Mülheim und Essen. Hier wähnt man sich fast im Mittelgebirge.

*Blick auf die Ruhr*

## Der Westen und das Rheintal

Am westlichen Rand des Ruhrgebiets treffen wir auf »Vater Rhein«, wie der Fluss Anfang des 19. Jahrhunderts von deutschen Dichtern der Romantik benannt wurde. Ihre Gedichte sowie alte Märchen und Sagen verliehen dem Fluss eine mystische Aura, die bis heute nachwirkt. Besonders nahe kommen wir dem Rhein auf einer Radtour durch die Auenlandschaft bei Voerde.

Etwas anderer Natur ist die begehbare Achterbahn Tiger & Turtle. Sie lässt nicht nur Kinderherzen höher schlagen. Auch das Geleucht auf der Halde Rheinpreußen mit toller Aussicht lohnt den Besuch.

Der Niederrhein überrascht uns mit unerwarteten Höhenmetern und einer historischen Dampfeisenbahn.

## Der Norden und das Tal der Lippe

In greifbarer Nähe zum Münsterland wandern wir durch Dünen, die Hohe Mark und die einmalig schöne Westruper Heide. Mit dem Kanu sind wir auf der Lippe unterwegs, mit dem Fahrrad erkunden wir die nördlichste Tour des Buches. Es geht aber auch hier bergauf: Nach den Anstiegen auf den Stimberg und die Adener Höhe reicht die Aussicht bis weit ins Münsterland hinein.

## Das Tal der Ruhr und der Süden

Die Ruhr schlängelt sich südlich der großen Städte durch Wald und Hügel. Das Tal der Ruhr ist ein weitläufiges Naherholungsgebiet und besticht vielerorts durch seine idyllische Schönheit. Die Ufer des Flusses sind weitgehend unverbaut. Dies können wir nicht nur beim Paddeln erleben, sondern auch bei den Wanderungen.

Die Ausläufer des Bergischen Landes, der Berge des Sauerlandes sowie das Ardeygebirge lassen uns beim Wandern zwischen Ratingen und Neheim Kondition für die Wochenendtouren in Sauerland und Eifel sammeln. Dafür werden wir immer wieder mit tollen Aussichten belohnt.

## Ausflug für ein Wochenende

Unweit des Ruhrgebiets locken die Mittelgebirgslandschaften in Eifel und Sauerland mit vielen schönen Möglichkeiten zu aktiver Naturzeit am Wochenende. Wir erwandern einen Teil der beliebten Fernwanderwege Rothaarsteig (Sauerland) und Wildnis-Trail (Eifel) in jeweils zwei kindgerechten Etappen. Dabei gelangen wir auf dem Rothaarsteig auch zur Quelle der Ruhr und besuchen damit den Ursprung des Flusses, dem die Region ihren Namen verdankt.

# Ruhrgebiet aktiv
# Sport, Spiel und Familienabenteuer

*Neben Wanderungen und Fahrradtouren gibt es für Familien viele weitere spannende Möglichkeiten, die Natur zu erleben und die grünen Winkel des Ruhrgebietes kennenzulernen. Bei vielen Kids besonders beliebt ist dabei alles, was auf irgendeine Weise mit Wasser zu tun hat. Ganz den individuellen Bedürfnissen folgend kann man baden, an Bächen spielen, Schiffchen schwimmen lassen, ein Tretboot chartern, mit dem Kanu in See stechen oder das eigene Gleichgewichtsgefühl auf dem Paddelboard testen. Sogar Windsurfen kann man auf den größeren Seen im Ruhrgebiet lernen. Wer lieber trockene Füße behält, lernt das Klettern und Bouldern oder testet im Hochseilgarten die eigenen Grenzen.*

### Schwimmen und Baden

Der größte und bekannteste See der Region ist der Haltener Stausee [> Seite 117]. Darüber hinaus gibt es die sechs Ruhrstauseen sowie kleinere Badeseen, Frei- und Erlebnisbäder mit Rutschenanlagen sowie Spiel- und Sportplätzen, die wir teilweise bei den Ausflugszielen nennen.

### Surfen und Segeln

Surfen und Segeln geht nicht nur am Meer. Auch im Ruhrgebiet gibt es verschiedene Möglichkeiten das Surfen zu lernen. Bei Surf'n Smile am Baldeneysee sind Kids ab neun Jahren in den Kursen willkommen. Am Kemnader See bietet Westufer Kemnade auch Feriencamps auf dem Surfboard an und bei Beachline in Xanten können Kids ab sieben Jahren den Surfschein machen.

In der Wassersportschule am Kemnader See lernen siebenbis dreizehnjährige während der Ferien das Segeln in den handlichen Optimistenjollen und können dabei den sogenannten »Jüngstensegelschein« machen.

### Stand-Up-Paddling

Was macht ein Surfer bei Flaute? Er ersetzt den Wind durch ein Paddel. Stand-Up-Paddling, kurz SUP genannt, ist immer noch ein Trendsport. Man steht dabei auf einem breiten Surfbrett und bewegt dieses mit einem langen Paddel langsam über das Wasser. Das Ganze erfordert gutes Gleichgewichtsgefühl und macht vor allem größeren Kindern viel Spaß.

Die Paddeltechnik ist unkompliziert: Es gibt Kurse für Einsteiger, aber auch *learning by doing* funktioniert. Fast alle Surfschulen bieten auch Unterricht auf dem SUP-Board an. Ausschließlich auf Stand-Up-Paddling spezialisiert sind dagegen die Pottpaddler am Baldeneysee, die auch Kurse für Kinder ab zehn Jahren im Programm haben.

## Mit Ruder- und Tretboot

Die unkomplizierteste Art eines Kurzausfluges auf dem Wasser ist eine Fahrt mit dem Tret- oder Ruderboot. Verleihstationen gibt es entlang der Ruhr und ihrer Seen sowie an der Lippe an verschiedenen Standorten.

Die Miete für ein Tretboot liegt bei € 10 – 12 pro Stunde, für ein Elektroboot zahlt man € 15 – 35 pro Stunde, für ein Ruderboot € 9 – 10. Für alle Bootstypen gibt es meist auch günstigere Tages- und Halbtagestarife.

## Mit dem Kanu unterwegs

An Ruhr und Lippe lassen sich auch Kajaks und Kanadier mieten. Letztere sind für Anfänger mit Kindern besser geeignet, da sie recht stabil im Wasser liegen. Kanadier sind oben offen und werden mit einem Stechpaddel gefahren. Beim Kajak sitzt man in einer Luke im geschlossenen Boot. Kajaks sind schmaler als Kanadier und deutlich wackeliger. Die Gefahr zu kippen ist daher höher. Dafür steuert man Kajaks mit einem Doppelpaddel, was Anfängern oft leichter fällt als die Steuertechnik mit dem Stechpaddel.

Die Preise variieren je nach Größe des Bootes, Länge der Strecke und benötigtem Transfer. Beide Flüsse sind auch für Anfänger problemlos zu befahren. Wir stellen in diesem Buch bei [> Tour 18] und [> Tour 31] je eine Route auf der Lippe und der Ruhr vor.

## Hochseilgarten

Hoch in der Luft baumelnde Seile, Baumstämme und Seilbahnen verbinden eine Plattform oben im Baum mit der nächsten. Professionell mit Klettergurt und Helm gesichert überwindet man den Abgrund: auf einem schaukelnden Balken balancierend, in einer Holzkistenbahn oder durch ein aus Seilen geknüpftes Spinnennetz. Ein Hochseilgarten wirkt wie eine Mischung aus Affenkäfig und Abenteuerspiel-

platz. Die einfachsten Parcours sind schon von Vier- bis Sechsjährigen zu meistern und befinden sich kaum höher als einen Meter über dem Boden. Die Profiversion schwankt in zehn bis 17 Metern Höhe in den Baumwipfeln und verlangt neben viel Mut auch recht sportliche Aktionen.

Ein Besuch im Hochseilgarten mit Kindern ist ein Familienevent: Kinder unter zwölf Jahren dürfen oft nämlich nur in Begleitung eines Erwachsenen zwischen die Bäume. Gemütlich zurücklehnen und bewundern, wie toll der Nachwuchs das macht, ist also nicht. Gerade weil es ein wenig Mut kostet, sich darauf einzulassen, bieten Hochseilgärten besondere und intensive Erlebnisse – sozusagen ein gemeinsam durchlebtes Abenteuer. Kinder bewegen sich zwischen den Bäumen oft viel furchtloser als Erwachsene, sodass die Eltern nicht unbedingt die tollen Helden sind, sondern mit ihren Kindern auf Augenhöhe stehen. Alles Wichtige erklären die Trainerinnen und Trainer. Dann zieht man an den meisten Anlagen auf eigene Faust los. Man kann einfach anfangen und sich vorsichtig an Schwierigeres herantasten – im eigenen Tempo und bis zu den persönlichen Grenzen.

Beim ersten Besuch im Hochseilgarten sollte man darauf achten, dass es mehrere einfache Einsteigerparcours gibt. Nur so kann man die Höhe und Anforderungen langsam steigern. Für junge Kletterer und Anfänger gut geeignet sind zum Beispiel der Hochseilgarten tree2tree in Duisburg [› **Seite 80**] mit drei verschiedenen Kinderparcours und der Kletterwald Wetter auf dem Harkortberg [› **Seite 163**]. Ein besonderes Highlight ist auch der Hochseilgarten im Landschaftspark in Duisburg [› **Seite 46**]. Hier klettern große Kids ab 16 Jahren auf der »Expedition Stahl« zwischen alten Industrietürmen.

## Klettern

Klettern ist ein Outdoorsport, der schon jüngeren Kindern viel Spaß macht – auch wenn zwischen Ruhr, Rhein und Lippe die hohen Berge fehlen. Die ersten Erfahrungen im Klettern sammelt man sowieso am besten in einer Kletterhalle und die gibt es auch im Ruhrgebiet. Kurse werden sowohl für Kindergruppen als auch für Familien angeboten. In Familienkursen lernen Eltern und Kinder gemeinsam, wie man mit Klettergurten umgeht, die richtigen Knoten schlingt und einen Kletterer sichert.

Indoorkletteranlagen mit Routen aller Schwierigkeitsgrade finden sich zum Beispiel in Bochum und Mülheim, Boulderhallen gibt es in Wattenscheid, Oberhausen und Gelsenkirchen.

## Skateboard und Co.

Rampen, Slidebalken und Halfpipes sind in den vergangenen Jahren in vielen Stadtteilen im Ruhrgebiet entstanden. So kommen Skater unter anderem im Bike- & Skatepark Recklinghausen Hochlarmark, in der Open Airea Oberhausen sowie in den Skateparks in Witten-Heven, Essen-Kray und Wanne auf ihre Kosten. Im Hibernia Skatepark Herne bietet Plan B Funsport außerdem Skateboard-Kurse an.

### Reiten

Viele Kinder träumen davon, Zeit mit einem Pferd zu verbringen und reiten zu lernen. Kinderreiten ab fünf Jahren bieten zum Beispiel die Reitschule Höner in Duisburg-Baerl und der Carolinenhof (carolinenhof.org) in Essen an.

Auf dem Wulfenhof (www.wulfenhof.de) in Dorsten kann man einen Bambinitag verbringen oder Kindergeburtstag feiern. Auf dem Ponyhof Mutter Wehner in Oer-Erkenschwick lassen sich Ponys für Ausritte und Kutschfahrten leihen.

Die Familien-Reitschule in Velbert (www.familien-reitschule.de) hat spezielle Ferienprogramme für Kinder ab vier Jahren entwickelt.

### Geocaching

Bei dieser modernen Form der Schatzsuche fahndet man mit Hilfe seines Handys nach einem versteckten Kleinod. Statt einer antiquierten Schatzkarte bekommt man dazu GPS-Koordinaten genannt. Hat man den Ort gefunden, geht die richtige Suche erst los. In einer Dose oder Ähnlichem befindet sich ein Logbuch, in das man sich eintragen kann, und manchmal eine Sammlung kleiner Schätze. Man nimmt einen heraus und legt etwas Neues hinein. Viele solcher Verstecke, die Caches genannt werden, sind quer über das ganze Land verteilt angelegt worden, manche von offizieller Seite, die meisten jedoch in Privatinitiative. Bei [› Tour 14] auf der Halde Rheinpreußen versteckt sich auch unser Naturzeit-Cache, den wir extra für dieses Buch angelegt haben. Mehr Infos dazu gibt es auf [› Seite 102].

Ein eigenes GPS-Gerät braucht man fürs Geochachen schon lange nicht mehr. Es reicht ein handelsübliches Smartphone mit GPS-Empfang und der entsprechenden App. Geocaching-Apps gibt es gegen eine kleine Gebühr im Google Play Store oder Apple Store. Für einen ersten Versuch reicht aber auch die kostenlose Probeversion.

### Radfahren im Ruhrgebiet

Im dicht besiedelten und vergleichsweise ebenen Ruhrgebiet gibt es viele markierte Radwege. Ausflüge in die Natur mit dem Fahrrad sind eine gute Alternative zum Wandern.

Neben den vier kindgerechten Routen, die wir im Buch bei [› Tour 9, 15, 20 und 24] vorstellen, gibt es im Ruhrgebiet auch längere markierte Radfernwege.

Den Anfang macht der **Ruhr-talradweg**, ein Klassiker, der als einer der schönsten Radfernwege Deutschlands gilt. Auf 240 Kilometern führt er von der Quelle der Ruhr bei Winterberg bis zu ihrer Mündung in den Rhein bei Duisburg. Die Radroute verbindet dabei (Industrie-)Kultur und Natur auf engem Raum. www.ruhrtalradweg.de

Ein Radwegenetz mit einer Strecke von über 1.200 Kilometern finden wir unter radrevier.ruhr. Dabei reicht die Auswahl vom Bahntrassen-Radeln über 15 kürzere RevierRouten mit Schwerpunktthemen bis zum auch in Deutschland immer bekannter werdenden Knotenpunktsystem, mit dessen Hilfe man seit 2018 auch die »Route Industriekultur« mit dem Rad erfahren kann. Alle großen Kreuzungen im Radroutennetz sind dabei durchnummeriert. An jedem Knotenpunkt findet man Wegweiser zu den jeweils benachbarten Punkten. Zwischen den Knotenpunkten folgt man dem Radwanderzeichen. So kann man sich von Knotenpunkt zu Knotenpunkt gut orientieren. An fast allen Knotenpunkten steht zudem eine Übersichtstafel mit einer Karte.

Die **BahnLandLust**-Route verbindet das nördliche Ruhrgebiet mit dem Münsterland. Die Strecke führt von Dorsten über Reken bis Coesfeld. Der Clou: Die Radroute quert immer wieder die Bahnlinie RB 45 (insgesamt sind es acht Bahnstationen), sodass man die Länge individuell planen und mit dem Zug wieder zurückfahren kann. Zahlreiche Landcafés und Restaurants sowie Erlebnisstationen machen die Fahrt auf meist ruhigen Wirtschaftswegen kurzweilig und besonders abwechslungsreich.

Mehr als 400 Routenkilometer weist die **RömerLippeRoute** zwischen Detmold und Xanten auf. Die Strecke führt durch die idyllische Flusslandschaft an der Lippe und an verschiedenen Relikten der Römerzeit vorbei. Von Hamm bis Wesel durchquert sie dabei das Ruhrgebiet. Zusätzlich gibt es zwölf Runden zwischen elf und 59 Kilometern, die sich für Tagestouren eignen. www.roemerlipperoute.de

*Unterwegs auf dem Ruhrtal-Radweg*

# Wandern mit Kindern

*Oft ist es gar nicht so einfach, Kinder zum Wandern zu motivieren. Spazierengehen finden die meisten sterbenslangweilig. Wenn es jedoch gelingt, aus dem Ausflug ein kleines Abenteuer zu machen und dabei unterwegs den »Spielplatz Natur« zu entdecken, sind auch Kinder auf Wanderungen gerne dabei. Was macht so ein Naturabenteuer aus und was braucht man für einen Ausflug ins Grüne?*

## Der Weg und das Ziel

Breite Feld- und Waldwege mögen die wenigsten Kinder. Die Wanderungen in diesem Buch führen daher möglichst über schmale Pfade im Wald oder am Wasser, an denen es viel zu entdecken gibt. Bei uns heißen diese Wege Abenteuerpfade. Unterwegs wollen Kinder toben, klettern und alles bestaunen, was rechts und links am Wegrand wächst oder krabbelt. Dafür muss genügend Zeit eingeplant werden. Die ersten Touren sollten daher eher kurz sein. Als Ziel eignet sich ein Platz, an dem man gut spielen kann – zum Beispiel Aussichtstürme, Badestellen, ein Bach, ein Gasthof, ein Picknick- oder Spielplatz.

Abwechslung unterwegs bieten Stationen eines Walderlebnispfades oder auch mal ein Kletterbaum. Ebenfalls beliebt sind Tiere auf der Weide, die man beobachten oder fotografieren kann.

## Ausrüstung

Hohe Wanderschuhe sind im relativ einfachen Gelände des Ruhrgebietes nicht unbedingt notwendig. Feste, möglichst wasserdichte Schuhe mit gutem Profil sind aber generell für alle Wanderungen sinnvoll. In den Rucksack gehört außerdem für jeden eine wasserdichte Jacke.

Führt der Ausflug ans Wasser, sollte für kleinere Kinder außerdem ein Satz Wechselkleidung (vor allem Ersatzsocken) ins Gepäck. So lässt es sich unbeschwert toben und balancieren, ohne dass ein Ausrutscher mit nassen Füßen das vorzeitige Ende des Ausflugs heraufbeschwört.

Hungrige oder durstige Kinder laufen nicht gerne. Auch wenn eine Einkehr geplant ist, braucht es ein paar leckere Snacks im Gepäck. Bietet sich eine Einkehr nicht an, kann man stattdessen ein richtiges Picknick mitnehmen.

Auch eine gefüllte Wasserflasche gehört immer zur Ausrüstung. Wenn es im Sommer heiß wird, sollte man nicht zu knapp kalkulieren. Ein Liter Wasser für Erwachsene und einen halber Liter pro Kind sind das absolute Minimum. Geeigneten Sonnenschutz – Hut, Sonnencreme und vielleicht auch eine Sonnenbrille – sollten wir nicht vergessen.

Der Rest ist Kür: Manche Kinder finden es toll, einen eigenen Rucksack zu tragen, in dem ein Kuscheltier oder ein anderes Lieblingsspielzeug mit zum Ausflug darf. Und natürlich passen auch all die Steine, Zweige, Kastanien, Tannenzapfen und Schneckenhäuser hinein, die Kinder unterwegs so sammeln. Wichtig ist dabei nur, dass das Gepäck nicht zu schwer wird. Kinder bis sechs Jahre sollten nicht mehr als ein Kilo auf dem Rücken tragen.

Älteren Kindern sollte man zumindest den Transport der eigenen Wasserflasche und Jacke übertragen, damit die Eltern nicht zu Lasteseln werden. Sie können dann auch ein Taschenmesser, den Fotoapparat oder ein Fernglas einpacken. Für Kinder bis neun Jahre sollte laut Informationen des Alpenvereines das Gewicht des Rucksacks drei Kilo nicht überschreiten.

### Motivation und Ausdauer

Wie lange Kinder tatsächlich laufen oder radeln können, ist nicht nur von ihrer körperlichen Fitness abhängig, sondern auch ganz erheblich von der sogenannten »mentalen Ausdauer«. Oft sind sie gar nicht körperlich, sondern eher auf der Motivations-Ebene überfordert. »Ich kann nicht mehr« heißt bei Kindern oft erst einmal, dass sie sich langweilen.

In solchen Krisenmomenten gibt es zwei probate Mittel: Ablenken und Motivieren. Ablenken funktioniert vor allem bei kleinen Kindern gut. Einfache Spiele oder Gespräche beschäftigen den Geist und plötzlich wird die Bewegung zur Nebensache und mühelos. Um größere Kinder zu motivieren, beziehen wir sie so gut wie möglich in die Planung mit ein. Sind Kinder wirklich körperlich erschöpft, hilft oft eine Pause und etwas zu essen.

## 14 praxiserprobte Tipps zum Wandern mit Kindern

*Diese Tipps für unterwegs haben sich bei unseren Ausflügen in die Natur bewährt. So motivieren wir unsere Kinder zum Wandern und entschärfen Krisensituationen. Denn auch Kids, die eigentlich gerne laufen, sind nicht immer gut drauf.*

**1** Die Wanderung aufregend verpacken. »Wir machen heute einen Ausflug und schauen mal, was wir dabei alles entdecken« klingt viel spannender als »Wir gehen heute wandern.«

**2** Gemeinsam den Rucksack packen. Welcher Proviant muss mit? Darf vielleicht ein Spielzeug oder ein Kuscheltier mit auf die Wanderung oder Ausrüstung zum Entdecken oder Forschen? Was wird noch benötigt? Viele Kinder sind auch richtig stolz darauf, den eigenen kleinen Rucksack zu tragen.

**3** Bereits bei der Anreise den Blick für die Natur schärfen: Wer entdeckt die ersten Kühe? Wer sieht den ersten Berg, Fluss oder Wald? Das kann man dann während der Tour gut fortsetzen.

**4** Möglichst abwechslungsreiche Wege suchen, über Abenteuerpfade wandern. Auf Waldautobahnen gehen schon Erwachsene nicht wirklich gerne.

**5** Gemeinsam die nächste Markierung oder den nächsten Wegweiser suchen und dabei die Kinder als erstes die nächsten Hinweise finden lassen. Diese Erfolgserlebnisse motivieren ungemein.

Größere Kinder können auch selbstständig das Lesen der Karte und das Führen der Gruppe übernehmen.

**6** Nach Pilzen, Tieren, bunten Blättern, Tannenzapfen oder Ähnlichem Ausschau halten. Es gibt so viel zu entdecken draußen in der Natur.

**7** Ein Picknick während der Wanderung machen. Nirgends sonst schmeckt es so gut wie im Grünen.

**8** Ausreichend Pausen einplanen: zum Spielen, am Bach planschen, Picknicken, Klettern oder einfach die Sonne genießen.

**9** Singen. Mit Musik läuft es sich immer leichter. Vor allem, wenn wir selber singen.

**10** Motivationslöcher lassen sich auch gut mit Spielen überbrücken. Mit Wanderstöcken kann man zum Beispiel wunderbar Eisenbahn spielen. Ein Erwachsener ist die Lokomotive und zieht den Kinder-Waggon. Auch ein Versteckspiel funktioniert beim Gehen. Dabei können wir uns selbst verstecken oder ein Spielzeug.

Ansonsten eignen sich auch Spiele, die den Geist beschäftigen: zum Beispiel »Ich sehe was, das du nicht siehst«. Mit größeren Kindern kann man beim Wandern außerdem prima Teekesselchen spielen oder alle Tiere aufzählen, die mit einem bestimmten Buchstaben beginnen.

Weitere schöne Wanderspiele haben wir auf unserem Blog *www.wandern-mit-kindern.info* zusammengestellt.

**11** Highlights in die Tour einbauen. Ein Gipfelkreuz hat man nicht immer. Aber vielleicht gibt es ja einen Spielplatz am Ende, einen Bach zum Stauen oder Steine-Werfen oder eine Einkehrmöglichkeit mit Pommes und Eis zum Nachtisch.

**12** Ein Tourenbuch schreiben. Am Anfang schreibt man es noch selbst für die Kinder, später können sie es selber weiterführen. Jede gefüllte Seite macht stolz und motiviert für die nächste Tour.

**13** Kinder sind gerne mit Kindern unterwegs. Geht man mit mehreren Kids auf Tour, laufen diese oft ganz von allein und die Zeit in der Natur macht besonders viel Spaß.

**14** Und wenn nichts mehr geht: Gummibärchen helfen bei uns eigentlich immer. Zur Motivation, als Energiequelle oder einfach nur, weil wir sie so lecker finden.

# Die Touren in diesem Buch

*Vom Umgang mit Altersangaben und Gehzeiten*

## Altersangaben

Für jede Tour gibt es im Infokasten auf der ersten Seite eine Altersempfehlung. Alle Altersgrenzen sind durchschnittliche Werte und auch abhängig von der bereits vorhandenen Erfahrung. Das Ruhrgebiet ist mit seinen niedrigen Bergen, Halden und Hügeln technisch kein besonders anspruchsvolles Wandergebiet. Für die Einstufung in Altersgruppen ist hier vor allem die Länge der Wegstrecke entscheidend.

## Schwierigkeitsgrad

Unter der Rubrik »Charakter und Anspruch« im Tourensteckbrief lassen sich wichtige Hinweise auf die Beschaffenheit der Wege finden. Da unsere Routen aber so oft wie möglich über schmale Pfade mit Wurzeln und Steinen führen, sind feste Schuhe mit gutem Profil für alle Wanderungen sinnvoll.

## Gehzeiten

Die Geschwindigkeit von Kindern ist selbst innerhalb einer Altersgruppe recht unterschiedlich. Die angegebenen **Gehzeiten sind daher am moderaten Tempo von Erwachsenen** gemessen. Wir kalkulieren dabei mit drei Kilometern oder 300 Höhenmetern pro Stunde auf weitgehend unkomplizierten Wegen. **Rechnen Sie mit Kindern unter sechs Jahren unbedingt bis zu 50 Prozent mehr Zeit ein**. Auch bei Grundschulkindern sollten Sie noch etwas Zeit zugeben. Mit wachsender Erfahrung werden Sie ein Gefühl für das individuelle Tempo Ihrer Familie entwickeln. Zusätzlich brauchen Sie genug Zeit für Pausen. Beträgt die reine Gehzeit einer Tour ein bis zwei Stunden, kann daraus mit Kindern im Vorschulalter ein vollwertiger Halbtagesausflug werden.

## Fahrradtouren

Bei den Radtouren gibt es durchaus Strecken, die schon höhere Ansprüche an die Fahrtechnik stellen und für die Allerjüngsten noch nicht geeignet sind. Hinweise auf die Beschaffenheit der Wege finden sich im Tourensteckbrief.

Radeltempo ist noch unterschiedlicher als Gehzeiten. Einen enormen Einfluss auf das Fahrtempo hat die Beschaffenheit der Wege. Während ein erwachsener Radfahrer auf Asphalt locker 15 bis 20 Kilometer in der Stunde zurücklegen kann, braucht man auf hoppeligen Waldwegen auch ohne jüngere Kinder im Schlepptau entschieden länger. Mehr als acht bis zwölf Kilometer sind, je nach Wegzustand, kaum zu schaffen. Wer noch Räder unter 20 Zoll in der Gruppe hat, sollte eher mit fünf bis acht Kilometern pro Stunde kalkulieren. Auch hier muss zusätzlich viel Zeit für Pausen eingeplant werden.

## Kanutouren

Kinder sitzen entweder zwischen den Eltern im Kanu oder im Kajak in der vorderen Luke und müssen nur so lange mitpaddeln, wie sie Lust haben. Die richtige Länge einer Paddeltour ist also eher von der Erfahrung und Kondition der Eltern abhängig. Da der Bewegungsdrang bei den Jüngsten meist recht ausgeprägt ist, sollte aber die Zeit, in der sie im Boot stillhalten müssen, nicht zu lang ausfallen. Paddelzeiten von drei bis vier Stunden sind erst einmal ausreichend.

Etwa im Alter von zehn bis zwölf Jahren kann man Kinder auch ein eigenes Kajak fahren lassen. Für erste Versuche sollte es windstill sein.

Jüngere Kinder müssen im Kanu unbedingt eine Rettungsweste tragen, die man zusammen mit dem Boot leihen kann. An einer guten Verleihstation wird man darauf bestehen! Eine Rettungsweste unterscheidet sich durch den Kragen, der auch bei Ohnmacht vor dem Ertrinken schützt, von einer normalen Schwimmweste. Trotz Rettungsweste sollten alle Insassen eines Kanus sicher schwimmen können.

## Tourenplanung und Pausen

Nicht nur Kinder motiviert ein erreichbares Ziel vor Augen. Es lohnt sich, die Strecke in mehrere überschaubare Etappen zu unterteilen und öfter eine Pause zu machen. Passende Wegpunkte dafür sind bei vielen Touren auf den Karten eingezeichnet und im Text markiert. Ein Stopp am Bach oder am Kletterbaum oder ein kleiner Snack an einem Platz mit toller Aussicht sorgen für schnell erreichbare Zwischenziele. Auch leckeres Essen ist ein wichtiger Aspekt beim genussvollen Wandern: Die Aussicht auf eine Einkehr im Gasthof, ein Picknick am Bachufer oder einen Eisbecher im Café hat schon so manches Kind wie magisch den Berg hinaufgezogen.

## Die beste Wanderzeit

Der Großteil der in diesem Buch beschriebenen Touren ist jahreszeitenunabhängig und kann das ganze Jahr über gemacht werden. Gibt es eine Empfehlung, zu welcher Jahreszeit eine Tour am schönsten ist, steht dies zu Beginn der jeweiligen Beschreibung.

## Orientierung

Die Tourenbeschreibung mit Karte im Buch sollte zusammen mit den jeweils genannten Markierungen und Wegweisern vor Ort ausreichen, um unsere Wanderungen sicher zu finden. Zusätzliche Karten sind nicht zwingend notwendig, können aber helfen.

## GPS-Daten

Um den Parkplatz an einer Wanderroute zu lokalisieren, können die in der Anfahrtsbeschreibung genannten GPS-Daten in jede Navigations-App oder ein herkömmliches PKW-Navi eingegeben werden.

Sie können zusätzlich unter www.naturzeit-verlag.de zu allen Wanderungen auch GPS-Tracks herunterladen. Die Daten sind teilweise im Gelände und teilweise anhand einer digitalen Karte erfasst und unterstützen mit Hilfe von GPS-Gerät oder Handy-App die Orientierung unterwegs. Bitte richten Sie sich im Zweifelsfall aber immer nach den Gegebenheiten im Gelände und nach Markierungen vor Ort und verlassen Sie sich nie ausschließlich auf Ihr Handy und die GPS-Daten!

## Höhenprofile

Höhenprofile eignen sich ganz besonders gut, um sich einen schnellen Überblick über eine Tour zu verschaffen. Wenn die Kinder unterwegs genau wissen wollen, wie weit es noch ist, wo sie gerade sind, und ob es noch lange bergauf geht, finden Sie hier schnell die passende Auskunft.

Natürlich bieten die Hügel und Halden im Ruhrgebiet keine alpinen Höhenunterschiede, mitunter ist es aber doch bergiger, als man es hier vermuten würde.

40 Wander- und
Entdeckertouren
für Familien

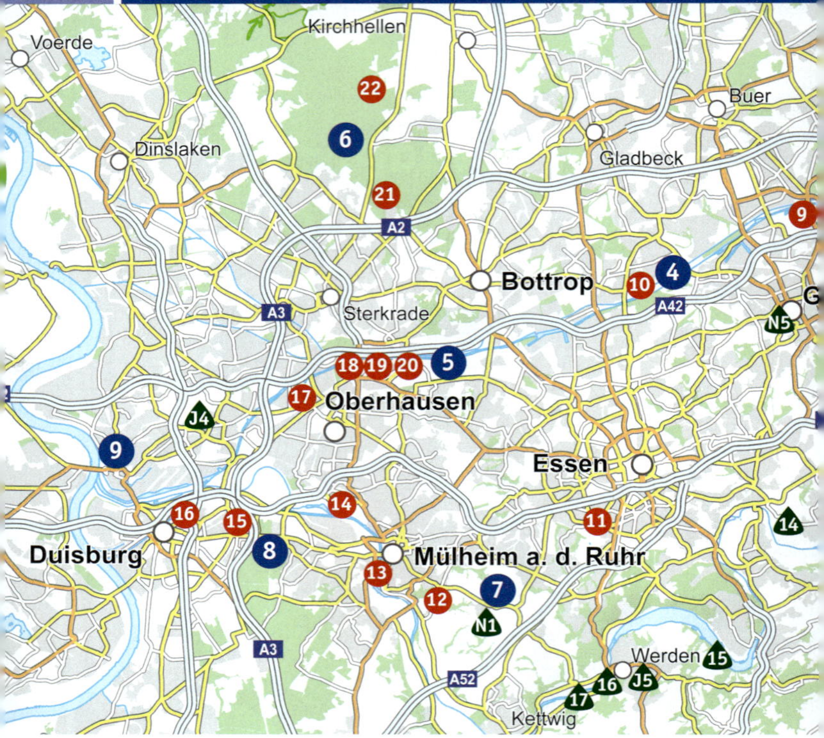

### 1 Zoo Dortmund

Etwa 1.500 Tiere aus 220 Arten leben im Dortmunder Zoo, der einen besonders schönen, alten Baumbestand hat. Besonders die Ameisenbärenzucht ist von überregionaler Bedeutung. So wurden in keinem anderen Zoo der Welt mehr Große Ameisenbären geboren.
*Geöffnet täglich 10 – 17.30 Uhr, Eintritt €8,50, Kinder €4,50, Familienkarte €19.*
*www.dortmund.de*

### 2 Rombergpark

Der Botanische Garten ist 68 Hektar groß und hat seinen Ursprung in einem englischen Landschaftspark. Berühmt ist er vor allem wegen seiner wertvollen Gehölzsammlung. Botanische Besonderheiten und Pflanzen aus fernen Ländern sind ebenso einen Besuch wert wie die Pflanzenschauhäuser, die unter Glas Exotisches und Tropisches vereinen. Das Café Orchidee lädt von Ende Dezember bis Ende November zur Einkehr ein.
*Geöffnet Di bis Sa 14 – 18 Uhr, So 10 – 18 Uhr, Eintritt frei.*
*www.rombergpark.dortmund.de*

### 3 Deutsches Fußballmuseum

Das nationale Fußballmuseum des Deutschen Fußballbundes befindet sich mitten in Dortmund. Als lebendiger Erinnerungs- und Erfahrungsort für die Nationalelf und den Vereinsfußball informiert und unterhält es seine Besucher multimedial.
*Geöffnet Di bis So 10 – 18 Uhr,*

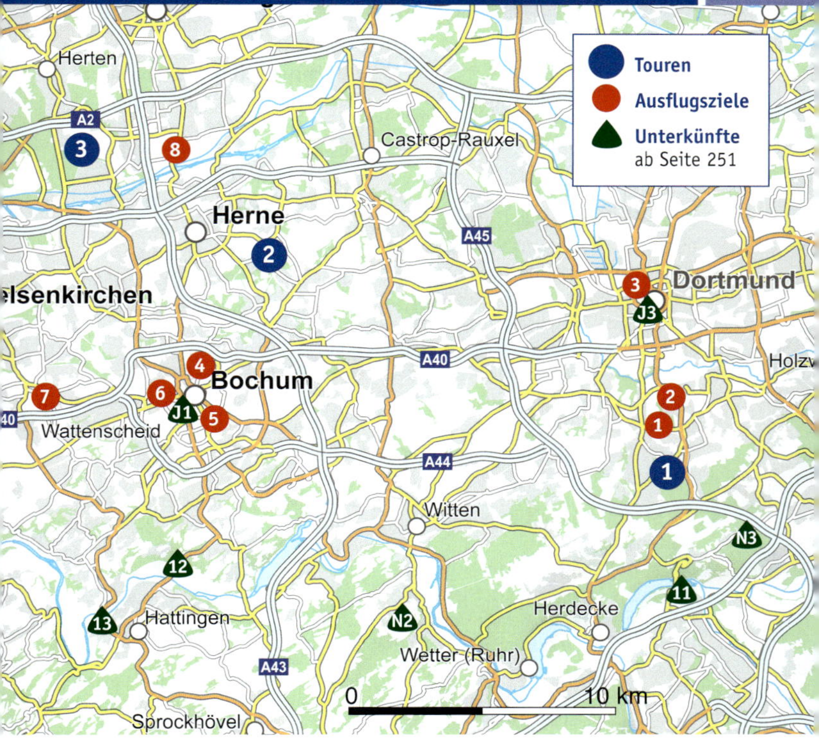

**Touren**

**Ausflugsziele**

**Unterkünfte**
ab Seite 251

Herten

A2

Castrop-Rauxel

Herne

A45

lsenkirchen

Dortmund

Bochum

Holzv

Wattenscheid

A40

40

A44

Witten

N3

Herdecke

Hattingen

A43

Wetter (Ruhr)

Sprockhövel

0          10 km

---

Eintritt € 17, Kinder ab 6 Jahre € 14.
*www.fußballmuseum.de*

### 4 Tierpark und Fossilium im Stadtpark Bochum

Im Zoo der Stadt Bochum kann man
rund 3.900 Tiere in gut 330 verschiedenen Arten besuchen. So sind in
den Nordseewelten unter anderem
Seehunde und Humboldt-Pinguine
untergebracht. Außerdem gibt es unter anderem Erdmännchen, Riesen-
schildkröten, Greifvögel und Nasen-
bären zu sehen.
*Geöffnet 9 – 19 Uhr, März und Oktober
bis 18 Uhr, November bis Februar bis
16.30 Uhr, Eintritt € 7, Kinder ab 3
Jahren € 3,50. www.tierpark-bochum.de*

### 5 Geologischer Garten

Im Stadtteil Altenbochum befindet
sich der 1971 geschaffene Geologische Garten. Im ehemaligen Stein-
bruch gibt heute ein Lehrpfad einen
guten Einblick in die erdgeschicht-
liche Entwicklung der Region. Insgesamt 17 Stationen erzählen mit
Info-Tafeln über die bunten Gesteins-
schichten aus über 300 Millionen
Jahren Erdgeschichte. Der gepflegte
Garten lädt zudem zu einem ausgedehnten Spaziergang ein.
*Der Geologische Garten ist das ganze
Jahr über zugänglich, Eintritt frei.*

### 6 Westpark Bochum mit der Erzbahnschwinge

Mehrere Spielplätze und große Wiesenflächen sind die Familienattraktionen
im Bochumer Westpark. Nur ein altes
Eisenbahnhäuschen und überwu-
cherte Mauerreste verraten, dass es
sich hier um ein ehemaliges Industriegelände handelt. Durch das ter-
rassenförmig angelegte Parkgelände
rund um die Jahrhunderthalle führen

Fuß- und Radwege. Es gibt auch mehrere Aussichtsplätze, die durch Brücken und Rampen erreicht werden können. Die eindrucksvollste Brücke ist die 130 Meter lange Erzbahnschwinge, eine der bekanntesten Brückenkonstruktionen im Ruhrgebiet. Sie ist der Zugang vom Westpark zur Erzbahntrasse, einem zehn Kilometer langen Radweg. An dessen anderem Ende in Gelsenkirchen überspannt am Hafen Grimberg mit der Grimberger Sichel eine ebenso spektakuläre Brückenkonstruktion den Rhein-Herne-Kanal.

*Der Westpark ist das ganze Jahr über frei zugänglich.*

### 7 Stadtgarten mit Vogelpark Wattenscheid

Die historische Parkanlage ist heute eine grüne Insel der Ruhe. Hier befinden sich exotische Gehölze und ein Vogelpark. In diesem leben rund 250 Tiere 140 verschiedener Arten. Dazu gehören Fasane, Raubvögel, Eulen und Ziergeflügel. In einer begehbaren Voliere kann man Kontakt zu Kiebitzen und Säbelschnäblern aufnehmen. Auch eine Freilichtbühne mit angrenzendem Biergarten sowie ein Spielplatz sind in dem Naherholungsgebiet zu finden.

*Der Stadtgarten ist das ganze Jahr über frei zugänglich.*

*Große Tiere in der Zoom Erlebniswelt*

### 8 Umspannwerk Recklinghausen

Hier ist das »Museum Strom und Leben« beheimatet, das die Geschichte der Elektrizität erzählt. In einer Ausstellungshalle kann man außerdem historische Fahrzeuge besichtigen.

*Geöffnet Januar bis November,*
*Mo bis Sa 10 – 17 Uhr, So bis 18 Uhr,*
*Eintritt €5,50, Kinder €4.*
*www.umspannwerk-recklinghausen.de*

### 9 ZOOM Erlebniswelt

Der in vier Themenbereiche – Afrika, Asien, Alaska und den Streichelzoo im Grimberger Hof – aufgeteilte Zoo ist so groß, dass man an einem Tag kaum alle Tiere besuchen kann. Die weitläufigen Gehege, die große Vielfalt verschiedener Tierarten und auch die vielen Spiel- und Klettermöglichkeiten machen jeden Besuch zu einem spannenden Erlebnis. Für kleine Kinder kann man Bollerwagen ausleihen, sodass man auch weitere Strecken schafft. Das lohnt sich, denn es gibt wirklich viel zu entdecken. Wir empfehlen besonders die Bootsfahrt durch die Affenlandschaft. Aber auch die Eiswelten im Bereich Alaska sind sehr schön. Man kann zwischen und auch über den Gehegen der Bären entlang gehen und klettern, sodass man die Tiere aus den unterschiedlichsten Blickwinkeln beobachten und definitiv sicher sein kann, die Tiere auch wirklich zu sehen.

*Geöffnet März und Oktober 9 – 18 Uhr,*
*April bis Sept. 9 – 18.30 Uhr,*
*November bis Mitte März 10 – 17 Uhr,*
*Eintritt €21,50, Kinder 4 – 12 Jahre*
*€14, Schüler und Studenten €16,*
*im Winter günstiger.*
*www.zoom-erlebniswelt.de*

### 10 Nordsternpark mit Nordsternturm

Der Landschaftspark auf dem ehemaligen Zechengelände beherbergt neben einem wirklich großen (Wasser-) Spielplatz mit tollen Rutschen und vielen Klettermöglichkeiten unter anderem drei bis zu 18 Meter hohe Kletterfelsen, einen Anleger der Ausflugsschiffe, Grillplätze, Gastronomie und den Nordsternturm. Letzterer besticht vor allem durch die am höchsten Punkt stehende Herkules-Figur. Er kann besucht und bestiegen werden. In dem idyllisch gelegenen Park in unmittelbarer Nähe zu Emscher und Rhein-Herne-Kanal kann man auch an Segway-Touren teilnehmen. **[› Tour 4]** führt uns unter anderem durch den Nordsternpark.

*Der Nordsternpark ist das ganze Jahr zugänglich, Eintritt frei.*
*www.nordsternpark.de*

**Nordsternturm:**
Besucherterrasse *geöffnet März bis Dezember 11 – 18 Uhr, Fr und Sa bis 17 Uhr, Eintritt € 2,50, Kinder € 1,50. www.nordsternturm.de*

**⑪ Margarethenhöhe**
Die erste deutsche Gartenstadt im Essener Süden begeistert auch heute noch durch ihren Charme. Ein Rundweg über 2,2 Kilometer führt an allen wichtigen Sehenswürdigkeiten und Einkehrmöglichkeiten vorbei.
*Die Margarethenhöhe ist das ganze Jahr über frei zugänglich.*
*www.margarethe-krupp-stiftung.de*

**⑫ Wildgehege und Arche-Park Witthausbusch**
Die beiden getrennten, voneinander unabhängigen Anlagen liegen eng beieinander in einem Naherholungsgebiet in Mülheim. Hier leben vom Aussterben bedrohte Haustierarten und Wildtiere. Ein Streichelzoo erfreut besonders die kleinen Besucher. Kiosk, Spielplatz und eine Toilettenanlage runden das Angebot ab.
*Geöffnet täglich 10 – 18 Uhr, Eintritt frei. www.muelheim-ruhr.de*

**⑬ Haus Ruhrnatur**
In direkter Nachbarschaft zum Aquarius Wassermuseum dreht sich auch hier alles um das Thema Wasser. Hier können die Besucher mit Windrädern, Wasserturbinen und Sonnenkollektoren experimentieren.
*Geöffnet Di bis So 10 – 18 Uhr, Eintritt € 3, Kinder ab 6 Jahre € 2. www.haus-ruhrnatur.de*

*Spielplatz im Nordsternpark*

**⑭ Aquarius Wassermuseum**
Das Wassermuseum befindet sich in einem stillgelegten Wasserturm. In diesem erfährt man auf 14 Ebenen mit insgesamt 30 Stationen auf multimediale Art und Weise alles über Ursprung, Kreislauf und Erscheinungsformen von Wasser. Mit zwei gläsernen Aufzügen kann man in 40 Meter Höhe hinauffahren und oben angekommen bei einem Rundgang die weite Aussicht über das Ruhrgebiet genießen.
*Geöffnet Di bis So 10 – 18 Uhr, Eintritt € 4, Kinder ab 6 Jahre € 3. www.aquarius-wassermuseum.de*

**⑮ Duisburger Zoo**
Bekannt ist der Zoo vor allem für sein Delfinarium sowie die in Deutschland erste dauerhafte Haltung und einzige Zucht von Koalas. Insgesamt sind hier über 5.000 Tiere aus aller Welt zuhause. Streichelzoo, Spielplätze, Piratenschiff und Niedrigseilparcours bieten zudem viel Abwechslung für jüngere Kids. **[› Tour 8]** führt direkt am Zoogelände vorbei.
*Geöffnet täglich 9 – 19 Uhr, im Winter bis 16.30 Uhr, Eintritt € 16,90, Kinder ab 3 Jahre € 9,90, Familienticket € 41,50. www.zoo-duisburg.de*

### 16 Explorado Kindermuseum

Das Duisburger Mitmachmuseum für Vier- bis Zwölfjährige ist das größte Kindermuseum in Deutschland. Hier können Kinder spielerisch Phänomene des Alltags erforschen.
*Geöffnet Di bis Do 15 – 18 Uhr, Fr bis So sowie in den Ferien und an Feier- und Brückentagen 10 – 19 Uhr. Eintritt für alle ab 4 Jahre € 16,50, jüngere Kinder € 1, Familienticket € 44,50. www.explorado-duisburg.de*

### 17 Kaisergarten Oberhausen

Der rund 28 Hektar große Park beinhaltet unter anderem ein Tiergehege inklusive Streichelzoo, in dem man kostenfrei rund 500 einheimische Tiere besuchen kann. Außerdem finden Besucher des Parks zahlreiche Picknickmöglichkeiten und einen Spielplatz. Architektonisches Highlight ist die begehbare Brückenskulptur »Slinky Springs To Fame«, die als Spiralbrücke mit ihren bunten Farben besonders in abendlicher Beleuchtung ein echter Hingucker ist. Wir empfehlen einen Spaziergang durch den Park, über die Brücke und entlang des Rhein-Herne-Kanals. Dabei sind verschiedene kurze Rundwege möglich.
*Der Kaisergarten ist das ganze Jahr über frei zugänglich.*

### 18 Gasometer Oberhausen

Das Industriedenkmal ist die höchste Ausstellungs- und Veranstaltungshalle Europas und lockt immer wieder mit neuen Ausstellungen. Die letzte mit dem Titel »Der Berg ruft« war den Bergen dieser Welt gewidmet. Nun wird der Gasometer umfassend saniert. Lohnenswert ist auf jeden Fall der Aufstieg auf die luftige Aussichtsplattform, von der man einen atemberaubenden Blick über das Ruhrgebiet und seine grünen Oasen hat.

Im Frühjahr 2021 startet die neue Ausstellung »Das zerbrechliche Paradies«, welche die Schönheit der Natur und den Einfluss des Menschen auf seine Umwelt thematisiert. Die Besucher erwartet eine bildgewaltige Reise durch die bewegte Klimageschichte der Erde. Fotografien und Videos dokumentieren die Veränderungen in der Tier- und Pflanzenwelt. Höhepunkt der Ausstellung wird eine monumentale Skulptur der Erde sein, auf die hochaufgelöste Satellitenbilder projiziert werden.

### 19 Legoland Discovery Centre Oberhausen

Auf dem Indoor-Spielplatz gibt es eine Miniatur-Stadt und ein riesiges Piratenschiff zu entdecken. Insgesamt sind über vier Millionen Legosteine

*Der Gasometer in Oberhausen wird für Ausstellungen und andere Veranstaltungen genutzt.*

*Die Spiralbrücke »Slinky Springs To Fame« in abendlicher Beleuchtung*

im Einsatz. An den Bautischen können auch die jungen Besucher ihrer Kreativität freien Lauf lassen. Das Discovery Center in Oberhausen bietet Attraktionen für Kinder im Alter von drei bis elf Jahren. Shop und Café runden das Angebot ab.

*Geöffnet täglich ab 10 Uhr,*
*Mo bis Fr bis 17.30 Uhr, Sa und So*
*sowie an Feiertagen und in den*
*Ferien bis 18.30 Uhr,*
*Eintritt € 15, Online-Ticket € 13.*
*www.legolanddiscoverycentre.de*

### 20 AQUAPark Oberhausen

Im Bergbau-Erlebnisbad mit Innen- und Außenbereich erinnern viele Details an die Kohle- und Stahlvergangenheit des Ruhrgebiets. So ist zum Beispiel der Sprungturm als Förderturm gestaltet, und die Umkleidekabinen orientieren sich am Stil der alten Kauen, in denen sich die Bergleute vor der Arbeit umgezogen haben.

*Geöffnet täglich 9 – 20 Uhr,*
*Tageskarte € 11, Kinder € 8.*
*www.aquapark-oberhausen.com*

### 21 Halde Haniel

Beim Aufstieg auf die 185 Meter hohe Halde passiert man eine Darstellung des Kreuzwegs in 15 Stationen. Auch historische Werkzeuge des Bergbaus sind hier zu sehen. Oben thront ein imposantes Gipfelkreuz. Auf dem Haldendach befindet sich ein Amphitheater, in dem verschiedene kulturelle Veranstaltungen stattfinden.

*Die Halde ist das gesamte Jahr über*
*frei zugänglich.*

### 22 Heidesee, Bottrop

Der 34 Hektar große Heidesee in der Kirchheller Heide dient heute als Naherholungsgebiet, früher war er ein Baggersee. Wanderwege führen inzwischen an seinem Ufer entlang, außerdem bietet er mit seinen vielen Inseln Tieren und Pflanzen ein Zuhause. Biotop- und Artenschutz wird hier großgeschrieben. Bei der Wanderung durch das Rotbachtal [› **Tour 6**] zweigt ein Weg zum Heidesee ab. *Der See ist das ganze Jahr über frei zugänglich.*

120 m

STRECKE

7 km

2 h 30

ab 6

# Tour 1:
# Durch Dortmunds grünen Süden

*Eine Bachwanderung in der Bittermark*

*Unweit von Dortmunds Zentrum liegt die Bittermark mit einem großen Waldgebiet an den Ausläufern des Ardeygebirges. So geht es auf dieser Wanderung recht munter auf und ab. Wir wandern oft in direkter Bachnähe und gelangen dabei immer wieder an abwechslungsreiche Spiel- und Kletterstellen. Rund um das Mahnmal Bittermark erfreut uns im Frühjahr außerdem eine bunte Blütenpracht.*

**Wanderung:** Vom Parkplatz folgen wir den Wanderzeichen A1 und Dreieck die **Olpketalstraße** entlang bis zu ihrem Ende. Am Wald angekommen fließt rechts von uns der **Olpkebach**, an dessen Ufer wir nun entlanglaufen. Dabei kommen wir immer wieder nahe an den Bach heran und finden mehrere schöne Stellen zum Spielen. Gleich zu Beginn passieren wir außerdem eine **Infotafel zu Bergbauspuren** östlich des Olpkebachs. Etwas später treffen wir auf der linken Seite auf eine **Picknickbank** und überqueren kurz darauf den Bach.

Den Markierungen A1 und Dreieck folgend, wandern wir leicht aufwärts durch eine Rechtskurve. Der Bach liegt nun links von uns. In seinem weiteren Verlauf überqueren wir ihn noch einmal und passieren die **Infotafel zur Kleinzeche Stadt Dortmund**. An einer großen Kreuzung treffen wir dann auf den **Wanderweg A2** ① und biegen rechts ab. Wir überqueren abermals den Bach und steigen dann steiler bergan. Nun folgen wir den Markierungen der Wanderwege A1 und A2.

Kurz darauf erreichen wir die Infotafel zum **Mahnmal Bittermark** ② 
und nähern uns diesem mit einem
Schwenk nach links, bis wir direkt
davorstehen. Rund um das Mahnmal
laden mehrere Picknickbänke zur
Rast ein.

Wir wandern weiter, kehren zum
Wanderweg A1 zurück und folgen
diesem noch ein kurzes Stück nach
links. Dann biegen wir an der ersten Möglichkeit scharf nach links
ab und gehen bergauf. An der nächsten **Kreuzung** wenden wir uns nach
links, sofort darauf wieder nach
rechts und laufen noch einmal ein
Stück parallel zum Olpkebach, den
wir links unter uns erkennen können.

An der **T-Kreuzung mit der Picknickbank** ③ wenden wir uns nach
rechts und gehen bergauf. Kurz darauf ignorieren wir den nach rechts
abzweigenden Weg, uns begleiten
nun wieder A2 und das Dreieck.
Nachdem wir eine Weile bergab gewandert sind, wählen wir den zweiten Weg nach links und erreichen

> **Mahnmal Bittermark**
> Das 1960 erschaffene Mahnmal erin-
> nert an die Morde der Gestapo im
> Rombergpark und der Bittermark. Kurz
> vor Ende des Zweiten Weltkriegs wur-
> den hier etwa 300 Menschen umge-
> bracht.

## TOUREN-STECKBRIEF

**Anfahrt:** A 40 bis zu ihrem Ende in Dortmund, weiter auf der B 1 (Rheinland-
damm), rechts abbiegen auf die B 54
(Ruhrallee) Richtung Hörde, dieser fol-
gen bis Wellinghofen. Dort abbiegen auf
die Zillestraße und direkt wieder rechts
auf die Kirchhörder Straße. Dieser immer
folgen, bis man nach links in die Olpke-
talstraße abbiegt. Dort befindet sich der
Wanderparkplatz sofort auf der rechten
Seite bei **GPS N 51°27'24", E 7°28'27"**.
**ÖPNV:** Haltestelle Wohnstift Augustinum,
Buslinien 441 E, 447, 450 E, 465, NE 7,
NE 19. An der Haltestelle die Kirchhörder
Straße überqueren und rechts in die
Olpketalstraße abbiegen.
**Markierung:** Wechselnd A1, A2, Dreieck,

Rechteck.
**Anspruch und Charakter:** Durchgehend
Waldwege, häufig in Bachnähe. Nach
Regenfällen ist es hier teilweise matschig, dann ist festes Schuhwerk wichtig. Kurze, steile Anstiege und ein steiler Abstieg. Der GPS-Track **[> Seite 20]**
und eine digitale Karte sind zur Orientierung hilfreich.
**Highlights:** Olpkebach, Mahnmal Bittermark, Unterquerung der großen Autobahnbrücke, Bittermarksbach.
**Einkehr:** Kiosk am Start. Unterwegs gibt
es keine Einkehrmöglichkeit, aber viele
Picknickbänke.
**In der Nähe:** Zoo Dortmund, Rombergpark.

nur wenig später die **große Brücke** ④ **der A 45**, die wir unterqueren. Gewaltig schauen die Pfeiler aus, an denen wir direkt vorbeiwandern.

Danach geht es geradeaus weiter und in einer leichten Linkskurve bergauf. Nun laufen wir bis zum Ende des Weges immer weiter geradeaus. Dort biegen wir an der **T-Kreuzung** nach rechts ab. Die folgende Kreuzung überqueren wir geradeaus, an Notruf-Standort T 13-1 vorbei. Weiter geht es immer geradeaus, auch über eine **Kreuzung mit fünf Wegen** ⑤. Unmittelbar danach biegen wir an einer **Picknickbank** rechts ab und wenden uns an der T-Kreuzung erneut nach rechts.

Kurz darauf machen wir mit unserem Weg eine Linkskurve und wandern nun steiler bergab. Im Anschluss biegen wir an der zweiten Kreuzung rechts ab. Nun folgen wir unserem Weg immer geradeaus, bis wir wieder die A 45 unterqueren. Hier sehen wir links das neu angelegte **Regenrückhaltebecken Rombergholz**.

Wir folgen unserem Weg weiter geradeaus und wandern nun lange entlang des **Bittermarkbachs**, der immer links von uns fließt. Auch hier bieten sich viele Kletter- und Spielmöglichkeiten. Schließlich könnten wir über die **Bachbrücke** ⑥ gehen, tun dies aber nicht. Wir bleiben hier noch auf der rechten Bachseite. Der Weg ist mit dem **Rechteck** des Sauerländischen Gebirgsvereins markiert. Erst ein kurzes Stück weiter überqueren wir auf diesem Wanderweg den Bittermarkbach.

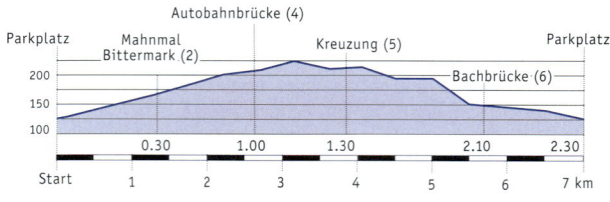

Danach geht es kurz bergauf und wir folgen an der Weggabelung mit Picknickbank dem Wanderzeichen leicht nach rechts. Rechts von uns schlängelt sich der Bach malerisch durch den Talboden. Wir ignorieren die Brücke, die über das Wasser führt, und bleiben auf der linken Bachseite.

Schließlich verlassen wir den mit Rechteck markierten Weg, der an einer **Picknickbank** ⑦ nach links abzweigt. Wir gehen hier nach rechts und überqueren kurz darauf den Bach. Unmittelbar danach überqueren wir einen breiteren Weg und steigen über Wurzeln ein kleines Stück steil bergan.

Dann geht es nach links und wir folgen dem Weg immer geradeaus, bis wir auf die **Kirchhörder Straße** treffen. Dort biegen wir rechts und kurz darauf erneut rechts ab in die Olpketalstraße, auf der wir zurück zu unserem Startpunkt gelangen.

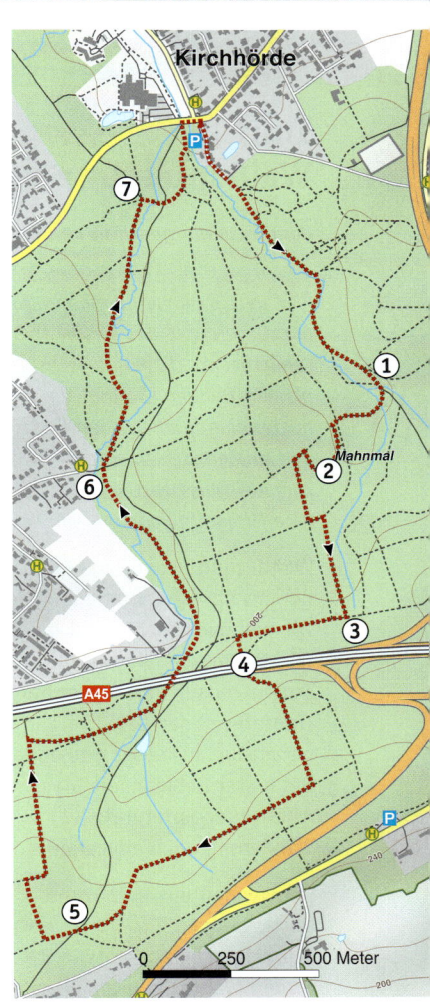

80 m

STRECKE
5,6 km

2 h

ab 4

# Tour 2:
# Waldspielplatz und Quelle

*Vom Gysenbergpark in den Gysenberger Wald*

*Wer den Gysenbergpark nur für einen kurzen Ausflug ins Grüne nutzt, verpasst das Beste: Die Wanderwege im angrenzenden Gysenberger Wald sind abwechslungsreich und führen zu vielen spannenden Plätzen. So gibt es auf unserer Wanderung eine Picknickhütte, eine Quelle, einen Waldspielplatz, die Bergmannsbuche und den Mühlenbach zu entdecken. Im Forsthaus lohnt eine Einkehr und zum Abschluss warten im Park ein Streichelzoo, die Kindereisenbahn, eine Minigolfanlage und ein schöner Abenteuerspielplatz.*

**Wanderung:** Vom Parkplatz aus gehen wir zum Zebrastreifen, der uns über die Straße »Am Revierpark« bringt. Danach wenden wir uns nach rechts und biegen am Biergarten-Schild links ab. Wir unterqueren dieses und steigen anschließend über elf Steinstufen hinauf zum **Gysenbergpark**. Dort treffen wir auf eine Infotafel zu den Laufstrecken im Gysenberger Wald und wandern geradeaus, bis unser Weg endet. Hier wenden wir uns nach links. Bei erster Gelegenheit biegen wir rechts ab und laufen auf den **Abenteuer-Spielplatz** ① zu, den wir auch am Ende unserer Wanderung noch einmal erreichen.

Wir wenden uns kurz vor dem Spielplatz nach links und steigen leicht bergan, bevor wir erneut links abbiegen. Am nächsten Abzweig geht es rechts weiter. Hier führen uns 30 Stufen hinauf in den Wald. Oben angekommen überqueren wir den breiteren

Weg und wandern anschließend mit einem leichten Schwenk nach rechts weiter bergan. An der nächsten größeren **Kreuzung** gehen wir geradeaus weiter. Dem roten Wanderzeichen folgend erreichen wir kurz darauf eine kleine **Picknick-Hütte** ②, die zu einer ersten Rast einlädt.

Wir gehen weiter in die gleiche Richtung bis zum nächsten Abzweig. Hier biegen wir, nun dem blauen Zeichen folgend, nach links ab und erreichen kurz darauf eine **Infotafel über Speise- und Giftpilze**. Am nächsten Abzweig steht eine Picknickbank. Hier wählen wir den nach links führenden, schmaleren Pfad. Wir ignorieren einen von rechts kommenden Weg und halten uns weiter geradeaus. Kurz darauf biegen wir rechts ab und erreichen einen kleinen **Spielplatz mitten im Wald** ③. Er liegt direkt neben der **Ruhmbachqelle**, über die wir uns auf einem Schild informieren können.

## TOUREN-STECKBRIEF

**Anfahrt:** A 42, Ausfahrt Herne-Horsthausen oder Herne-Börnig oder A 43, Ausfahrt Herne-Eickel. Von allen Abfahrten geht es weiter in Richtung Sodingen. Dort der Beschilderung zum Revierpark Gysenberg folgen. Der Parkplatz befindet sich bei **GPS N 51°32'00", E 7°15'14"**.
**ÖPNV:** Bushaltestelle Gysenberghalle, Buslinie 321.
**Markierung:** Wechselnde Markierungen wie im Text erwähnt: rot, blau; weißer Kreis, A1, A2, B.
**Anspruch und Charakter:** Leichte Wanderung mit abwechslungsreichen Wegen, teilweise auf schmalen Pfaden. Der GPS-Track [› **Seite 20**] und eine digitale Karte sind zur Orientierung hilfreich.
**Highlights:** Abenteuer- und Waldspielplatz, Bergmannsbuche, Mühlenbach, Streichelzoo, Minigolf, Kindereisenbahn Jolante.
**Einkehr:** Forsthaus Gysenberg, Gastronomie im Gysenbergpark.
**In der Nähe:** Geologischer Garten, Westpark, Tierpark und Fossilium im Stadtpark Bochum, Stadtgarten Wattenscheid.

**Im Gysenbergpark**
Der weitläufige Park wurde 1970 eingerichtet und erstreckt sich mit seinen weiten Rasenflächen und einem großen Abenteuerspielplatz auf über 31 Hektar Fläche. Neben dem Freizeitbad Lago und der Eissporthalle befinden sich hier ein kleiner Tierpark mit Streichelzoo und die Kindereisenbahn Jolante, die das ganze Jahr für kleine Besucher durch den Park tuckert.

Hinter dem Schild biegen wir links und sofort wieder rechts ab. Etwa 150 Meter weiter stehen wir dann vor der **Bergmannsbuche** ④ und einem Marienbildstock, vor dem einige robuste Picknickbänke und eine Infotafel zu finden sind.

Wir gehen rechts der Buche weiter geradeaus, leicht bergauf und folgen dabei den Wanderzeichen **weißer Kreis, A1 und A2**. Wir passieren einen abzweigenden Weg und laufen auf dem markierten Weg weiter. Nach einer Rechtskurve überqueren wir zuerst geradeaus die Kreuzung mit einem breiten Weg und dann einen Reitweg. Kurz darauf erreichen wir den **Mühlenbach** ⑤ und ignorieren den nach links abzweigenden Weg, der über den Bach führt.

Wir laufen jetzt immer am **Bach** entlang, dessen Ufer wir nun ganz nahe kommen. Das plätschernde Wasser lädt zum Spielen ein. Bald erreichen wir wieder einen größeren Weg, dem wir in gleicher Richtung wie zuvor folgen. An den Häusern angekommen biegen wir nicht links ab, sondern folgen der Markierung A2 entlang des Mühlenbachs. Schließlich biegen wir nach links ab und gehen über zwei große Stufen auf den Holzsteg, der uns zur **Brücke** führt. Auf dieser überqueren wir den **Mühlenbach**. Kurz darauf erreichen wir die Straße »Hiltroper Landwehr«, die wir überqueren.

Auf der anderen Seite wenden wir uns nach links und biegen sofort darauf rechts ab in den Wald. Der Weg steigt leicht an. Einige alte Baumstämme links des Weges laden zum Klettern ein. Am nächsten Abzweig verlassen wir den markierten Radweg, der hier in einer Linkskurve bergab führt, und wandern weiter geradeaus, nun auf einem mit dem **Wanderzeichen B** markierten Waldweg. Wir überqueren eine asphaltierte Straße und laufen geradeaus am Rand einer Wiese aufwärts in Richtung Wald. Oben angekommen wenden wir uns nach rechts. Zahlreiche **Brombeersträucher** ⑥ bieten hier zur Saison die Gelegenheit zum Naschen. Am Ende des Feldes angekommen marschieren wir geradeaus in den Wald hinein. Hier führt uns ein schmaler Pfad steil bergan. Nur kurze Zeit später erreichen wir mit einem Schwenk nach rechts ein **Birkenwäldchen** und den höchsten Punkt. Ab hier führt unser Weg wieder bergab.

Die nach links zu den Gärten abzweigenden Wege ignorieren wir und wandern mit einem leichten Schwenk nach rechts weiter und nun steiler hinunter. Einen von rechts kommenden Weg ignorieren wir. Unten angekommen überqueren wir den ersten Weg und biegen danach rechts ab. Es geht immer noch bergab. Kurz darauf erreichen wir einen **Zaun**, an dem wir entlanglaufen. An der folgenden T-Kreuzung endet unser Abenteuerpfad und wir wenden uns nach rechts.

200 Meter weiter überqueren wir den **Landwehrweg** zwischen Bochum und Herne. Danach biegen wir links und wieder rechts ab, hinein in den Wald. Wir wandern an einem kleinen Tümpel vorbei, der rechts von uns liegt. An der nächsten Kreuzung geht es nach rechts. Dann überqueren wir einen Bach und erreichen das **Forsthaus** ⑦. Hier lockt eine Einkehr im Biergarten mit angrenzendem Spielplatz.

Unsere Wanderung setzen wir vor dem Forsthaus fort: Wir biegen (mit dem Rücken zu diesem stehend) rechts ab. Die nach rechts abzweigenden Stufen ignorieren wir und biegen **am grünen Zaun** links ab. Sofort darauf wenden wir uns nach rechts und gehen weiter bis zum **Streichelzoo** ⑧. Hier können wir Alpakas, Ziegen und Hühner beobachten. Auch die Schienen der Kinderei-

senbahn Jolante können wir bereits sehen. Wir lassen diese links von uns liegen und gelangen kurz darauf zum Eingang des Streichelzoos (Eintritt kostenfrei, geöffnet 10 – 12 und 14 – 17 Uhr).

Dann führt unsere Route erst am **Bahnhof** ⑨ und dann am Tunnel der Kindereisenbahn vorbei. Hinter diesem biegen wir scharf nach rechts ab. Nun geht es noch einmal leicht bergauf. An einem Fachwerkhaus gehen wir weiter geradeaus und gelangen zum Abschluss unserer Wanderung noch einmal zum **Spielplatz** ①, den wir bereits vom Beginn unserer Tour kennen. Hier können sich alle noch einmal richtig austoben. Anschließend biegen wir links ab, erreichen unseren Hinweg und gelangen über diesen wieder zurück zu unserem Ausgangspunkt.

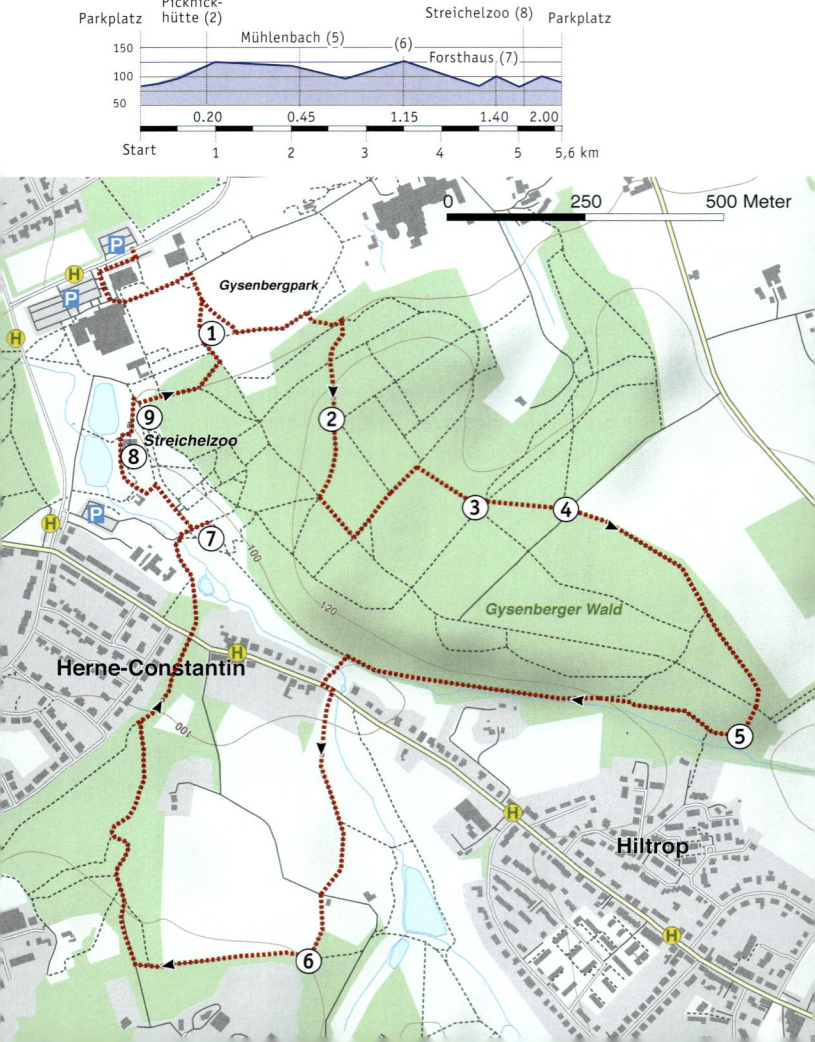

# Spiele in der Natur –
# eine Waldexpedition mit Kindern

*Es braucht nicht unbedingt immer eine tolle Wanderroute, um mit Kindern in die Natur zu gehen. Auch der normale Wald vor der Haustür eignet sich mit etwas Fantasie für Kinder-Abenteuer. Manche unserer Ideen brauchen ein bisschen Vorbereitung, andere kann man auch ganz spontan umsetzen. Wir suchen Tiere und Pflanzen, bauen eine Fantasiewelt und erfinden Geschichten.*

### ❶ Balancieren und Klettern

Umgefallene Bäume am Wegrand oder – noch besser – quer über dem Weg liegend sind eine Einladung zum Balancieren. Wir prüfen vorher die Stabilität des Stammes. Vorsicht auch bei feuchtem Wetter: Nasses Holz ist ganz schön rutschig.

Gute Kletterbäume findet man in einem durchschnittlichen Wald nicht allzu häufig. Die in unseren Wäldern weit verbreiteten Buchen haben lange, gerade Stämme. Der Stamm eines guten Kletterbaumes muss sich weit unten verzweigen und mehrere stabile Ableger entwickeln. Das tun eher langsam wachsende Bäume wie zum Beispiel manche Eiche oder auch verschiedene Obstbäume. Auch unter Kiefern findet man zum Klettern geeignete Exemplare. Einen guten Kletterbaum zu finden, ist immer ein besonderes Highlight.

### ❷ Ein Tipi oder eine Hütte bauen

In vielen Wäldern liegt Bruchholz, das sich hervorragend zum Bauen von Tipis und Hütten eignet. Wir verwenden zum Bau nur Naturmaterialien und lassen keine Schnüre oder anderes Material im Wald zurück, in dem sich Wildtiere und Vögel verfangen und verletzen könnten.

### ❸ Zapfenboule

Zum Boule spielen braucht es eigentlich nur ein Ziel und etwas zum Werfen. Statt mit Metallkugeln funktioniert das auch mit Zapfen, Stöcken und Steinen. Ein kleiner Steinturm hat sich bei uns als besonders gutes Ziel bewährt. Für jüngere Kinder, die noch nicht so exakt werfen, kann man auch mit Stöcken ein Zielfeld legen. Zum Werfen eignen sich Zapfen und Kieselsteine. Die Regeln können wir individuell anpassen. Ob nun gewinnt, wer als erstes trifft oder wer die meisten Zapfen oder Steine ins Zielfeld befördert, kann jeder selbst entscheiden.

### ❹ Schnitzeljagd

Wir teilen uns in zwei Gruppen auf. Die erste geht voran und markiert an jedem Abzweig den Weiterweg mit aus Stöcken oder Tannenzapfen gelegten Pfeilen. Man kann vorher auch Zeichen aus anderen Naturmaterialien vereinbaren, die einen entsprechenden Richtungswechsel bedeuten. Die andere Gruppe geht nach ein paar Minuten hinterher und muss versuchen, die erste einzuholen. Danach werden die Rollen getauscht. Dieses Spiel eignet sich besonders für größere Kindergruppen zum Beispiel auf Geburtstagen. Man könnte es aber auch spontan in eine ganz normale Wanderung einbauen, wenn es gerade einen kleinen Motivationsschub braucht und man die Wege gut genug kennt.

### ❺ Schatzsuche oder Waldbingo

Bei der Schatzsuche muss jeder Spieler kleine Dinge im Wald finden. Man kann für jedes Kind ein Säckchen vorbereiten, in dem die Schätze unterwegs vor neugierigen Blicken geschützt verstaut werden können.

Jedes Kind bekommt einen Auftrag, den man auch per Loszettel verteilen kann. Wir können die Kinder nach konkreten Dingen suchen lassen wie zum Beispiel einem Kiefernzapfen, Bucheckern oder einem bunten Stein. Auch abstraktere Begriffe lassen sich verwenden: »Finde etwas Rundes, etwas Spitzes, etwas Weiches, etwas Rotes und etwas Essbares« wäre zum Beispiel ein interessanter Suchauftrag, der bei jedem Kind zu einem anderen Ergebnis führen dürfte.

Alternativ kann man als Suchauftrag auch eine Bingokarte mit gezeichneten Gegenständen verwenden und diese unterwegs suchen lassen.

Am Ende der Waldrunde oder bei einer Pause packen wir dann die Säckchen oder Schatzkästchen aus und vergleichen die Ergebnisse. Vielleicht mögen auch alle kurz erzählen, wo sie ihre Schätze entdeckt haben.

### ❻ Die Fotosafari

Statt die Kids als Schatzsucher loszuschicken, können wir im Wald auch auf Fotosafari gehen. Im Frühjahr bietet sich das Thema Blüten an, später im Jahr können wir das Spiel auch auf Tiere, Blätter und Bäume ausdehnen.

Statt Blüten oder Pflanzen mitzunehmen, fotografieren wir sie einfach. Für jede neue Blüte gibt es einen Punkt, der hinterher in Gummibärchen oder andere kleine Süßigkeiten umgetauscht werden kann. Größere Kids können wir die Blüten und Blätter zu Hause auch richtig bestimmen lassen. Im Internet gibt es dazu Bestimmungsseiten wie zum Beispiel den Krautfinder. Den Punkt gibt es dann erst für eine richtig benannte Blüte.

### 7 Die Vogelpirsch

Das Klopfen eines Spechtes hallt eindrücklich durch den Wald und viele Singvögel bauen dort ihre Nester. Wenn wir ganz still sind, können wir hören, wer im Wald unterwegs ist und wo. Gerade früh im Jahr kann man in den blattlosen Baumkronen Vögel recht gut orten und sogar mit dem Fernglas beobachten.

Wer Lust hat, die Vögel auch zu bestimmen, kann sich im Vogeltrainer vom NABU die Stimmen der häufigsten Singvögel in unseren Wäldern anhören. Zum Mitnehmen gibt es die Vogelstimmen zum Beispiel in der NABU-Vogelwelt-App.

Ein Spiel zum Bestimmen verschiedener Vogelstimmen finden wir auch auf unserer Radtour bei Reken [› Tour 20].

### 8 Tierspuren suchen

Von der Spechthöhle über Fußspuren, Kothäufchen, angefressene Eicheln und Blätter – Tiere hinterlassen an vielen Stellen im Wald ihre Spuren und verraten damit ihre Anwesenheit. Spuren sind viel leichter zu finden als die Tiere selbst und können viel über die Bewohner eines Waldes verraten.

### 9 Kunst im Wald

Zapfen, Bucheckern, Eicheln, Steine, Zweige, trockene Blätter und Moos sind allerbestes Baumaterial für kleine Naturkunstwerke. Ein Haus, eine Landschaft, ein Familienbild, ein buntes Mandala – was kann man noch alles aus Naturmaterialien gestalten?

### 10 Baumgeschichten

Bäume sind Überlebensspezialisten. Sie entwickeln stützende Wurzeln, wenn der Hang wegbricht. Sie lehnen sich aneinander oder wachsen zusammen, wenn der Platz eng wird. Sie gedeihen zwischen Felsen und am Abgrund. Wenn ein Stamm bricht, treiben sie neu aus. Die Form mancher Baumstämme und die Position der Äste erzählen eine Geschichte – die Lebensgeschichte eines Baumes. Wir können versuchen, die Baumgeschichten zu lesen oder nur schauen, welche unterschiedlichen Baumformen wir entdecken. Wer findet einen ungewöhnlichen Baum?

### ⑫ Der Wald als Holzwerkstatt

Eine kleine Säge, Bohrer und Feile oder ein Taschenmesser zum Schnitzen machen den Wald zur Holzwerkstatt, in der Kids ohne Sorge um Dreck und Material werkeln können.

Für Kinder, die gerade erst lernen mit einem Messer umzugehen, gibt es spezielle Taschenmesser. Sie haben eine abgerundete Spitze und einen kindgerechten Griff, der gut in der Hand liegt. Wir können aber auch Werkzeuge wie Hammer und Säge ausprobieren, Häuser und Ställe bauen, kleine Schiffchen, einen Wanderstock oder Pfeil und Bogen.

Wie man einfache Boote aus Naturmaterialien baut, die auf Seen oder auf dem Bach ins Wasser entlassen werden können, zeigen wir ab [› Seite 175].

Für die Holzwerkstatt muss es warm genug sein, weil wir uns nicht so viel bewegen. Sie ist nur bei trockenem Wetter und Temperaturen über 15 Grad eine gute Idee.

### ⑪ Trolle und Waldgeister

Wurzeln und Baumstämme haben die seltsamsten Strukturen. Mit ein wenig Fantasie kann man überall im Wald schaurige Gesichter entdecken und fotografieren, den Trollen Namen geben und Geschichten erfinden. Mit Straßenkreide könnten wir unseren Waldgeistern auch Augen und Zähne malen und sie so für andere besser erkennbar machen.

### 13 Waldmusik

Der Wald bietet vielfältige Möglichkeiten zum Musizieren. Baumstümpfe oder ein großer Stein eignen sich als Trommel. Man kann auch Steine gegeneinander schlagen, mit Blättern rascheln, auf breiten Grashalmen pfeifen oder in hohle Stöcke pusten. Wer über richtig viel Geschick verfügt, bastelt mithilfe eines Taschenmesser vielleicht sogar eine Flöte! Geeignet sind dazu die Zweige des Holunderbaumes, die im Inneren einen Kanal mit weichem Mark haben, das sich gut entfernen lässt. So kann nach und nach ein ganzes Orchester entstehen.

### 14 Auszeit am Grillfeuer

Im Wald dürfen wir kein Feuer machen. Aber vielleicht gibt es in der Nähe einen öffentlichen Grillplatz oder einen Feuerkorb oder eine Feuerstelle im privaten Garten? Ein Picknick mit wärmendem Lagerfeuer, Stockbrot oder Würstchen ist immer ein guter Abschluss für ein Naturabenteuer. Größere Kinder können dabei versuchen selbst, ein Feuer zu machen – selbstverständlich unter Aufsicht.

Schon auf der Wanderung oder auf dem Weg zum Grillplatz sollte man nach passenden Stöcken zum Aufspießen der Würstchen und des Brotteiges Ausschau halten. Sie sollten möglichst frisch sein, damit das Holz nicht so leicht verbrennt. Jeder Stock wird mit dem Taschenmesser angespitzt und ein Stück von der Rinde befreit. So können wir unseren Brotteig ganz einfach um sauberes Holz wickeln.

---

**Stockbrot aus Hefeteig**

> 500 g Mehl
> 1 Packung Trockenhefe
> 250 ml handwarmes Wasser
> 1 TL Salz, 3 EL Öl

**Stockbrotteig ohne Hefe**

> 450 g Mehl
> 200 ml Milch
> 1 TL Salz, 2 TL Backpulver

Um den Geschmack zu variieren, kann man auch Kräuter und Käsewürfel unterkneten.

---

120 m

STRECKE
8,7 km

3 h 30

ab 6

# Tour 3:
# Alpine Vegetation mitten im Pott

*Die Halde Hoheward und der Ewaldsee*

*Eine Halde mit alpiner Vegetation und grandioser Fernsicht ist der Höhepunkt dieser Wanderung. Danach geht es quer durch die historische Zeche Ewald und einmal rund um den Ewaldsee. So haben wir genügend Abwechslung für eine kurzweilige Runde.*

**Wanderung:** Vom Parkplatz aus wenden wir uns nach links, überqueren einen kleinen Bach und erreichen die **Infotafel zur Halde Hoheward**. Unmittelbar dahinter beginnt bereits der Anstieg. Kurz hinter dem Schild biegen wir links ab, wenig später geht es am rot-weißen Gitter scharf nach rechts auf einen schmalen Pfad. An der nächsten **Kreuzung** wenden wir uns leicht nach rechts und wandern annähernd in derselben Richtung weiter. Kurz darauf erreichen wir eine **asphaltierte Straße**, der wir nach links folgen. Bereits nach wenigen Metern wandelt sich diese in einen Schotterweg, weiter geht es bergan.

Nach Unterquerung einer **Brücke** ① biegen wir scharf nach rechts ab. Kurz vor Erreichen des Zugangs zu dieser Brücke biegen wir links in den schmalen Pfad ein, der uns steil bergan führt. Diesem folgen wir nun eine Weile geradeaus und immer höher auf die Halde hinauf. An der **zweiten Kreuzung** mit größeren Wegen biegen wir nach rechts ab und laufen auf das Horizontobservatorium zu. Unser Weg verwandelt sich zunehmend in einen schmalen Abenteuerpfad. Am Ende des Pfades biegen wir scharf nach links ab und wandern wieder steiler bergauf.

Bei der nächsten Möglichkeit geht es scharf nach rechts und weiter aufwärts. Den nach rechts abzweigenden Weg ignorieren wir und wenden uns kurz danach scharf nach links. In der Folge wählen wir den zweiten nach links abzweigenden Weg und ignorieren den kurz darauf nach rechts abzweigenden Pfad. So erreichen wir den höchsten Punkt der Halde und schließlich das **Horizontobservatorium** ②, ein gigantisches Freiluft-Planetarium. Die Aussicht ist in alle Richtungen grandios, besonders bei guter Fernsicht lohnt sich eine Besteigung der Halde.

Wir wandern auf dem Kamm der Halde entlang, bis es nicht mehr weiter geradeaus geht und biegen mit unserem Weg am Ende nach links ab. Wir folgen diesem bis zum nächsten **Ende des Gipfel-Plateaus** und wenden uns noch einmal nach links. Kurz darauf erreichen wir die **Treppe**, die uns über 360 Stufen wieder hinunter führt. Sie endet an einem der zahlreichen **Balkone** ③, von dem man nochmals den Ausblick genießen kann.

Wir wenden uns hier nach links und spazieren nun eine ganze Zeit lang über die **Balkon-Promenade**. Hinter der Infotafel 2

und einem der rot-weißen Gitter folgen wir den Hinweisen zur Zeche Ewald und verlassen die Promenade. Es geht nun leicht bergab und wir wandern geradeaus durch die ehemalige **Zeche Ewald** ④. Vorher locken uns noch ein paar große Klettersteine.

Weiter geht es geradeaus – erst über die Marie-Curie-Straße und dann über die Werner-Heisenberg-Straße. Hier laden erst ein **Biergarten** und kurz darauf linkerhand das **Ewaldcafé** zur Einkehr ein.

## TOUREN-STECKBRIEF

**Anfahrt:** A 43, Ausfahrt Recklinghausen-Hochlarmark oder A 2, Ausfahrt Herten. Parkplatz: **GPS N 51°33'50", E 7°09'39"**.
**ÖPNV:** Bushaltestelle Herten Hohewardstraße, Buslinie SB27 E.
**Markierung:** Keine.
**Anspruch und Charakter:** Auf die Halde Hoheward sind einige Höhenmeter zu überwinden, dafür entschädigt ein fantastisches 360-Grad-Panorama. Bergab geht es über mehr als 300 Stufen.
**Highlights:** Halde Hoheward, historische Zeche Ewald, Ewaldsee.
**Einkehr:** Biergarten Zeche Ewald, Ewaldcafé, Waldhaus Resse.
**In der Nähe:** Umspannwerk Recklinghausen, Zoom Erlebniswelt.

Wir überqueren die Ewaldstraße und betreten damit den Park rund um den **Ewaldsee**. An der Infotafel zur »Kunstachse Burgenland« geht es nach rechts und sofort darauf wieder nach links. Kurz vor Erreichen des **Ewaldsees** ⑤ biegen wir rechts auf den Seeuferweg ab und umrunden den See. Zwischendurch führen Pfade direkt ans Ufer, wo wir die Enten beobachten können.

Wir folgen dem zweiten Abzweig zum **Waldhaus Resse** ⑥ nach rechts, biegen aber kurz darauf nach links ab. Nur wer im Waldhaus einkehren möchte, folgt dem Wegweiser nach rechts und geht hinterher denselben Weg wieder zurück. Nun befinden wir uns wir auf einer Art Damm etwas oberhalb des umliegenden Waldes und können in beide Richtungen weit in diesen und seine Feuchtbiotope blicken. Mit etwas Glück entdecken wir auch Wildtiere.

**Die Halde Hoheward**
Zusammen mit der benachbarten Halde Hoppenbruch bildet sie die größte Haldenlandschaft des Ruhrgebiets. An ihrem höchsten Punkt steht das Horizontobservatorium, mit dessen Hilfe man den Lauf von Sonne, Mond und Sternen beobachten kann. Das Besucherzentrum der Halde befindet sich in der Zeche Ewald mit der Ausstellung »Neue Horizonte«. Hier kann man auch Wander- und Segway-Führungen über die Halde buchen. Mehr Infos auf [› Seite 47] und unter www.hoheward.rvr.ruhr.

Schließlich überqueren wir die Ewaldstraße über eine **Brücke** und biegen kurz darauf rechts ab Richtung Halde Hoppenbruch. Auch diese könnte bestiegen werden, wir bleiben jedoch unten. Kurz vor den Fahrrad-Wegweisern biegen wir in den kleinen Pfad nach links ab und wandern direkt am

A2
4
3
Horizontobservatorium
2
Halde Hoheward
153m
100
Sonnenuhr
Mondsee
7
1
P

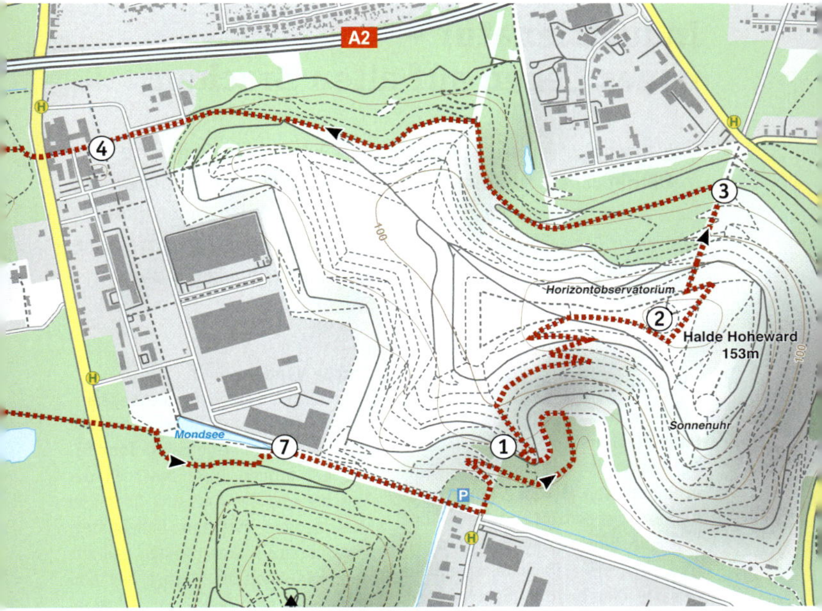

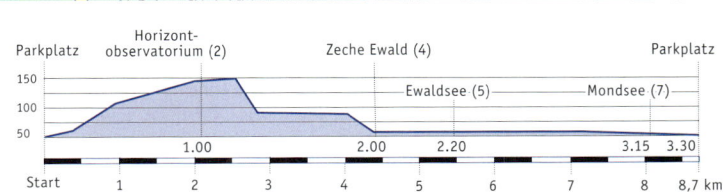

Parkplatz
Horizont-
observatorium (2)
Zeche Ewald (4)
Parkplatz
150
100
50
Ewaldsee (5)
Mondsee (7)
1.00
2.00
2.20
3.15
3.30
Start
1
2
3
4
5
6
7
8
8,7 km

**Hochspannungsmast** vorbei. Danach geht es ein kleines Stück bergauf in Richtung der Rohre, denen wir im Anschluss parallel folgen. Am Ende der Rohre treten wir mit einem Schwenk nach links aus dem Wald heraus und erreichen den **Mondsee** ⑦, ein kleines künstlich angelegtes Gewässer, dem wir nach rechts abbiegend folgen. An dessen Ende laden ein paar Bänke zur Rast ein. Wir laufen geradeaus weiter, am Zugang zur Halde Hoheward vorbei zurück bis zu unserem Auto.

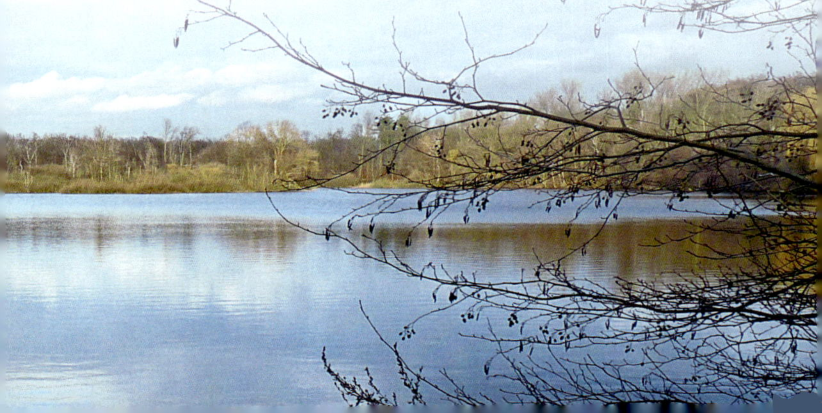

# Industrienatur –
# neues Leben auf alten Brachen

*Industrienatur – unter diesem Begriff wurden 19 Standorte alter Industrieflächen zusammengefasst, an denen sich Pflanzen und Tiere ihren Lebensraum zurückerobert haben. Durch die oftmals untypischen Lebensbedingungen auf den ehemaligen Industriestandorten sind hier oft Neophyten, so nennt man Pflanzen aus anderen Ländern, und fremde Tierarten zu finden.*

## 19 Standorte im Überblick:

### Haus Ripshorst

Der historische Gutshof befindet sich in Oberhausen [› Tour 5]. Das Haus Ripshorst beheimatet eine Ausstellung über die Entwicklung des Emscherparks und seine Projekte. In unmittelbarer Nähe liegt der Gehölzgarten, der zu einem botanischen Streifzug einlädt. Auf einer Wegstrecke von zwei Kilometern kann man hier die Erdgeschichte vom Tertiär bis heute erleben.

### Landschaftspark Duisburg-Nord

Der Park besteht aus 180 Hektar rund um ein stillgelegtes Hüttenwerk. Die Natur holt sich im Landschaftspark mehr und mehr ihr Gebiet zurück. Dies erkennt man besonders gut vom Aussichtsturm aus. Die Sektion Duisburg des DAV unterhält hier einen Klettergarten und hat einen Wanderweg durch den Landschaftspark angelegt. Im einem zweiten Hochseilgarten mit dem Namen »Expedition Stahl« können Jugendliche und Erwachsene durch einen stillgelegten Hochofen klettern.

*Verlassene Industrieanlagen im Landschaftspark Duisburg-Nord*

### Brache Vondern

Auf dem ehemaligen Zechengelände in Oberhausen befindet sich heute ein Naturerholungsgebiet [› Tour 5]. Auf der grünen Insel zwischen der Emscher und der A 42 sind über 450 verschiedene Pflanzen beheimatet. Ein Wald aus Birken, Weiden und anderen Laubhölzern wächst aus den Trümmern der Zeche und Kokerei Vondern. Außerdem sind verschiedene Kunstobjekte zu sehen.

### Gleispark Frintrop

Der Landschaftspark befindet sich auf dem ehemaligen Güterbahnhof in Essen. Durch die Überreste des Transports von Kohle, Eisenerz und anderen Materialien mutet das Gebiet teilweise steppenartig an. In einem Birkenwäldchen verstecken sich die Ruinen des Güterbahnhofs.

### Welterbe Zollverein

In der Essener Zeche, ehemals größten Steinkohlenzeche der Welt, sind heute Turmfalken und Kreuzkröten zuhause, wo früher die Schornsteine

rauchten und Kohle ans Tageslicht befördert wurde. Doch das ist längst nicht alles: Mehr als 60 Vogelarten, über 40 Wildbienenarten, seltene Amphibien und viele verschiedene Pflanzen sind hier inzwischen zu finden. Wer sich für die Details interessiert, dem empfehlen wir eine Exkursion mit dem NABU.

## Landschaftspark Mechtenberg

Der 83 Meter hohe Mechtenberg zählt zu den wenigen natürlich entstandenen Bergen im Ruhrgebiet und ist Namensgeber des 290 Hektar großen Parks zwischen Gelsenkirchen, Essen und Bochum. Auf seinem Gipfel bietet der Bismarckturm einen weiten Blick über die umliegenden Städte. Alleen und Obstwiesen schaffen eine angenehme Umgebung und bieten auch Wildtieren Lebensraum. Durch den Park führen Rad- und Wanderwege, auch ein Bauernhofcafé und verschiedene Kunstobjekte machen den Besuch interessant.

## Halde Rheinelbe

Einen unvergleichlichen Ausblick über Gelsenkirchen und das angrenzende Ruhrgebiet hat man von der Himmelstreppe auf der 110 Meter hohen Halde. Diese kann erwandert oder mit dem Fahrrad befahren werden. Außerdem gibt es hier einen Skulpturenwald.

## Landschaftspark Hoheward

Mittelpunkt der ungewöhnlichen Freizeit- und Kulturlandschaft am Rand von Herten und Recklinghausen ist das Freiluft-Planetarium auf dem

großen Plateau der Halde. Hier lässt sich die Bewegung der Gestirne ideal beobachten. Mit Hilfe der beiden großen Bögen kann der Lauf von Sonne und Sternen am Horizont verfolgt werden. Dieses Verfahren nennt man Horizontastronomie. Es knüpft an archaische Methoden der Zeitbestimmung an, die vermutlich auch schon bei der Errichtung des berühmten Steinkreises von Stonehenge eine Rolle gespielt haben. Das Observatorium musste allerdings bereits kurz nach seiner Fertigstellung vor über zehn Jahren wegen einem Riss in einem der großen Bögen abgesperrt werden. Bis heute darf man es nicht betreten.

Auf dem südlichen Plateau der Halde bildet ein gigantischer Obelisk den Mittelpunkt einer Sonnenuhr. Von hier aus sind auch die Bögen des Planetariums besonders gut zu sehen.

Auf halber Höhe umrundet eine etwa sechs Kilometer lange Balkonpromenade die Halde auf gleichbleibender Höhe. Der Park um den Hügel ist durch ein gut ausgebautes Wegenetz erschlossen, darunter sind auch Trails für Mountainbiker. [› Tour 3]

## Zeche Hannover

Eine Wanderung durch den wild wachsenden Park Königsgrube mit der Zeche Hannover dauert nur 1,5 Stunden. Da die Vegetation sich selbst überlassen wird, gibt es viel zu sehen. Außerdem können Kinder in der Kinderzeche »Knirps« spielerisch alles über den Bergbau der vergangenen Generationen lernen und erleben. Die Zeche liegt zwischen Herne und Bochum.

### Westpark

Der Mittelpunkt des Stadtgartens in Bochum ist die Jahrhunderthalle. Der Park besteht aus drei Ebenen, die durch Treppen, Brücken und Wege miteinander verbunden sind.
[> Seite 23]

### Henrichshütte

Im Museum im ehemaligen Hüttenwerk in Hattingen geht es um Mensch, Technik und Natur. An der Heinrichshütte haben sich nach der Stilllegung besonders viele Arten angesiedelt. Bei unterschiedlichen Führungen kann man die Industrienatur am Tag und in der Nacht erleben.

### Halde Lothringen

Die sechs Hektar große Halde im Bochumer Norden kann über einen promenadenähnlichen Weg erwandert werden. Er führt zu einer künstlerischen Installation, die sich am Südhang befindet. Hier gibt es eine steile, trockene und nur spärlich bewachsene Abbruchkante. Die anderen Hänge weisen nur eine geringe Neigung auf und sind dichter bewachsen.

### Zeche Nachtigall

Auf dem alten Werksgelände im Süden von Witten befindet sich heute ein technisches Museum. Hier kann man die Industrienatur unter anderem bei einer naturkundlichen Exkursion und verschiedenen Safari-Touren erleben.
[> Tour 32]

### Halde Zollern

Die Halde in Dortmund gehört zum Naturschutzgebiet Dellwiger Bach. Sie ist dicht mit Wald bewachsen. Zwischen den Bäumen kommen hier auch viele Kräuter, Pilze und eine Orchideenart vor. Verschiedene Waldvögel und die seltene Waldeidechse sind auf dem Gelände heimisch geworden. Es werden biologische Exkursionen und Führungen angeboten, zum Beispiel zum Thema Fledermäuse.

### Naturschutzgebiet Hallerey

Der größte Bergsenkungssee im Norden von Dortmund mit seiner vielfältigen Flora und Fauna zählt zu den bedeutendsten Naturreservaten im Ruhrgebiet. Neben zahlreichen Großschmetterlingen und Amphibien leben hier auch seltene Wasservögel. Wanderwege laden zum Erkunden des Sees, der angrenzenden Feuchtwiesen und einer natürlich entstandenen Halde ein.

### Kokerei Hansa

Die letzte erhaltene Kokerei des Ruhrgebiets steht in Dortmund. Man kann man hier noch heute hohe Türme und gigantische Maschinen bestaunen. Dazwischen erobert sich die Natur nach und nach ihren Raum zurück – eine einzigartige und besonders eindrucksvolle Mischung von Industrie und Natur.

### Halde Großes Holz

Am höchsten Punkt der rekultivierten und landschaftlich gestalteten Halde in Bergkamen hat man einen grandiosen 360-Grad-Blick über das Ruhrgebiet. Korridorpark, Aussichtsplattform, Gräserplateau und die Lichtskulptur Impuls sind die Highlights bei einem Besuch. Entlang der Wege laden viele Bänke zur Rast ein.
[> Tour 23]

### Naturschutzgebiet Beversee

Mittelpunkt des rund 100 Hektar großen Naturschutzgebiets in Bergkamen ist der durch eine Bergsenkung entstandene Beversee. Dieser bietet mit seinen Feuchtgebieten Lebensraum für seltene Pflanzen und Tiere. Besonders als Brut- und Rastplatz für Wasservögel ist das Gebiet von großer Bedeutung. Gut ausgeschilderte Wanderwege laden zur Erkundung ein.
[> Tour 23]

### Halde Sachsen

Drei Gipfel verleihen der Haldenlandschaft in Hamm ihren besondern Charakter. Auch zwischen der Alten Halde, der Panoramahalde und der Windzeigerhalde werden Exkursionen angeboten, bei denen es um die Verbindung von Industrie, Kunst, Kultur und Natur geht.

# Tour 4:
# Unter den Augen des Herkules

60 m

STRECKE

6,3 km

2 h 15

ab 6

*Vom Nordsternpark auf die Schurenbachhalde*

*Mitten im Zentrum des Ruhrgebietes, aber auch mitten im Grünen, wandern wir durch den Nordsternpark, erklettern zwei Halden, überqueren die plätschernde Emscher und erreichen zum krönenden Abschluss einen riesigen Wasserspielplatz.*

**Wanderung:** Vom **Parkplatz am Amphitheater** wandern wir in den Nordsternpark und in Richtung Amphitheater. Rechts und links säumen Hecken unseren Weg. Wir folgen ihm durch einen kleinen Knick nach rechts und biegen direkt danach scharf rechts ab. Kurz zuvor laden ein paar **größere Steine** zum Klettern ein.

---

**Der Herkules von Gelsenkirchen**
Seit Dezember 2010 steht die 18 Meter hohe und 23 Tonnen schwere Monumentalplastik ganz oben auf dem Nordsternturm und ist bereits von Weitem sichtbar. Der Herkules symbolisiert die großen Aufgaben des Ruhrgebiets sowie den Mut und die Tatkraft seiner Bewohner.

Wir laufen weiter und unterqueren dicke Industrierohre, bevor wir eine **Brücke** überqueren, die über einen Kanal führt. Danach biegen wir in den zweiten Weg nach links ab.

Am nächsten Abzweig geht es links ab und sofort danach wieder rechts. An der folgenden Kreuzung peilen wir geradeaus die 161 Treppenstufen auf die **kleine Halde** ① an. Von hier oben haben wir einen weiten Blick über den Nordsternpark und die Umgebung. Auch der markante Nordsternturm mit seiner Herkules-Plastik ist gut zu sehen.

Über dieselben Stufen steigen wir wieder hinab. Unten angekommen wenden wir uns nach rechts. Die nächsten Abzweige nach rechts und links ignorieren wir, es lohnt aber ein kurzer Abstecher zu Kohlewagen und Bergbaustollen nach links. Dann geht es weiter geradeaus, nun leicht bergauf, bis wir **zwei große Felsen** ② erreichen, in die Kletterhaken gebohrt sind. Bei schönem Wetter sind hier oft Kletterer beim Training zu sehen. Wir biegen jedoch kurz vor den Kletterfelsen nach links und sofort darauf wieder nach rechts ab und gehen die Stufen hinauf.

Oben wenden wir uns leicht nach links und gehen beinahe in gleicher Richtung weiter. An der nächsten **Kreuzung mit vier Wegen** wählen wir den linken, der in ähnlicher Richtung und nun leicht bergab weiterführt.

So erreichen wir schließlich die **Emscher**. Diese gehen wir zunächst ein Stück entlang und überqueren sie dann auf der **blauen Brücke** ③. Auf dieser lohnt sich ein kurzer Stopp: Das Wasser rauscht hier durch Schleusen und kleine Staubecken.

## TOUREN-STECKBRIEF

**Anfahrt:** A 42, Ausfahrt Gelsenkirchen-Heßler, über den Lehrhovebruch und »An der Rennbahn« bis zur Wallstraße und zum Parkplatz bei **GPS N 51°31'25", E 7°02'20"**.
**ÖPNV:** Bushaltetelle Krokuswinkel, Buslinien 383 und NE 14. Von der Station rechts abbiegen in die Wallstraße und immer geradeaus bis zum Parkplatz laufen.
**Markierung:** Keine.
**Anspruch und Charakter:** Leichte Wanderung auf gemütlichen Wegen. Beim Aufstieg auf die Schurenbachhalde sind ein paar Höhenmeter zu überwinden, Abstieg über Treppenstufen.
**Highlights:** Mondähnliche Landschaft auf der Schurenbachhalde, großer Spielplatz im Nordsternpark.
**Einkehr:** Heiners Biergarten nahe des Nordsternturms, Integrationscafé des Kinderlands am Spielplatz.
**In der Nähe:** Nordsternpark mit Nordsternturm, ZOOM Erlebniswelt.

Unmittelbar nach Überqueren der Brücke biegen wir rechts auf den kleinen **Pfad** ab, der uns zunächst ein Stück steil bergab führt. Dann geht es parallel zur asphaltierten Straße durch Wald und Feld

> **Die Schurenbachhalde**
> Die ehemalige Bergehalde des Steinkohlebergbaus ist nur mit Abraummaterial bedeckt und erinnert daher auf ihrem Rücken an eine Mondlandschaft. Auf ihrem höchsten Punkt steht die Skulptur »Bramme«, die ebenfalls von weither sichtbar ist.

über losen Untergrund. Die nach rechts abzweigenden Wege ignorierend, wandern wir weiter geradeaus. Schließlich erreichen wir wieder Asphalt und überqueren auf diesem den **Rhein-Herne-Kanal** ④. Die Brücke federt die Tritte der Fußgänger ab, was wir bei einem Stopp in der Mitte deutlich unter unseren Füßen spüren können. Hinter der Brücke geht es rechts auf die Spielstraße und durch die rot-weißen Gitter hindurch. Wir steuern auf eine Picknickbank zu und biegen unmittelbar vor dieser nach links in den bergauf führenden Weg ab. Nun beginnt der Anstieg auf die Schurenbachhalde.

Wir ignorieren den nach links abzweigenden Weg und steigen weiter bergan. An der nächsten **Kreuzung** wenden wir uns zunächst scharf nach rechts und direkt danach wieder scharf nach links, um weiter bergan zu steigen. Wir wählen den nächsten Pfad nach rechts steil bergauf und klettern über ein paar Wurzeln immer höher. Die nächste Kreuzung überqueren wir geradeaus und erreichen einen **kleinen See** ⑤ mit zwei Picknickbänken, die zur Rast einladen.

Nach einer Stärkung spazieren wir noch ein Stück den See entlang, wenden uns dann nach rechts und kraxeln weiter hinauf. Oben angekommen geht es links herum weiter. Nach einer Rechtskurve steigt der Weg wieder steiler an und wir wandern durch eine karge Mondlandschaft bis zum höchsten Punkt der **Schurenbachhalde** ⑥.

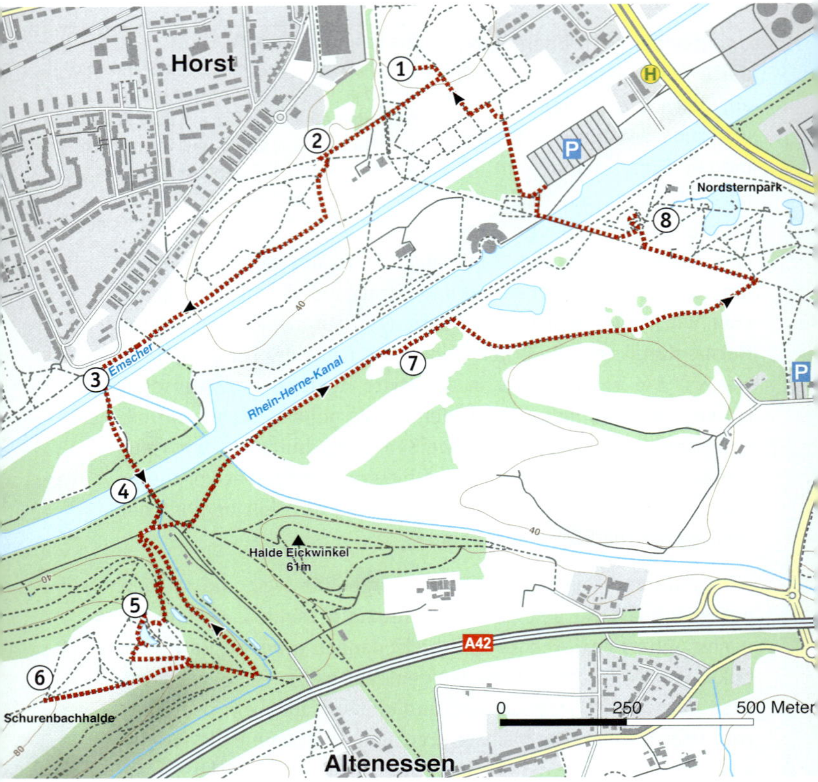

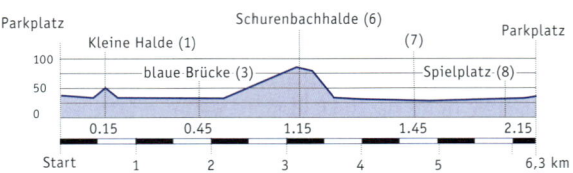

Nachdem wir die Aussicht genossen haben, geht es ein kleines Stück auf dem Hinweg zurück und dort über die **Treppenstufen** geradeaus hinunter. Die erste und die zweite **Kreuzung** überqueren wir und wandern weiter über die Stufen bergab. An der dritten Kreuzung biegen wir links ab. Die beiden Pfade, die nach links abzweigen, ignorieren wir und wandern weiter geradeaus durch den Mischwald. Schließlich treffen wir auf eine Wiese, überqueren diese geradeaus und erreichen durch einen Schwenk nach rechts wieder die **Spielstraße**, die wir bereits von dem Beginn unseres Aufstiegs zur Schurenbachhalde kennen.

Erneut gehen wir durch das rot-weiße Gitter hindurch und peilen geradeaus die **blauen Bänke** und Klettersteine an. Am **Fahrradknotenpunkt 61** wenden wir uns nach links in Richtung Land-

schaftspark Hoheward und Nordsternpark. Wir erreichen den Rhein-
Herne-Kanal und spazieren an
dessen Ufer entlang. Ein **Fahr-
rad-Wegweiser**, an dem es noch
800 Meter bis zum Nordsternpark
sind, markiert die Stelle, an der wir
dann nach rechts abbiegen müssen.
Am nächsten **Abzweig mit Picknickbank** ⑦ wenden wir uns erneut nach rechts, um ein kleines
Naturschutzgebiet zu umgehen. Hier
stehen besonders viele Picknickbänke am Weg.

Schließlich gelangen wir an eine
**Kreuzung** und biegen mit Erreichen

des Nordsternparks nach links in Richtung **Spielplatz** ⑧ ab.
Dieser bietet zwei tolle Röhrenrutschen, zahlreiche Klettermöglichkeiten, einen Wasserspielplatz, einen Basketballplatz, einen
See zur Floßfahrt und vieles mehr. Hier können sich die Kinder
knapp 500 Meter vor Ende der Wanderung noch einmal richtig
austoben. Ein Café am Rand des Spielplatzes lädt alle zu einer
Stärkung ein. Auch ein WC gibt es hier.

Beim Verlassen des Spielplatzes gehen wir in die gleiche Rich-
tung wie zuvor und überqueren auf einer **Brücke** den Rhein-
Herne-Kanal. Wir wenden uns nach rechts und erreichen nach
Passieren einer Infotafel zum Nordsternpark wieder unser Auto.

10 m

STRECKE ⟩

4,2 km

1 h 30

ab 4

# Tour 5:
# Bienen, Burg und Brache

*Fleißigen Honigsammlern und einer alten Sage auf der Spur*

*Während wir zu Beginn der Tour Bienen bei der Honigproduktion beobachten können, begeben wir uns im weiteren Verlauf der Wanderung auf die Spur einer alten Sage. Nach so viel Anregung der Fantasie bieten ein Fußballfeld und ein Spielplatz Raum zum Austoben.*

**Wanderung:** Vom Parkplatz aus gehen wir geradeaus zum **Holzhäuschen des Bienenzuchtvereines**. Vor diesem laden ein paar große Steine zum Klettern ein. Rund um das wabenförmige Haus erfährt man auf mehreren Infotafeln Wissenswertes über die Biene, ihr Leben und ihre ökologische Bedeutung. Auch mehrere Insektenhotels sind hier zu finden.

Wir wandern geradeaus weiter und erreichen eine Infotafel zum Emscher Landschaftspark und das **Haus Ripshorst** ①, das links von uns liegt. Wir treten auf das freie Feld hinaus und folgen jetzt dem schmalen Pfad, der scharf nach rechts und quer über das Feld führt. An der nächsten **Kreuzung** biegen wir links ab und halten uns kurz darauf erneut links.

Der Weg führt uns nun zu einer **blauen Picknickbank**. Direkt dahinter biegen wir rechts ab. An der folgenden Kreuzung wenden wir uns nach links, wandern an einer weiteren blauen Bank vorbei und biegen hinter dieser rechts ab. Bei nächster Möglichkeit geht es nach links und wir passieren eine **Infotafel zum Emschertal**. Hier laufen wir weiter geradeaus bis zum **Rhein-Herne-Kanal** ② und wandern dann rechts an dessen Ufer entlang.

> **Haus Ripshorst**
> Der historische Gutshof dient heute als Informationszentrum des Emscher-Landschaftspark. Im Inneren befindet sich eine Ausstellung, draußen kann man einen Bauern- und den Gehölzgarten besuchen. Es gibt einen kleinen Verkaufsstand für Speisen und Getränke sowie mehrere Sitzgelegenheiten.

Über Steinstufen erklimmen wir etwas später eine **Brücke** ③ und überqueren auf dieser den Rhein-Herne-Kanal. Auf der gegenüberliegenden Seite bringen uns 44 Stufen wieder zurück an den Kanal, an dessen Ufer wir links abbiegen. Nach einiger Zeit wird aus dem unbefestigten ein Asphaltweg.

Wir gehen weiter geradeaus und ignorieren einen scharf nach links abzweigenden Weg. Kurz darauf wählen wir den

links bergauf führenden schmalen Pfad (Wanderzeichen X 11), erreichen auf diesem die **Einbeckstraße** und überqueren die Emscher. Auf der Brücke reicht der Blick bis zum Gasometer Oberhausen. Wir wandern weiter geradeaus und unterqueren die A 42. Kurz danach biegen wir links ab in die Arminstraße und 200 Meter weiter zuerst nach rechts in die Breilstraße und wenige Schritte später wieder links in die Wiesenstraße. Diese führt uns in den Park rund um die Burg Vondern.

Dort wo unser Weg einen scharfen Schwenk nach rechts macht, wählen wir den **schmalen Wiesenpfad** leicht nach links. Wenig später treffen die beiden Wege wieder zusammen. Durch die Bäume können wir bereits die Burg erahnen. Wir erreichen wie-

## TOUREN-STECKBRIEF

**Anfahrt:** A 42, Ausfahrt Oberhausen-Neue Mitte. Von der Osterfelder auf die Ripshorster Straße bis zum Parkplatz bei **GPS N 51°29'32", E 6°54'02".**
**ÖPNV:** Haltestelle Haus Ripshorst, Buslinie 957. Von dort Richtung Parkplatz vor dem Haus Ripshorst.
**Markierung:** Zeitweise X 11.
**Anspruch und Charakter:** Leichte Wanderung ohne spürbare Steigungen. Auch

für kleine Kinder gut zu bewältigen.
**Highlights:** Haus Ripshorst, Burg Vondern, Fußballfeld (Ball mitnehmen!), Brache Vondern.
**Einkehr:** Haus Ripshorst (montags geschlossen).
**In der Nähe:** Gasometer und Kaisergarten Oberhausen, AQUAPark Oberhausen, tree2tree Oberhausen, Legoland Discovery Centre Oberhausen.

**Burg Vondern**

Die Burg wurde im 13. Jahrhundert erstmals urkundlich erwähnt. Seit 1987 steht sie unter Denkmalschutz, heute gehört sie der Stadt Oberhausen. Um die Burg rankt sich eine Sage, die man den Kindern gut im ersten Teil der Wanderung erzählen kann: www.burg-vondern.de

der den Schotterweg und laufen direkt auf die **Burg Vondern** ④ zu. Schließlich können wir den Innenhof und den grünen Ritter aus der Sage links von uns erblicken. Ein paar Stufen bringen uns in den Innenhof, zum Ritter, zur Mauer mit mittelalterlichen Schießscharten und zu einigen Info-Tafeln zur Geschichte der Burg.

Wir verlassen den Burghof durch das große Tor und gehen erst ein Stück geradeaus, dann mit einem leichten Schwenk nach rechts direkt auf das Fußballfeld zu. Dahinter befindet sich ein kleiner **Spielplatz** ⑤ mit Kletterturm, Krabbelröhre und Sandkasten.

Wir überqueren den Spielplatz und biegen bald wieder nach links in einen Waldweg ab. Kurz darauf geht es scharf nach links in einen schmalen Pfad. Dieser schlängelt sich noch einmal am Spielplatz und am Fußballfeld entlang, auch die Burg sehen wir links von uns liegen. An der folgenden **Kreuzung**, an der es links zurück zum Fußballfeld und rechts zur Straße gehen würde, wandern wir weiter geradeaus. Beim nächsten Abzweig nach rechts wechseln wir auf die **Glückaufstraße**, wenden uns auf ihr nach links und biegen an ihrem Ende nach rechts ab. Nun befinden wir uns auf der **Arminstraße** und laufen an der ehemaligen »Verkaufsanstalt« der Gutehoffnungshütte vorbei. Wir überqueren die Glückaufstraße und unterqueren kurz darauf mit einem Schwenk nach links zum zweiten Mal die **A 42**. In der Unterführung lohnt sich ein lauter Echo-Ruf.

Im Anschluss wenden wir uns leicht nach rechts. Es geht bergauf. Wir überqueren eine schmale asphaltierte Straße und laufen dem Fahrradwegweiser folgend weiter geradeaus. Nun erreichen wir die **Brache Vondern** ⑥. Über Holzstufen kann man hier einen **steinernen Thron** erklimmen, woran besonders Kinder Spaß haben. Im Anschluss wandern wir an der **Infotafel zur Brache** vorbei. Mit einem kleinen Bogen nach links treffen wir auf ein

paar Herausforderungen für junge Kletteraffen.

Wir wandern nun geradeaus auf eine Brücke zu und überqueren die **Emscher**.

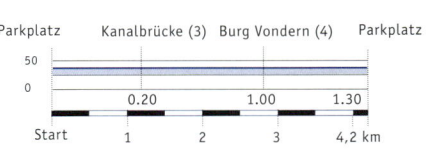

Direct danach führt uns eine weitere Brücke über den Rhein-Herne-Kanal. Rechterhand können wir die Skulptur »Der Zauberlehrling« entdecken. Einzelheiten zum Zauberlehrling und zu weiteren Skulpturen der Emscherkunst finden wir auf der Infotafel in der **blauen Kugel** ⑦ der Emscher Genossenschaft, die direkt an der Brücke steht. Ein Wiesenweg führt uns schließlich zurück zu unserem Auto.

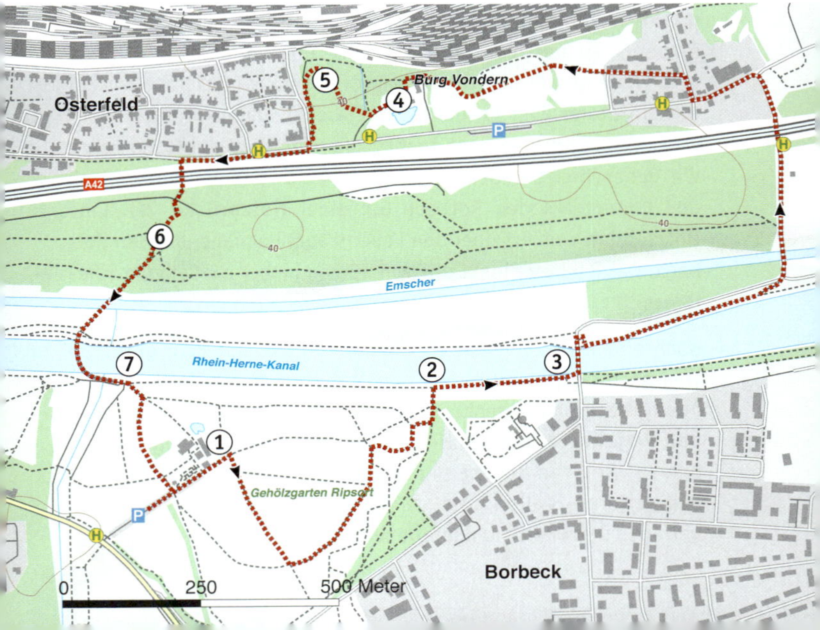

30 m

STRECKE

8,1 km

2 h 45

ab 6

# Tour 6:
# Am wilden Rotbach

*Kletterpartie in naturbelassenem Gelände*

*Das naturbelassene Rotbachtal zeigt sich hier von seiner wildro-
mantischen Seite. Dabei bietet es den Kindern unzählige Kletter-
und Spielmöglichkeiten. Die vielen Bäume spenden an warmen
Sommertagen angenehmen Schatten. In sehr trockenen Sommern
fällt der Rotbach an manchen Stellen trocken.*

**Wanderung:** Vom Parkplatz aus gehen wir zum **Fahrradknotenpunkt 17** und wählen den Weg in Richtung Rotbachtal und Ober-
lohberg. Wir passieren eine Schranke und laufen anschließend
eine Weile geradeaus. Hinter einer Picknickbank treffen wir auf
eine Infotafel über Rotbach und Emscher. Dann folgt ein Wegweiser, an dem man nach rechts zum Heidesee abbiegen kann.
Wir gehen hier geradeaus. 30 Meter weiter biegen wir links ab
und überqueren den Rotbach auf einer **Holzbrücke** ①. Eine
Holztafel informiert über den Lebensraum Bachaue und den Rotbach. Das Bachufer lockt uns von nun an immer wieder zum Spielen am Wasser.

Nach einem kurzen Anstieg wenden wir uns auf dem größeren
Weg nach rechts und folgen nun dem Lauf des Rotbachs. Dabei
bleibt dieser immer rechts von uns. An einer alten **schwarz-gel-
ben Pegellatte**, die die Höhe des Wasserstands anzeigt, überqueren wir einen Nebenarm des Rotbachs. Hier und auch an vielen weiteren Stellen sind immer wieder unsere Kletterkünste
gefragt. Denn auch umgefallene Bäume dürfen im Rotbachtal

auf den Wegen liegen bleiben und bieten so immer wieder eine wunderbare Abwechslung. Wir halten uns in Ufernähe des Baches, bis wir durch die Bäume eine **Holzbrücke** erkennen können. Ein gutes Stück vor dieser und noch vor dem Reitweg biegen wir scharf nach links ab und kehren dem Rotbach damit den Rücken zu.

An der nächsten **Kreuzung** überqueren wir einen weiteren Reitweg und biegen kurz darauf links ab ②. Ab hier begleiten uns die Wanderzeichen X und A6. Nun wandern wir wieder eine Zeit lang geradeaus und passieren dabei zwei **Picknickbänke** sowie eine Infotafel über den Hiesfelder Wald. Schließlich treffen wir auch noch auf die Wanderzeichen A1 und A3. Nach zwei weiteren Kreuzungen biegen wir an der dritten Möglichkeit an einer **Picknickbank** links ab. Hier liegt rechts von uns ein Holzgeländer,

## TOUREN-STECKBRIEF

**Anfahrt:** A2, Ausfahrt Oberhausen-Königshardt. Auf der Fernewaldstraße Richtung Königshardt fahren und bei der zweiten Möglichkeit nach rechts in die Kirchhellener Straße abbiegen. Diese wird im weiteren Verlauf zum Alten Postweg, von dem man nach links zum Parkplatz abbiegt. Parkplatz bei **GPS N 51°34'09", E 6°52'17"**. Weiterer Parkplatz auf der anderen Straßenseite.
**ÖPNV:** Haltestelle Grafenmühle, Buslinien 251, 251E, 269E, TB251. Von dort ein kleines Stück die Straße »Zur Grafenmühle« entlang, rechts abbiegen in den Alten Postweg, diesen nach kur-

zer Zeit überqueren und zum Parkplatz laufen.
**Markierung:** Mehrere Wegweiser: wechselnd X, A1, A3, A6.
**Anspruch und Charakter:** Abwechslungsreiche Wanderung auf meist naturbelassenem Untergrund. Es müssen einige Bäche überquert, Baumstämme überklettert und Wurzeln überschritten werden.
**Highlights:** Kletterpartie entlang der Rotbach-Auen.
**Einkehr:** Landhaus zum Alten Brunnen (schräg gegenüber vom Parkplatz).
**In der Nähe:** Halde Haniel, Heidesee.

**Was ist eine Naturwaldzelle?**
Eine Naturwaldzelle ist ein Naturwald-reservat, in dem die Entnahme von Holz oder die sonstige forstwirtschaftliche Nut-zung untersagt ist. Der Wald bleibt hier der natürlichen Entwicklung überlassen mit dem Ziel, dass nach vielen Jahren wieder eine urwaldähnliche Struktur ent-steht. Dabei stehen der Naturschutz und wissenschaftliche Erkenntnisse im Vorder-grund. In NRW gibt es derzeit 75 Natur-waldreservate, in Deutschland 742.

hinter dem ein Schild mit der Aufschrift **Naturwaldzelle** ③ steht. Kurz darauf überqueren wir einen weiteren Reitweg und wandern so lange geradeaus, bis wir mit einem Bogen nach rechts wieder am **Rotbach** ankommen.

Es geht jetzt wieder am Bach entlang, bis unser Weg an einer **Brücke** ④ endet. Wir biegen hier links ab und überqueren den Bachlauf. Damit verabschieden wir uns vom naturbelassenen und urtümlichen Rotbach, an dem

wir heute so viel Spaß hatten. An der Brücke erfahren wir zum Abschied auf einer **Infotafel** noch allerhand über Flora und Fauna im Rotbachtal.

Kurze Zeit später gelangen wir zu einem großen **Wegweiser**, an dem wir auf unseren Hinweg treffen. Wir biegen hier rechts ab in Richtung Bohrlochweg/Grafenmühle und erreichen schließlich wieder unseren Ausgangspunkt.

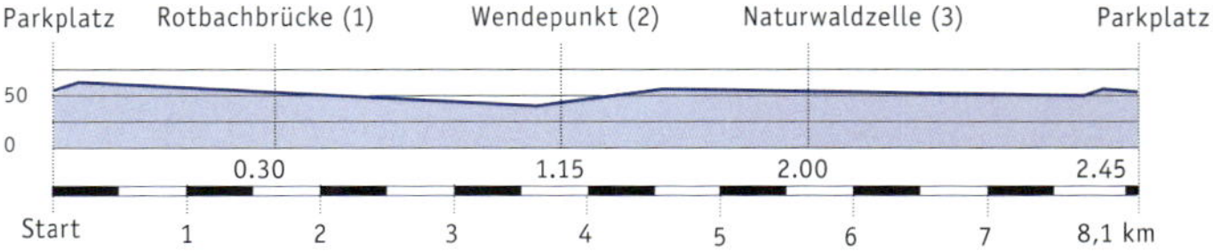

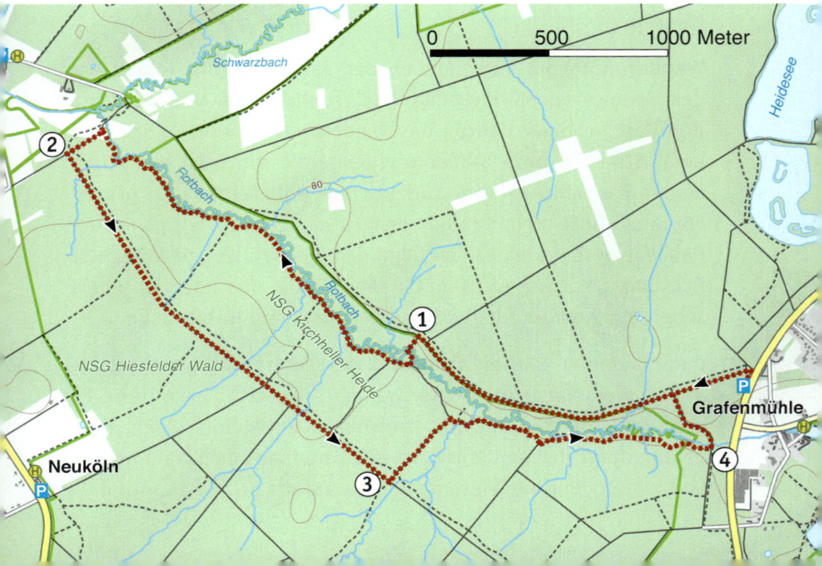

40 m

STRECKE
4,4 km

1 h 30

ab 4

# Tour 7:
# Im idyllischen Rumbachtal

*Mittelgebirgsflair zwischen Mülheim und Essen*

*Im Rumbachtal wähnt man sich beinahe im Mittelgebirge: ein schöner Laubwald, rundherum Hügel und mittendrin ein plätschernder Bach, der an vielen Stellen zum Spielen einlädt. Trotz der kurzen Wegstrecke kann man hier mit Kindern gut einen ganzen Tag verbringen und zudem noch zwei Mal einkehren. Besonders an heißen Sommertagen ist das Rumbachtal mit seinen schattenspendenden Bäumen und der Möglichkeit, sich im Bach abzukühlen eine echte Wonne.*

**Wanderung:** Vom Parkplatz an der Parsevalstraße folgen wir dem Wegweiser in Richtung Naturfreundehaus und »Zufahrt Böllrodt«. Auch die Raute – das Wanderzeichen, welches uns über lange Strecken dieser Wanderung begleiten wird – ist hier schon an den Bäumen zu sehen. Kurz vor dem **Ruhrtalhaus** ① biegen wir leicht links ab und folgen dem Fußgängerweg. Wir gehen am Gebäude vorbei und wählen dann den zweiten Weg nach rechts. Achtung, der erste Abzweig ist sehr schmal und leicht zu übersehen. Kurz darauf überqueren wir eine kleine **Holzbrücke**.

Dann laufen wir auf die **Infotafel zum Oberen Rumbachtal** zu. Am Abzweig kurze Zeit später wandern wir leicht nach links. Es geht sanft bergab, und wir erreichen einen kleinen Bach. Kurz darauf steigt der Weg leicht an. Wir treten aus dem Wald heraus und laufen über die Wiese geradeaus auf die Straße zu. Auf die-

ser wenden wir uns nach links und wandern an der nächsten Kreuzung geradeaus weiter. Hier steht ein **großer Baum mit vielen Ästen** ②, der sich wunderbar zum Klettern eignet.

Es geht leicht bergab, wir überqueren den Rumbach und wenden uns unmittelbar vor der großen **Holzbank** nach links. An der folgenden **T-Kreuzung** biegen wir links ab und überqueren erneut den Bach. Kurz darauf passieren wir eine weitere Infotafel zum Naturschutzgebiet Rumbachtal – Gothenbach – Schlippenbach. Nun bieten sich immer wieder Möglichkeiten, an das Ufer des Rumbachs zu gelangen, um dort zu spielen oder zu klettern. Wir passieren auch mehrere Picknickbänke, bevor uns unser Weg ein weiteres Mal über das Wasser führt.

An der darauffolgenden **T-Kreuzung** wenden wir uns nach links. Den scharf nach rechts abzweigenden Weg ignorierend wandern wir weiter geradeaus bergab. Danach biegen wir scharf nach

## TOUREN-STECKBRIEF

**Anfahrt:** A52, Ausfahrt Essen-Kettwig oder A40, Ausfahrt Mülheim-Heißen. Zufahrt über die Zeppelinstraße zu den Parkbuchten bei **GPS N 51°24'34", E 6°56'06"**. Weitere Parkmöglichkeiten am Straßenrand.

**ÖPNV:** Haltestelle Flughafen Essen/Mülheim, Buslinie 130. Von dort Richtung Zeppelinstraße, in die Parsevalstraße abbiegen und weiter bis zum Startpunkt.

**Markierung:** Größtenteils Raute.

**Anspruch und Charakter:** Im mittelgebirgsähnlichen Rumbachtal geht es immer wieder auf und ab. Die Route führt teils über schmale Pfade, die etwas Orientierungssinn erfordern. Nach Regenfällen sind die Wege oft matschig, dann unbedingt feste Schuhe anziehen.

**Highlights:** Idyllisches Bachtal, Liebfrauenhof, Mountainbikestrecke.

**Einkehr:** Liebfrauenhof (Donnerstag Ruhetag), Naturfreundehaus Ruhrtalhaus (Samstag 14–18 Uhr, Sonntag 10–18 Uhr).

**In der Nähe:** Wildgehege und Arche-Park Witthausbusch.

rechts ab in die **Straße Riemelsbeck**. Kurz darauf laden ein paar **dicke Baumstämme** ③ zum Klettern ein.

Kurz hinter diesen wechseln wir auf den rechts ansteigenden schmalen Abenteuerpfad. An seinem Ende wenden wir uns nach links und direkt danach wieder leicht nach rechts – wir folgen also nicht der Straße in ihre Linkskurve hinein.

Wir laufen auf dem mit einer Raute markierten Weg immer geradeaus, überqueren dabei einen größeren Weg, passieren zwei Picknickbänke und treffen schließlich auf eine Treppe. Über **46 Steinstufen** ④ gelangen wir hinunter. Am Fuß der letzten Stufe wenden wir uns scharf nach links und wandern nun auf schmalem Abenteuerpfad parallel zum Rumbach zurück – zunächst noch etwas oberhalb des Bachs und immer gegen seine Fließrichtung.

Wir erreichen eine **Brücke** und überqueren auf dieser den Bachlauf. Direkt hinter der Brücke wählen wir den steil bergauf führenden Pfad. An seinem Ende geht es rechts zum **Liebfrauenhof** ⑤, in dem eine Einkehr lohnt. Es gibt eine spezielle Kinderkarte mit Ausmalbild und Buntstiften. Im Sommer lockt außerdem ein Biergarten mit Spielplatz zu einer ausgedehnten Pause.

Vom Gasthof gehen wir zurück zur letzten Kreuzung und wandern nun geradeaus weiter. An der nächsten **Kreuzung** bleiben wir auf unserem Weg und erreichen so das große Hinweisschild zum Liebfrauenhof. Hier biegen wir leicht rechts ab und gehen parallel zum Rumbach weiter. An der nächsten Kreuzung führt uns die Raute weiter geradeaus ins Naturschutzgebiet.

Hier steigt der Weg noch einmal an. Links unter uns sehen wir eine **Mountainbikestrecke** ⑥ mit vielen künstlich angelegten Rampen. Mit etwas Glück können wir hier Biker bei ihrer wilden Fahrt beobachten. Wir folgen weiter der Raute und laufen schließlich parallel zu einem Zufluss des Rumbachs, der links von uns leise plätschert.

Schließlich erreichen wir kurz vor dem **Naturfreundehaus** ① unseren Hinweg und folgen diesem zurück zu unserem Auto.

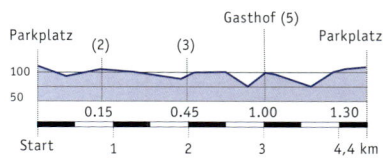

## Farbe für den »Pott«
# Pottsteine suchen, finden und verstecken

Unter dem Motto »Lasst uns den Pott bunt machen« malen Kreative Kieselsteine bunt an und legen diese anschließend draußen aus in der Hoffnung, dass sie jemand findet und sich darüber freut. Dem Finder ist es selbst überlassen, ob er einen gefundenen Stein behält oder wieder in die Freiheit entlässt, damit sich auch der nächste daran erfreuen kann.

Die bemalten Steine werden vor dem »Auswildern« meist in den zugehörigen Facebook-Gruppen veröffentlicht. Auf der Rückseite der Steine findet man einen Hinweis auf die jeweilige Gruppe und eine kurze Gebrauchsanleitung zum »finden, teilen und verstecken«. Teilen heißt in diesem Fall, dass man ein Foto des gefundenen Steins, gerne mit Angabe des Fundorts, in der angegebenen Facebook-Gruppe postet. Dies ist aber natürlich nur freiwillig und kein Muss. Für das Ruhrgebiet gibt es unter anderem die Gruppen »Pottsteine« und »Ruhrpottsteine«.

Die Idee mit den bunten Steinen stammt ursprünglich aus den USA und verbreitet sich seit dem Sommer 2019 auch mehr und mehr in Deutschland. Vor Kindergärten und Schulen entstehen oft richtige »Steinschlangen«. Der Trend ist nicht nur auf den »Ruhrpott« begrenzt. Im Sommer haben wir auch in einem Dorf in Mecklenburg-Vorpommern eine bunte Schlange auf der Mauer einer kleinen Kirche entdeckt.

Für dieses Buch hat die Autorin Steine mit dem Gecko aus dem Logo des Naturzeit Verlags bemalt und an den Wanderrouten ausgelegt, sodass kleine Wanderer unterwegs auf Schatzsuche gehen können. Hinweise auf neu versteckte Steine gibt Natalie bei Facebook und Instagram unter dem Namen @outdoorfamilienglueck. Wir freuen

**Was braucht man zum Steine bemalen?**

Am besten funktioniert das Bemalen der Steine mit **Acryl- oder Plakafarben**, die ausreichend decken.

Um einen Stein flächig einzufärben, eignet sich am besten ein schmaler **Borstenpinsel**. Für Details verwendet man dagegen einen feinen **Haarpinsel**.

Wenn die Farben komplett getrocknet sind, kann man sie noch mit **Klarlack** behandeln, um das Kunstwerk vor Wasser und Erde zu schützen. Klarlack gibt es auch als Spray.

Acrylfarben sind inzwischen auch als **Stifte** zu haben, was das Handling besonders für Kinder viel einfacher macht. Auch das Malen mit gängigen Lackstiften oder Nagellack funktioniert.

Besonders geeignet sind Acrylstifte auch zum **Dot Painting**, einer Technik, die aus der Tradition der australischen Aborigines stammt. Beim Dot-Painting wird ein Motiv aus lauter kleinen Farbpunkten zusammengesetzt. Dabei entstehen besonders attraktive kleine Kunstwerke. Die Technik ist etwas anspruchsvoller und eignet sich erst für größere Kids, die sich damit aber vielleicht ebenfalls fürs Steinemalen begeistern lassen.

Unter dem Suchbegriff **Steinmalerei** findet man online viele Inspirationen.

uns sehr, wenn wir unsere Steine wiedersehen – ihr könnt sie dazu bei Instagram posten und uns mit @naturzeitunterwegs oder @outdoorfamilienglueck darauf hinweisen.

Zusammen mit den Kindern Steine sammeln, bemalen und auf unseren Wanderrouten wieder »verlieren«, macht Spaß und sorgt bei vielen jungen Wanderern für zusätzliche Motivation. So kann das »Pottsteine finden« noch lange weitergehen!

## Tour 8:
# Berg und Tal an der Ruhr

100 m

STRECKE

11 km

4 h

ab 8

*Raffelberg, Kaiserberg und die Auen der Ruhr*

*Auf dieser abwechslungsreichen Runde kann man mit etwas Glück Eisvögel und Eichhörnchen beobachten, aber auch Züge und Schiffe in voller Fahrt aus nächster Nähe bewundern. Vom Panorama-Rastplatz am Ufer der Ruhr lässt sich die Aussicht über die Flussauen bei einem Picknick genießen.*

**Wanderung:** Wir entfernen uns vom Zoo, gehen leicht bergab und überqueren die Mülheimer Straße. Kurz darauf biegen wir links ab in die **Monningstraße**, die wir direkt hinter dem kleinen Parkplatz auf dem in den Wald hinein führenden Weg wieder

---

### TOUREN-STECKBRIEF

**Anfahrt:** A 40, Abfahrt Duisburg-Kaiserberg. Der Beschilderung in Richtung Zoo bis zum Parkplatz bei **GPS N 51°25′55″, E 6°48′59″** folgen. Es handelt sich um den kostenpflichtigen Zoo-Parkplatz an der Mülheimer Straße, für Wanderer gibt es hier einen kostenfreien Bereich. Am besten bei der Einfahrt danach fragen.
**ÖPNV:** Haltestelle Mülheim Monning oder Duisburg Zoo/Uni, Straßenbahnlinie 901.
**Markierung:** Keine.
**Anspruch und Charakter:** Überwiegend

naturbelassene Wege, zwei asphaltierte Wegstrecken, leichte Anstiege im letzten Abschnitt. Der GPS-Track **[› Seite 20]** und eine digitale Karte sind zur Orientierung hilfreich.
**Highlights:** Waldspielplatz, Wasserkraftwerk, Eisenbahnbrücken, Ruhraue, Kriegsgräberstätte.
**Einkehr:** Keine. Ausreichend Proviant und Getränke mitnehmen.
**In der Nähe:** Duisburger Zoo, Explorado Kindermuseum Duisburg, Aquarius Wassermuseum Mülheim.

verlassen. Nach wenigen Metern biegen wir leicht rechts auf den mittleren Pfad ab und wenden uns an der nächsten Kreuzung erneut nach rechts. Den nächsten Abzweig nach links ignorieren wir und gehen weiter geradeaus. An der nächsten Kreuzung können wir einen lohnenden Abstecher zum **Waldspielplatz** ① machen, indem wir nach links abbiegen. Bereits nach wenigen Metern liegt dieser vor uns.

Danach geht es zurück zu der Kreuzung, an der wir nun links abbiegen. Ohne den Abstecher zum Waldspielplatz wird die Kreuzung geradeaus überquert. Schließlich endet unser Waldweg an einer **T-Kreuzung**, an der wir uns nach rechts wenden. Nach insgesamt knapp einem gewanderten Kilometer treten wir an der **Platanenallee** aus dem Wald heraus.

Wir wenden uns kurz nach links und überqueren die Platanenallee, um in den hier nach rechts abzweigenden Fußweg einzubiegen. Nun sind wir zwischen Wiesen und Feldern unterwegs. Kurz darauf liegt rechts eine **Streuobstwiese** ② mit einer kleinen Infotafel, vor der zwei Bänke zur ersten Rast einladen.

Im Anschluss überqueren wir eine schmale **Holzbrücke**, die über einen meist trockengefallenen Bach führt. Ungefähr 100 Meter später endet unser Weg, und wir erreichen den **Raffelbergpark** mit vielen alten Bäumen. Hier leben besonders viele Eichhörnchen. Wir wenden uns nach links und wandern an einigen Bänken vorbei. Alle nach rechts abzweigenden Wege ignorieren wir, bis wir auf eine **Treppe** treffen. Bevor wir dort hinaufsteigen, lohnt rechts der Abstecher zum **Solbad Raffelberg** ③ und dem davor liegenden Weiher mit Springbrunnen. Eine Tafel liefert Informationen über den unter Denkmalschutz stehenden Park.

**Wasserkraftwerk Raffelberg**

Das größte Laufwasserkraftwerk an der Ruhr liefert seit 1926 Strom. Pro Jahr werden hier durchschnittlich 23,5 Mio. kWh produziert. Das reicht, um etwa 6.000 Haushalte mit umweltfreundlichem Strom zu versorgen. Seit 1986 steht das historische Bauwerk außerdem unter Denkmalschutz. Seit dem Jahr 2000 gibt es hier auch eine Fischaufstiegsanlage mit einer Gesamtlänge von 130 Metern.

Zurück an der Treppe steigen wir diese hinauf und verlassen das Parkgelände. Von oben ist bereits die **Raffelbergbrücke** zu sehen. Um dorthin zu kommen, gehen wir die Akazienallee entlang, überqueren die Ruhrorter Straße an der Ampel und erreichen so die Brücke sowie das **Wasserkraftwerk Raffelberg** ④.

Von der Brücke haben wir einen guten Blick auf die Schiffe auf dem Ruhr-Kanal. Dahinter liegt die Ruhraue und hier heißt es Augen offen halten: Am Fluss kann man manchmal Eisvögel entdecken. Wir spazieren über die Ruhrbrücke und biegen dahinter links ab in die **Ruhrwiesen**. Wir halten uns rechts, unterqueren erst die A40 und dann die erste Eisenbahnbrücke. Mit etwas Glück rauscht gerade ein ICE über die Brücke. Dann lohnt es sich, kurz unter den Pfeilern stehen zu bleiben und dem ohrenbetäubenden Krach zu lauschen: beeindruckend.

Direkt hinter der Brücke bringt uns ein kaum sichtbarer **Pfad** an Holzpfählen entlang bis an das Ufer der Ruhr. Hier wenden wir uns nach rechts und wandern weiter direkt am Flussufer entlang. Schwäne, Enten und auch Fische tummeln sich hier.

Wir unterqueren die nächste **Eisenbahnbrücke** und gehen kurz darauf über eine kleine Holzbrücke. Durch ein Weidetor kommen wir auf eine Wiese, auf der von Zeit zu Zeit Schafe grasen, und steigen direkt danach rechts den Deich hinauf. Oben angekommen treffen wir auf den Ruhrtalradweg, dem wir nach links folgen. Von hier oben haben wir besten Ausblick über die Ruhraue. Wir haben jetzt etwa die Hälfte der Wegstrecke geschafft und können eine der Bänke des **Panorama-Rastplatzes** ⑤ für ein Picknick nutzen.

Mit neuer Energie wandern wir weiter. Schon bald gabelt sich der Weg. Wir wählen den kleineren Pfad nach links, verlassen somit den Radweg wieder. Es geht den Deich hinab und erneut durch ein **Gatter**. Schon kurz darauf treffen wir wieder auf den Radweg. Er wird zu einem Schotterweg, der links unter der **A 3** und direkt danach unter einer **Eisenbahnbrücke** hindurchführt. Rechts und links liegen dicke Steine am Weg und laden zum Klettern ein.

Am Wegende geht es durch eine Unterführung und dann rechts zur Emmericher Straße hinauf, der wir folgen, um zuerst die Ruhr zu über- und dann die Autobahn zu unterqueren. Wir sind jetzt in Duissern. An der ersten **Fußgängerampel** ⑥ nach der Autobahn wechseln wir die Straßenseite.

Wir sind inzwischen in der **Meidericher Straße**. Es geht am TÜV vorbei und unter zwei weiteren Eisenbahnbrücken hindurch. Danach biegen wir links ab in die Straße »Am Schnabelhuck«, die uns zurück in den Wald bringt. Am Waldrand angekommen verlassen wir die Straße und steigen auf einem Waldweg leicht bergan bis zur nächsten Kreuzung, an der wir nach links abbiegen. Weiter geht es nun steiler bergauf, auch in einen scharf nach rechts abknickenden Pfad hinein. Dieser bringt uns in einer Linkskurve hinauf auf den **Schnabelhuck**. Oben angekommen treffen wir wieder auf einen größeren Weg. Hier machen wir einen kurzen Abstecher nach links, um die **Aussicht auf das Ruhrgebiet** ⑦ zu genießen.

Zurück an der Kreuzung biegen wir nach links in den Pfad ein, der uns wieder bergab führt. Kurz darauf erreichen wir einen etwas breiteren Weg, dem wir weiter geradeaus folgen. Wir passieren eine Bank und wundern uns über die einsam im Wald stehenden Treppenstufen. Kurze Zeit später führt ein Pfad nach links zu einem **Picknickplatz** ⑧. Wir gehen weiter auf unserem Waldweg geradeaus, auch am nächsten nach links abzweigenden Pfad vorbei, bis wir auf eine Lichtung treten. An dieser angekommen wenden wir uns nach links und erreichen die Außenzäune des Duisburger Zoos.

Am Zaun angekommen wenden wir uns nach rechts und wandern weiter bergan. Direkt an der nächsten Weggabelung geht es erneut nach rechts und wir laufen auf eine Bank zu. Der anschließende Abzweig führt uns links herum zum **Denkmal von Dietrich Henning** ⑨. Er war Turnlehrer beim SV Duisburg und führte dort im Jahr 1892 eine neue Sportart aus London ein: den Fußball.

Wir gehen weiter geradeaus, folgen der Wegmarkierung DU und ignorieren alle nach rechts abzweigenden Wege, bis wir die **Kriegsgräberstätte Kaiserberg** ⑩ für Gefallene des Ersten Weltkriegs erreichen, der wir einen Besuch abstatten: Wenn wir hinter dem Tor links die Grabsteine umrunden, kommen wir zu einer Statue. Hier verlassen wir den Friedhof über ein paar Stufen.

Mit Erreichen des asphaltierten Weges biegen wir scharf nach rechts ab und folgen dem Pfad immer außen an der Mauer entlang bis zum ersten nach links abzweigenden Pfad. Auf diesem wandern wir leicht bergab. Bald darauf erreichen wir neben einem **Tümpel** einen Schotterweg, dem wir nach rechts folgen. Am Teich erfahren wir auf einer Infotafel allerhand über das Leben im und am Weiher.

Wir folgen weiter dem Weg und wählen den ersten Abzweig nach links: Über **Stufen** geht es bergab, erneut von der Markierung DU begleitet. An der nächs-

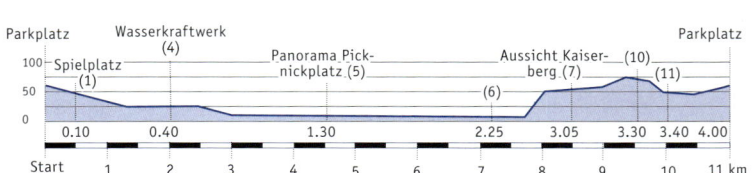

ten Kreuzung gehen wir nach links und direkt danach noch einmal links. An der Straße »Am Zoo« angekommen wenden wir uns nach rechts und erreichen auf dem Bürgersteig den Eingang des **Duisburger Zoos** ⑪. Wir überqueren an der **Bergmannsampel** die Mülheimer Straße und gehen diese etwa 200 Meter entlang. Nach Überquerung der Carl-Benz-Straße biegen wir rechts in den Wald ab und erreichen so wieder unseren Ausgangspunkt.

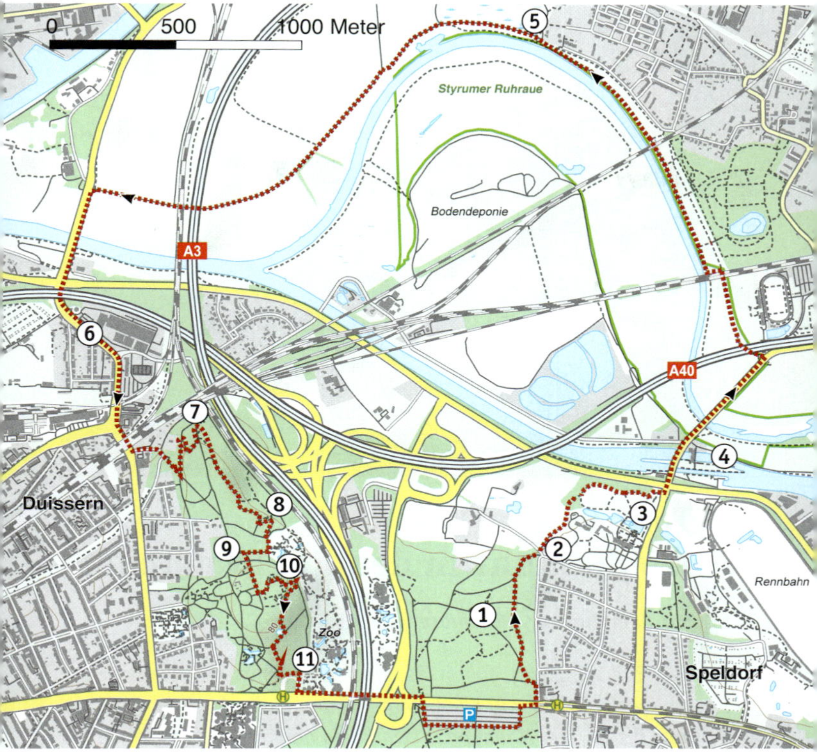

# Tour 9:
# Wo die Ruhr in den Rhein mündet

70 m

STRECKE
19,4 km

3 h

ab 6

*Mit dem Rad zur »Rheinorange«*

*Der Ruhrtalradweg führt als einer der schönsten Fernradwege Deutschlands auf 230 Kilometern von der Quelle der Ruhr im Sauerland bis zu ihrer Mündung in den Rhein bei Duisburg. Wir begleiten die Ruhr und ihren Radwanderweg auf ihren letzten Kilometern bis zur »Rheinorange«. Auch danach bietet diese Tour viel Abwechslung: Die Fahrt führt uns über den Rheindeich, am Duisburger Innenhafen entlang und zum Schluss noch einmal an die Ruhr. Man staunt, wie grün und naturnah es hier immer wieder ist!*

**Radtour:** Vom Parkplatz fahren wir in Richtung Ruhrort Mitte. Dazu nutzen wir den **Fahrradweg**, der die **Friedrich-Ebert-Straße** entlangführt. Wir überqueren die Eisenbahnstraße an der Ampel und wenden uns kurz darauf leicht nach rechts in die **Harmoniestraße**. Dieser folgen wir immer geradeaus, bis wir kurz vor dem Vinckekanal auf die Dammstraße treffen. An dieser wenden wir uns nach links. Wir erreichen den **Gustav-Sander-Platz** ①, an dem wir uns auf einer Infotafel der »Route Industriekultur« über die Steiger Schifferbörse informieren können. Ein historischer **Dampfkran** ist der passende Zeitzeuge dazu.

Wir fahren in die gleiche Richtung weiter, ein ganzes Stück am Kanal entlang. Dabei passieren wir linkerhand einen **Spielplatz** mit großer Röhrenrutsche und einigen anderen tollen Spielgeräten. Rechts von uns können wir die Schiffe auf dem Kanal betrachten. Schließlich treffen wir auf das Radwanderzeichen und

folgen diesem in einer Rechtskurve auf die **Brücke**. Dabei überqueren wir erst den Vincke-, dann den Hafenkanal und schließlich die Ruhr.

Direkt danach wenden wir uns an **Knotenpunkt 29** nach rechts und begleiten die Ruhr auf dem Ruhrtalradweg auf ihren letzten 1,6 Kilometern bis zur Mündung in den Rhein an der »Rheinorange«. Auf vielen Bannern links des Weges sind die Höhepunkte des Ruhrtalradwegs abgebildet.

Danach kommen wir an vielen normalen Bänken und auch an einer tollen roten Picknickbank in Übergröße vorbei. Schließlich biegen wir leicht rechts ab und schieben unsere Fahrräder ein kurzes Stück steil bergab, um nicht mit Schwung in der Ruhr zu landen. Die letzten Meter zur »**Rheinorange**« an der Mündung ②

## TOUREN-STECKBRIEF

**Anfahrt:** A 40, Ausfahrt Duisburg-Häfen. Weiter in Richtung Kasslerfeld und Ruhrort über die Straße »Am Brink«, weiter über die Ruhr und die Ruhrorter Straße, die im weiteren Verlauf Hafenstraße heißt. Am Kreisverkehr die dritte Ausfahrt in die Eisenbahnstraße nehmen, von dieser rechts abbiegen in die Friedrich-Ebert-Straße, dann noch ein kleines Stück bis zum Parkplatz vor dem Bahnhof auf der rechten Seite bei **GPS N 51°27'25", E 6°44'08"**.

**ÖPNV:** Duisburg Ruhrort Bahnhof, Zuglinien RB36, Straßenbahnlinie 901, Buslinien 916E, 917, 922, NE1.

**Markierung:** Immer wieder das bekannte Radwanderzeichen, zeitweise auch der Ruhrtalradweg.

**Anspruch und Charakter:** Radtour in überwiegend überraschend grüner Umgebung entlang von Rhein und Ruhr auf meist asphaltierten Radwegen, zwischendurch auch Abschnitte auf unbefestigten Wegen.

**Highlights:** Ruhrmündung an der »Rheinorange«, Rheindeich, Innenhafen, weite Wiesen an der Ruhr.

**Einkehr:** Verschiedene Einkehrmöglichkeiten in Ruhrort und rund um den Innenhafen.

**In der Nähe:** Explorado Kindermuseum, Aquarius Wassermuseum.

können wir dann wieder gefahrlos radeln. Danach fahren wir zurück auf den Radweg und wenden uns an **Knotenpunkt 28** nach rechts Richtung Moers und Duisburg-Innenstadt.

Nun genießen wir eine ganze Zeit die Fahrt auf dem **Rheindeich**. Wenn wir Glück haben, grasen Schafe auf den Weiden. Wir unterqueren die **Autobahnbrücke der A 40**, kommen unterwegs an mehreren Picknickbänken vorbei und können immer wieder die Aussicht auf die Wiesen an beiden Seiten des Rheins genießen. Ohne es so richtig zu merken, verlassen wir den Rhein schließlich wieder und fahren unterhalb des Parallelhafens weiter geradeaus. Dort wo unser Weg auf dem Deich in einen schmalen Pfad mündet, verlassen wir den Deich und fahren weiter geradeaus und leicht bergab über Asphalt. Wir bleiben direkt unterhalb des Deichs und erreichen wieder unbefestigten Untergrund. Es geht an **Kleingärten** ③ entlang, dann radeln wir mit einem Schwenk nach links in ein kleines Wäldchen hinein.

Wir erreichen die **Essenberger Straße**, auf der wir uns nach rechts wenden. Dieser folgen wir auf dem Radweg eine geraume Zeit, bis wir an einer **großen Kreuzung** auf die Plessingstraße treffen. Wir überqueren diese an der Ampel geradeaus, wenden uns kurz nach links und biegen direkt danach wieder rechts ab in den Fußgänger- und Fahrradweg zum **Innenhafen** ④. Am Radweg stehen hier zahlreiche Bänke.

> **Infokasten »Rheinorange«**
> Die 25 Meter hohe Skulptur wurde 1992 an der Mündung der Ruhr in den Rhein errichtet. Der Name »Rheinorange« ist ein Wortspiel: Ihr leuchtender Farbton heißt RAL 2004, den man auch Reinorange nennt. Das passt natürlich besonders gut zu einer Landmarke, die am Rhein ihren Platz gefunden hat.

Wir überqueren die Schwanenstraße an der Ampel und fahren anschließend weiter den Innenhafen entlang. An der nächsten **Brücke** wenden wir uns nach links, überqueren die Schifferstraße und radeln anschließend die **Max-Peters-Straße** entlang. An ihrem Ende biegen wir an der Fußgängerinsel nach rechts ab auf den **Ruhrdeich** ⑤ und fahren bei erster Gelegenheit links hinunter an das Ufer der Ruhr, der wir nun entgegen ihrer Fließrichtung folgen.

Idyllische Wiesenflächen entlang der Ruhr laden zum Picknicken oder Fußballspielen ein. Wir unterqueren die **Brücke der A 59** und biegen vor der nächsten Brücke rechts ab, um auf dieser die Ruhr zu überqueren.

Unmittelbar hinter der Brücke biegen wir leicht links ab, fahren dann aber an den Rad-Wegweisern in **Richtung Duisburg-Ruhrort** und -Innenhafen. Etwas später folgen wir dem Radwanderzeichen nach links und fahren ein kurzes Stück auf einem Schotterweg bergauf, hinein in ein Wäldchen. Weiter geht es mit dem Radwanderzeichen nach links und nun entlang des **Rhein-Herne-Kanals** ⑥, der hier mit der Ruhr verbunden ist.

Kurz darauf radeln wir über eine Brücke und befinden uns nun auf einem **Deich zwischen Ruhr und Kanal.** Hier bestaunen wir die großen Kräne, die rund um den Hafen ihre Arbeit erledigen. An einer Infotafel über den Duisburger Hafen und die Ruhrschleuse verlassen wir das Radwanderzeichen und folgen dem Deich immer geradeaus, bis wir wieder die **Brücke** ⑦ erreichen, auf der wir bereits zu Beginn unserer Tour die Ruhr und die Kanäle überquert haben.

An der Brücke geht es nach rechts. Wir fahren dabei zuerst über den Hafen-, dann über den **Vinckekanal**. Auf dem Radweg fahren wir immer die **Ruhrorter Straße** entlang, auch an der Polizei vorbei. Nach einer Rechtskurve befinden wir uns auf der **Hafenstraße.** Diese überqueren wir an der Ampel kurz vor der Tankstelle, um nach links in die **Bergiusstraße** einzubiegen. Dieser folgen wir bis zur Fabrikstraße, in die wir entlang der Straßenbahnschienen nach rechts abbiegen. Nun fahren wir nur noch geradeaus, bis wir unseren Ausgangspunkt wieder erreichen.

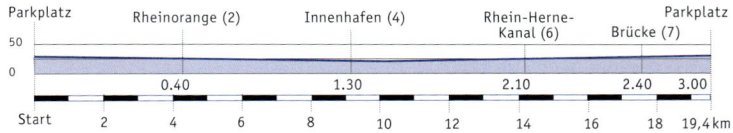

Parkplatz
Rheinorange (2)
Innenhafen (4)
Rhein-Herne-Kanal (6)
Parkplatz
Brücke (7)
50
0
0.40
1.30
2.10
2.40
3.00
Start
2
4
6
8
10
12
14
16
18
19,4 km

A59
6
A3
Ruhrort
A40
7
5
Kaßlerfeld
Duisburg
Duissern
4
Altstadt
Dellviertel
A59
0
500
1000 Meter

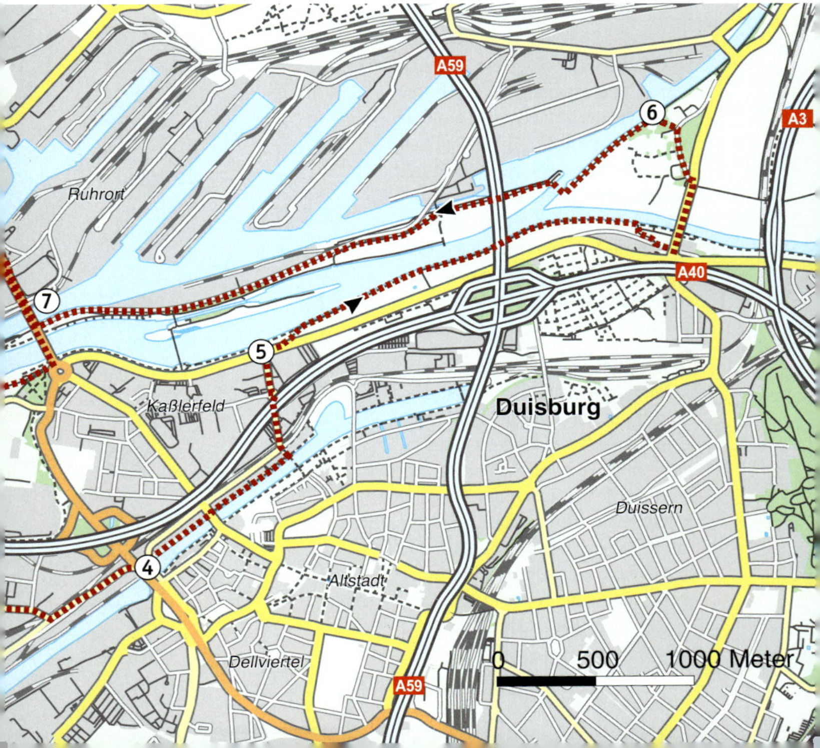

### 1 tree2tree Duisburg

In den Bäumen des Hochseilgartens hängen mehr als 220 Kletterelemente, zusammengestellt zu 18 Parcours in verschiedenen Schwierigkeitsgraden. Highlight ist eine 252 Meter lange Seilrutsche über den See.
*Geöffnet Ende März bis Anfang November. Die Öffnungszeiten variieren mit Jahreszeit und Wetter. Eintritt €26, Kinder 5–10 Jahre €14, Jugendliche 11–17 Jahre €23. Weitere Standorte in Dortmund und Oberhausen. www.tree2tree.de*

### 2 Freibad Wolfssee

Das Freibad gehört zur Sechs-Seen-Platte in Duisburg-Wedau. 450 Meter Sandstrand und 30.000 Quadratmeter Liegewiese bieten ausreichend Platz für Freizeit-Badespaß und Erholung für die ganze Familie.
*Geöffnet Mai bis Mitte September, bei Badewetter täglich 10–20 Uhr, Eintritt €4, Kinder 5–13 Jahre €2,50, 14–16 Jahre €3. www.freibad-wolfssee.de*

### 3 Sportpark Duisburg

Im 200 Hektar großen Park kann man Kajaks oder SUP-Boards leihen, Wasserski fahren oder an einem Kurs zum Floßbau teilnehmen. Auch ein Hochseilklettergarten und Adventure-Golf sind hier zu finden. In der großen Anlage, in der auch viele Sportvereine trainieren, gibt es außerdem frei zugängliche Fahrrad- und Joggingstrecken mit Fitness-Stationen. Bei jüngeren Kindern ist der große Wasserspielplatz besonders beliebt.
*www.duisburgsport.eu*

### 4 Erholungspark Elfrather See

Im Nordosten Krefelds gelegen bieten sich auf der und rund um die 62 Hektar große Wasserfläche zahlreiche Spiel- und Sportmöglichkeiten. Es gibt Badeplätze und eine Minigolfanlage. Man kann rudern, radeln, skaten, segeln, einen Grillplatz mit Tischen und weiterem Mobiliar mieten oder im Imbiss einkehren.
*Der See ist das ganze Jahr frei zugänglich.*

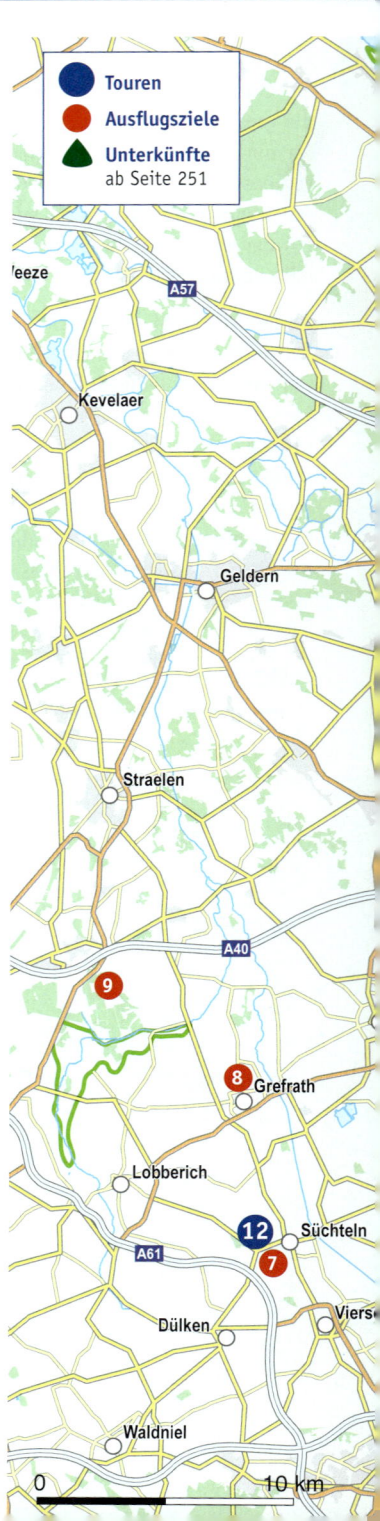

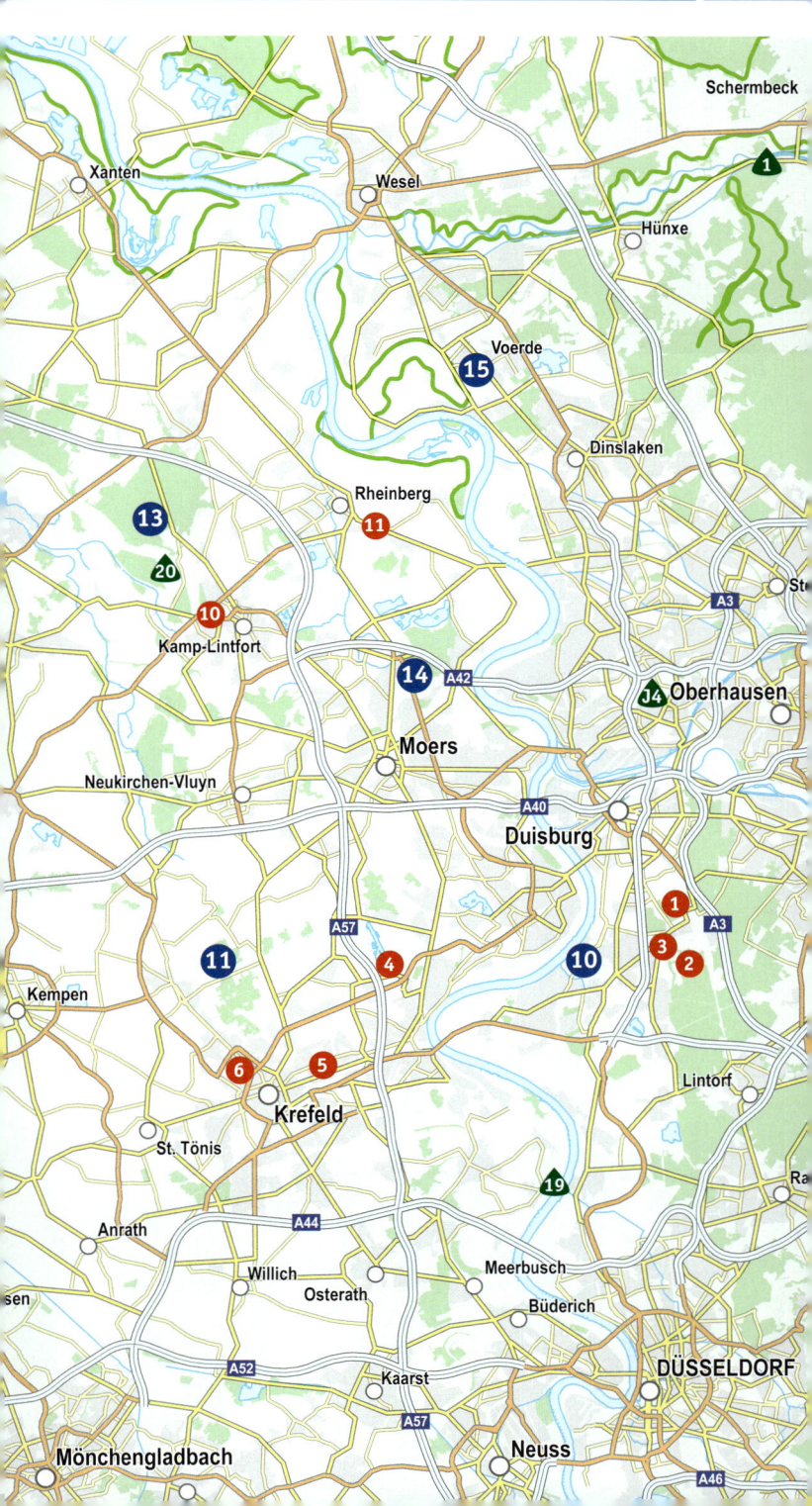

*Eine Fahrt im Schluff zum Hülser Berg*

### 5 Krefelder Zoo

Im Krefelder Zoo lassen sich auf einer Fläche von 14 Hektar etwa 1.000 Tiere rund 170 verschiedener Arten beobachten. Der Schwerpunkt liegt auf der Haltung von Großkatzen, Menschenaffen, afrikanischen Savannenbewohnern und tropischen Vögeln. Ein besonderes Highlight ist der Schmetterlings-Dschungel. Der Krefelder Zoo ist besonders erfolgreich in der Zucht von Spitzmaulnashörnern und hat in den vergangenen Jahren bereits fünf Jungtiere großgezogen. Die ersten Lebensjahre verbringen die kleinen Nashörner immer bei ihrer Mutter Nane, sodass man sie gut besuchen und beim Spielen im Gehege beobachten kann. Auch das noch relativ neue Erdmännchengehege lockt viele Besucher an.
*Geöffnet März bis Oktober 9–19 Uhr,*

*November bis Februar 9–17 Uhr. Eintritt €11,50, Kinder ab 3 Jahre €6,50, Familienkarte €23.*
*www.zookrefeld.de*

### 6 Der Schluff

Krefelds historische Dampfeisenbahn fährt in der Sommersaison zwischen St. Tönis und dem Hülser Berg. Die Fahrt in den historischen Wagen mit ihren alten Holzbänken ist ein besonderes Erlebnis. Im Zug gibt es auch einen Speisewagen, in dem man Getränke und Snacks kaufen kann. Die Zugfahrt lässt sich gut mit der Wanderung auf dem Hülser Berg verbinden. **[> Tour 11]**
*Der Zug fährt jeden Sonntag zwischen Mai und September, in den Sommerferien auch mittwochs 11–19 Uhr, Hin- und Rückfahrt €14, Kinder 6–14 Jahre €8, Familienticket €30.*
*www.schluff-krefeld.de*

### 7 Xpad Walderlebniszentrum

Im Walderlebniszentrum kann man der Natur mit Bogenschießen, Baumklettern und einem Sinnesparcours näher kommen. Außerdem werden verschiedene Programme für einen Kindergeburtstag im Wald angeboten und in den Schulferien gibt es ein Ferienprogramm für Kinder mit Ganztagsbetreuung. In unmittelbarer Nachbarschaft befinden sich ein Minigolfplatz und ein Wildgehege. Die Wanderung auf den Süchtelner Höhen

[› **Tour 12**] führt direkt am Gelände des Walderlebniszentrums vorbei. *Geöffnet So und Feiertage 10–18.30 Uhr, Einführung alle 60 Minuten. Eintritt für 1,5 Stunden Bogenschießen, Klettern und den Parcours: bis 12 Jahre €12, ab 13 Jahre €15. Voranmeldung erforderlich. www.xpad-erlebnispaedagogik.de*

### 8 Niederrheinisches Freilichtmuseum

Hier werden Kultur und Geschichte des Niederrheins lebendig. In der Dorenburg, der Hofanlage und den Werkstätten kann man hautnah erleben, wie dort in früherer Zeit gelebt und gearbeitet wurde. *Geöffnet April bis Oktober, Di bis So 10–18 Uhr, November bis März 10–16 Uhr, Eintritt €4,50, Kinder ab 6 Jahre €1,50, Familienkarte €6. www.kreis-viersen.de*

### 9 Blaue Lagune

Die Freizeitanlage zieht besonders wasserbegeisterte Besucher an. Ein langer Badestrand, Aqua-Golf, eine Wasserski- und Wakeboard-Anlage, ein Hochseilgarten und ein Beach-Volleyball-Platz bieten viele Möglichkeiten für sportliche Aktivitäten an der frischen Luft. Im Sommer schwimmt ein luftgefüllter Aqua-Park auf dem See und wir können SUP-Boards leihen. Verschiedene Einkehrmöglichkeiten und ein Grillplatz runden das Angebot auch kulinarisch ab. Für größere Partys mit Freunden kann man sogar eine eigene Insel am Badesteg mieten. An lauen Sommerabenden, wenn ein wenig Ruhe einkehrt, ist es hier sehr idyllisch. Wer übernachten möchte, findet neben der Anlage ein Campinggelände mit Miethäuschen und Caravanstellplatz. *Geöffnet in der Sommersaison täglich ab 13 Uhr, im Oktober montags Ruhetag. Eintrittskarten sind nur online erhältlich, der Preis variiert je nach Saison. www.blauelagune.de*

### 10 Kloster Kamp

Das Kloster Kamp wurde 1123 von Zisterziensern gegründet. Heute leben hier keine Mönche mehr. Seit 2005 ist das alte Gemäuer ein geistliches und kulturelles Zentrum, in dem auch Konzerte und Lesungen stattfinden. Die Anlage wird von verschiedenen Gärten umrahmt. Der symmetrisch angelegte Barockgarten und der ungewöhnliche Terrassengarten sind besonders sehenswert. Außerdem gibt es hier einen Klosterladen, einen Gewölbekeller, ein Museum und das Kloster-Café. *Parkanlage geöffnet täglich von 8 Uhr bis zum Einbruch der Dunkelheit. Museum: geöffnet Di bis Sa 14–17 Uhr, So und Feiertage 11–17 Uhr, Familienticket €6,50. www.kloster-kamp.eu*

### 11 Terra-Zoo Rheinberg

Im Reptilienzoo sind ungefähr 100 verschiedene Tierarten aus allen Kontinenten zuhause, die in gut einsehbaren Terrarien leben. Außerdem gibt es Äffchen und Präriehunde zu bestaunen. *Geöffnet Di bis So 10–18 Uhr, Eintritt €10,50, Kinder 3–16 Jahre €8,50. www.terrazoo.de*

*Das Kloster Kamp mit seinem barocken Terrassengarten*

# Tour 10:
# Tiger und Schild-
# kröte

***Die begehbare Achterbahn in
Duisburg***

*Wer den Ausflug zum Magic Moun-
tain nur mit dem Besuch der trep-
penreichen Anlage »Tiger and Turtle«
verbindet, verpasst so einiges. Unsere Wanderrunde führt fast ausschließlich durch Grünflächen zum
Biegerpark mit einem tollen Waldspielplatz. Dann geht es am Alten
Angerbach entlang, auf dem viele zutrauliche Enten zu Hause sind,
bis zur Aussichtskanzel am Rhein und zum krönenden Abschluss auf
den Magic Mountain.*

30 m

STRECKE
7,4 km

2 h 45

ab 6

**Wanderung:** Vom Parkplatz am Straßenrand der Berzeliusstraße
gehen wir in den Angerpark zur **Infotafel zu Tiger and Turtle** ①
am **Fahrradrouten-Knotenpunkt 35.** Hier wenden wir uns nach
links und laufen parallel zur Straße weiter, den Wegweisern
Richtung Duisburg-Zentrum und Wanheim folgend. Am nächsten
Abzweig gehen wir nach rechts. Hier steht ein Wegweiser Richtung Gaststätte, WC und Rheinportal. Nach wenigen Schritten
wählen wir von den zwei abzweigenden geschotterten Wegen den linken und wandern an Bänken vorbei.

Am Ende des kleinen Parks wenden wir uns zur Berzeliusstraße und überqueren diese. Weiter geht es nach links
auf die **Kaiserswerther Straße,** die wir mithilfe der
Insel überqueren. Anschließend wenden wir uns erneut nach links und biegen kurz darauf nach rechts ab

## TOUREN-STECKBRIEF

**Anfahrt:** A 59, Ausfahrt Duisburg-Großenbaum. Weiter geht es über den Altenbrucher Damm, die Düsseldorfer Landstraße und die Kaiserswerther Straße bis zu den Parkbuchten am Straßenrand bei **GPS N 51°22'35", E 6°44'23"**.
**ÖPNV:** Haltestelle Tiger & Turtle, Straßenbahnlinie 903. Die Wanderung startet dann am Aufstieg zur Achterbahn.

**Markierung:** Verschiedene Wegweiser.
**Anspruch und Charakter:** Einfache, kinderwagentaugliche Wanderung (außer der Besteigung der Achterbahn).
**Highlights:** Waldspielplatz im Biegerpark, Aussichtskanzel am Rhein, Tiger and Turtle auf dem Magic Mountain.
**Einkehr:** Rosso Picanto.
**In der Nähe:** Sportpark Duisburg, Freibad Wolfssee, Hochseilgarten Duisburg.

in die Angertaler Straße, der wir im verkehrsberuhigten Bereich gute 200 Meter folgen. Nach einem kleinen Rechtsknick überqueren wir schließlich die Angerhauser und Angertaler Straße und erreichen den **Biegerpark** ②.

Hier wählen wir den linken, für Fußgänger ausgeschilderten Weg, der uns leicht bergab führt. In Folge biegen wir an der dritten Kreuzung nach links und sofort wieder nach rechts ab. Links am Weg liegen hier einige dicke, alte **Baumstämme** ③, die sich zum Klettern eignen.

Wir wandern geradeaus weiter. Viele Bänke und weite Grünflächen mit schattenspendenden Bäumen laden zum Picknick ein. An der nächsten **Kreuzung** biegen wir unmittelbar vor der Hundefreilaufwiese links ab und kurz darauf erneut nach links.

Nun spazieren wir auf schmaler werdendem Pfad **quer über die Wiese**. Nach Passieren der Grillzone erreichen wir so einen schönen **Waldspielplatz** ④. Er wurde aus Naturmaterialien erbaut

und bietet zahlreiche Möglichkeiten zum Klettern und Spielen. Sogar ein kleiner Wasserspielplatz ist vorhanden.

Nach dem Verlassen des Spielplatzes wandern wir weiter, das **Toilettenhäuschen und den Kiosk** links von uns liegen lassend. Den nächsten Abzweig nach rechts ignorieren wir, bevor wir an der **zweiten Kreuzung mit der Laterne Nummer 6** rechts abbiegen. 100 Meter weiter geht es nach links, die darauf folgende Kreuzung überqueren wir geradeaus. Wir haben jetzt das Ufer des **Angerbachs** erreicht und wandern am Bach entlang. So gelangen wir wieder zur Angerhauser Straße und überqueren diese. An einem **rot-weißen Geländer** betreten wir den nächsten Park und wandern geradeaus über die Brücke zu einem **Weiher** ⑤, auf dem viele neugierige Enten und Schwäne schwimmen.

Bis zum Verlassen des Parks schlängelt sich unser Weg nun leicht bergan. Vom Parkausgang können wir einen Blick auf Tiger and Turtle erhaschen. Wir überqueren die **Kaiserswerther Straße** und betreten erneut den **Angerpark** ⑥, in dem wir unsere Wanderung gestartet haben. Am Weg ist hier buntes Graffiti zu sehen, in dem sich Frosch, Tiger, Libelle und Marienkäfer verstecken. An den nächsten beiden Weggabelungen halten wir uns links und erreichen einen asphaltierten Weg, dem wir geradeaus folgen. Am nächsten Abzweig führen uns die Wegweiser Richtung Gaststätte nach links. Die Gaststätte »**Rosso Picanto am Tiger and Turtle**« ⑦ sehen wir von hier bereits hinter den Tennisplätzen liegen. Für eine Einkehr müssten wir nach links abbiegen, um über die Brücke zur Gaststätte zu gehen.

Unsere Tour führt uns jedoch weiter geradeaus immer entlang des Angerbachs zum nächsten Highlight: der **Aussichtskanzel am Rhein** ⑧, die wir nach einem weiteren Kilometer erreichen. Von hier aus können wir den Schiffen nachschauen und zusehen, wie mit großen Kränen Container verladen werden.

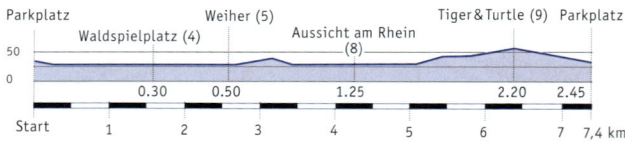

Zurück geht es auf gleichem Weg bis zur **Straßenunterquerung**, an der der Aufstieg zum Magic Mountain beginnt. Dazu biegen wir erst leicht nach links, kurz darauf scharf nach links ab. Auf Höhe der **Ehinger Straße** folgen wir dem Wegweiser »Tiger and Turtle« nach rechts.

Im Wegverlauf zweigen mehrere Trampelpfade ab, die uns den Weg auf den Gipfel abkürzen könnten, aber keine offiziellen Wege sind. Der **Hauptweg** wendet sich in einer Linkskurve erneut der Ehinger Straße zu, bevor wir in einem Knick nach rechts nun steil bergan steigen. Hier sind es noch 800 Meter bis zur begehbaren Achterbahn. Beim nächsten **Schild**, nun sind wir noch 650 Meter vom Ziel entfernt, zweigen wir nach rechts in den Schotterweg ab. An den folgenden beiden Kreuzungen geht es geradeaus und bergauf weiter. So erreichen wir schließlich den höchsten Punkt und können **Tiger and Turtle** ⑨ erklimmen. Die Aussicht über das Ruhrgebiet ist gewaltig!

Um zum Auto zurückzukommen, steigen wir wieder hinunter zum **650-Meter-Wegweiser**. Hier biegen wir nach rechts ab und erreichen abwärts wandernd den Parkplatz.

# Tour 11:
# Waldlehrpfad am Hülser Berg

*Kleine Runde zu drei Wildgehegen, Quelle und Aussichtsturm*

*Der Hülser Berg ist mit 63 Metern die höchste natürliche Erhebung in Krefeld. Er entstand vor etwa 150.000 Jahren während der Saale-Eiszeit. Ein spannender Waldlehrpfad mit Infotafeln über den Wald und seine Bewohner führt zu drei verschiedenen Wildgehegen, und am Ende können wir vom Johannesturm die Aussicht genießen. An einem Sommersonntag lockt ein weiteres Highlight: Die Anreise mit dem Schluff, einer historischen Dampflok, lässt nicht nur Kinderherzen höherschlagen.*

**Wanderung:** Wir steigen aus dem Schluff aus und überqueren am **Bahnhof** ① den Talring. Auf dem Rennstieg geht es bergauf kurz über Asphalt, bis wir in der Kurve auf einen schmalen Pfad ausweichen können. Etwas später treffen wir erneut auf den Rennstieg und überqueren an der nächsten **Kreuzung** ② den Hohlweg.

Danach wählen wir den ersten Abzweig nach rechts – einen Waldweg. Durch eine große Rechtskurve erreichen wir weiter leicht bergan steigend den Parkplatz vor der **Bergschänke** ③.

Hier folgen wir der Beschilderung »Waldlehrpfad« nach links und passieren uns leicht nach rechts wendend die Hülser Bergschänke

## TOUREN-STECKBRIEF

**Anfahrt:** A 40, Ausfahrt Moers. Über die Krefelder-, Hülser- und Molenaarstraße über den Hohlweg bis zum Rennstieg. Der Parkplatz liegt bei **GPS N 51°23'19", E 6°32'12"**.

**Alternative:** Anfahrt von Krefeld mit der historischen Dampflok. Der Schluff tuckert von Mai bis September jeden Sonntag zum Hülser Berg, in den Sommerferien zusätzlich auch am Mittwoch. Abfahrt ab St. Tönis (Wilhelmplatz 13, Parken an der Benrader Str.), Krefeld Nord (Oranierring 91) oder Hüls. Familienkarte €30, aktueller Fahrplan unter www.schluff-krefeld.de.

**Markierung:** Größtenteils Beschilderung Waldlehrpfad.

**Anspruch und Charakter:** Leichte Wanderung über Waldwege, aufgrund einiger Unebenheiten jedoch nicht kinderwagentauglich.

**Highlights:** Wildschwein-, Damwild- und Rotwildgehege, Aussichtsturm, Waldspielplatz.

**Einkehr:** Hülser Bergschänke mit Biergarten und Innenbereich.

**In der Nähe:** Krefelder Zoo, Erholungspark Elfrather See.

mit ihrem angrenzenden Spielplatz. Danach geht es leicht bergab geradeaus an einigen Infotafeln zur Vegetation vorbei bis zum **Wildschweingehege** ④. Hier sind ab dem Frühsommer Frischlinge zu sehen, die wild durchs Gehege tollen.

Am Zaun angekommen wenden wir uns nach rechts und wandern weiter leicht bergab bis zum **Damwildgehege** ⑤. Auch hier können wir die Tiere beobachten. Besonders bemerkenswert ist ein seltenes Albino-Reh.

Weiter geht es mit einem scharfen Linksknick und nun weitgehend eben durch lichten Mischwald, vorbei an ein paar **Tümpeln und kleinen Sümpfen**. Wir folgen weiter der Beschilderung des Waldlehrpfads geradeaus und erfahren auf den zahlreichen Infotafeln allerhand über die heimischen Vögel, Insekten und Wild-

tiere. Dann stehen wir am Zaun des **Rotwildgeheges** ⑥ und biegen direkt an diesem nach links ab. Es geht steil bergauf. Zwischen den Bäumen können wir das Rotwild und die Hirsche mit ihrem gewaltigen Geweih entdecken.

Auf der Höhe angekommen folgen wir weiter der Beschilderung des Waldlehrpfads geradeaus, ignorieren alle nach rechts abzweigenden Wege und passieren in einer Linkskurve eine inzwischen trockengefallene **Quelle** ⑦. Sie heißt Eremitenquelle, weil sie einst einen Einsiedler mit Wasser versorgt haben soll. Das ist aber über 200 Jahre her. Vor über 100 Jahren hat man die Quelle eingefasst.

Wir steigen in einem weiten Bogen noch einmal leicht bergan, biegen scharf nach rechts ab und wandern geradeaus weiter, bis wir bereits den **Johannesturm** auf einer Höhe vor uns erblicken können. Hier zweigen wir vom Waldlehrpfad beim **Schild Heinrich-Mertens-Weg** in eben diesen ab und erreichen zum Abschluss der Wanderung den 30 Meter hohen **Aussichtsturm** ⑧,

**Hülser Berg** ①

**Start am Parkplatz**

Wegbeschreibung und Karte beginnen an der Haltestelle des Schluff. Bei einer Anreise mit dem Auto startet die Wanderung am Parkplatz vor der Bergschänke ③ und ist dann zwei Kilometer kürzer.

*Naturschutzgebiet Hülser Bruch*

*Hülser Berg 63m*

0    500    1000 Meter

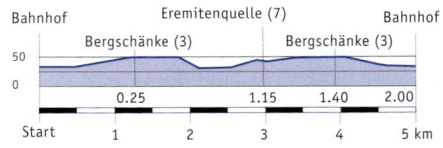

den wir – sofern schwindelfrei – über 163 steile Stufen besteigen. Bänke laden hier zum Picknick ein. Von oben bietet sich uns eine wunderbare Rundumsicht über den Niederrhein und das Ruhrgebiet sowie bis nach Düsseldorf.

Wieder unten angekommen können wir bereits den Spielplatz und die direkt dahinter liegende **Bergschänke** ③ erkennen, der wir einen Besuch abstatten, um uns zu stärken. Sehr empfehlenswert ist die besondere Spezialität des Hauses: Currywurst.

Danach erreichen wir über den Parkplatz wieder den Rennstieg, dem wir nun leicht bergab wandernd bis zum Talring und zum Bahnhof folgen. Von hier bringt uns der Schluff gemütlich ratternd und schaukelnd zurück zu unserem Auto.

# Tour 12:
# Abenteuerpfade am Niederrhein

40 m

STRECKE
4,8 km

1 h 45

ab 4

*Zum Walderlebniszentrum und zum Wildgehege auf den Süchtelner Höhen*

*Rund um die Süchtelner Höhen treffen wir auf viele kleine Hügel. So wandern wir auf versteckten Abenteuerpfaden zum Walderlebniszentrum. Hier können wir an Sonn- und Feiertagen das Schießen mit Pfeil und Bogen ausprobieren, auf Bäume klettern oder durch den Sinnesparcours spazieren. Danach besuchen wir die Rehe, Schafe und Wildschweine im Wildgehege, bevor uns die abwechslungsreiche Runde durch Wald und Flur zurück zum Sportpark führt.*

**Wanderung:** Am Parkplatz überqueren wir die kleine Straße und laufen am **Sportplatz** vorbei bis zum Ende des asphaltierten Weges. Hier gehen wir weiter geradeaus in den Laubwald hinein und an einem Zaun entlang. Am Zaunende und unmittelbar vor dem **roten Nordic-Walking-Pfeil** biegen wir rechts ab. Kurz darauf blicken wir rechts des Weges in einen ein ziemlich tiefen **Abgrund** ① hinab.

Wir folgen unserem Weg eine Weile durch Farn hindurch. Schließlich erreichen wir einen breiteren Weg, der ebenfalls mit **roten Nordic-Walking-Pfeilen** markiert ist, und folgen diesem nach rechts. Hinter einer leichten Linkskurve biegen wir nicht in den nach links abzweigenden Weg ab, sondern wandern weiter geradeaus und nun leicht bergab. In Sichtweite der **Autobahn** wenden wir uns noch im Wald nach links. Wir überqueren den nächsten Weg geradeaus und wählen an der kurz darauf folgenden

## TOUREN-STECKBRIEF

**Anfahrt:** A 61, Ausfahrt Süchteln. Parkplatz Sportpark Süchtelner Höhen an der Hindenburgstraße bei **GPS N 51°16'43", E 6°21'06".**
**ÖPNV:** Haltestelle Viersen / Süchtelner Höhen, Buslinien 064 und 074. Von der Station an der Hindenburgstraße links in Richtung Sportpark.
**Walderlebniszentrum:** Geöffnet nur an Sonn- und Feiertagen von 10 – 19 Uhr. Eintritt für 1,5 Stunden € 15, Kinder bis 12 Jahre € 12. Voranmeldung erforderlich. www.xpad-erlebnispaedagogik.de
**Markierung:** Zeitweise IL und A4
**Anspruch und Charakter:** Schmale Pfade und Waldwege wechseln sich ab, kurze An- und Abstiege.
**Highlights:** Walderlebniszentrum, Minigolfanlage, Wildgehege.
**Einkehr:** Waldcafé, Eisdiele und verschiedene Cafés in Süchteln.
**In der Nähe:** Blaue Lagune, Niederrheinisches Freilichtmuseum.

Gabelung den rechten Weg, der zu einem parallel verlaufenden Weg hinaufführt. Auf diesem wandern wir in gleicher Richtung weiter. Bei der nächsten Möglichkeit biegen wir an einem **Verbotsschild für Reiter** ② scharf nach links ab und steigen nun steiler bergan. Auf der Anhöhe hinter einem Knick nach rechts treffen wir schließlich einen größeren Weg, auf dem wir uns nach links wenden. Damit erreichen wir das **Walderlebniszentrum** ③ mit kleinem Kiosk. Hier lohnt sich auch ein kurzer Abstecher nach links zur Minigolfanlage. Noch ein Stück weiter bietet ab 14 Uhr das **Waldcafé** ④ die Möglichkeit für eine gemütliche Einkehr.

Zurück am **Eingang des Walderlebniszentrums** ③ wandern wir mit Blick auf den Kletterwald am Außengelände der Anlage entlang. Wir folgen dabei der Beschilderung zur Hausnummer neun nach links, marschieren dann aber an der Zufahrt zum Haus vorbei. An der nächsten Kreuzung zeigt uns der Wegweiser zum **Wildgehege** ⑤ den richtigen Weg: Es geht scharf nach rechts und durch ein Drehtor.

Links können wir Rehe entdecken, bevor wir an Picknickbänken vorbei zur **Villa Schweineblick** kommen. Aus der Beobachtungshütte haben wir besten Blick auf die Gehege der Wildschweine

und Schafe. Auf den vor der Hütte stehenden Picknickbänken können wir zur Halbzeit unserer Wanderung gut eine Rast einlegen. An feuchteren oder kühleren Tagen bietet auch die Hütte selbst eine wetterfeste Möglichkeit für eine Pause.

Gut gestärkt verlassen wir das Wildgehege durch das Tor und gehen zurück zur **Weggabelung**, an der wir rechts abbiegen. Nun geht es bergab. Den Waldweg verlassen wir an der ersten **Kreuzung** nach links in einen schmaleren Pfad mit der Markierung A2.

Die folgende **Wegkreuzung** überqueren wir mit einem kurzen Rechts-Links-Schwenk. Hier begleitet uns das **Wanderzeichen IL**. Es geht kurz steil bergab und danach wieder leicht bergan, dann treffen wir auf eine **Asphaltstraße** ⑥ und überqueren sie.

Auf der anderen Straßenseite biegen wir nach etwa 15 Metern rechts ab in den schmalen Pfad. Dieser bringt uns zu einer **Lichtung** ⑦, an der wir uns nach links wenden. Kurz darauf biegen wir rechts ab.

An der **nächsten Kreuzung** mit mehreren Wegen wenden wir uns nach links in den leicht ansteigenden Waldweg mit der Markierung A4. Die Kinder können auch den leicht oberhalb verlaufenden Abenteuerpfad erkunden. So erreichen wir schließlich ein paar Stufen, die uns rechts zur **Irmgardis-Kapelle** ⑧ und mehreren Bänken führen.

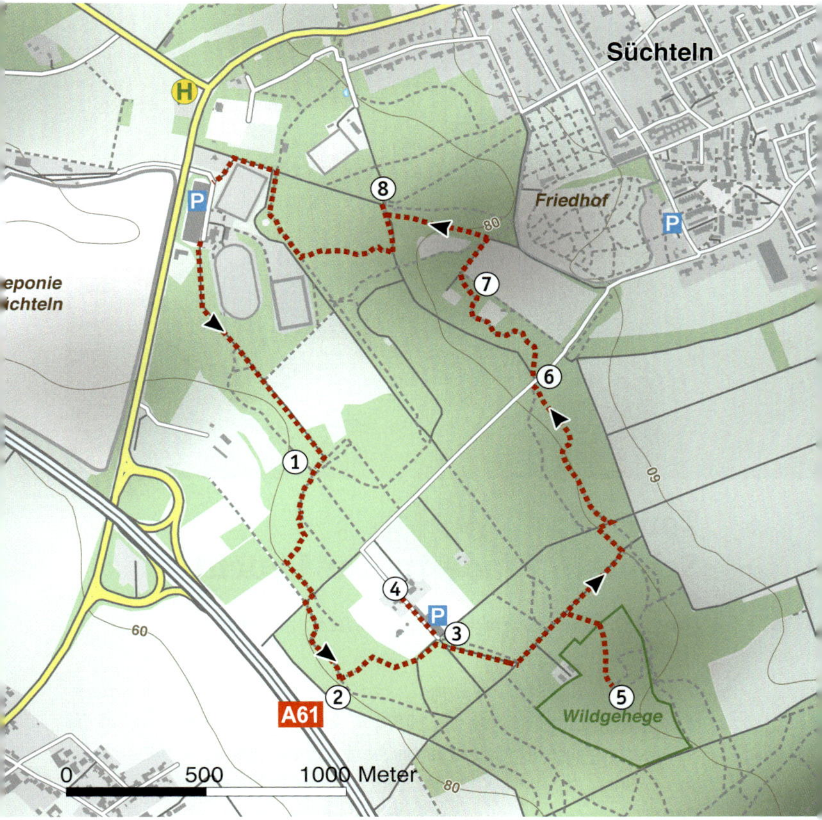

Über die Stufen geht es wieder hinab und geradeaus weiter. Nach etwa 100 Metern biegen wir nach einem kurzen Abstieg und einem noch kürzeren Gegenanstieg rechts ab. Der Pfad bringt uns wieder ein Stück hinauf.

Kurz bevor wir einen kreuzenden **größeren Weg** erreichen würden, biegen wir in einen Pfad nach rechts ein, steigen ein kleines Stück steil bergab und direkt wieder bergauf, bevor wir wieder auf den größeren Weg treffen. Diesem folgen wir am **Sportplatz** entlang nach links. Auch am nächsten Abzweig wenden wir uns nach links und erreichen so wieder den Parkplatz.

**Die Irmgardis-Kapelle**

Auf dem Heiligenberg trohnt die Irmgardis-Kapelle. Seit mehr als 500 Jahren steht dort bereits ein Gotteshaus, das der Schutzheiligen Irmgard von Süchteln gewidmet ist. Sie hat vor knapp 1.000 Jahren als Einsiedlerin rund um Viersen gelebt.

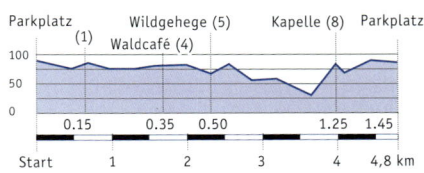

30 m

STRECKE
8,8 km

3 h

ab 6

# Tour 13:
# Schmale Pfade in der Leucht

*Eine Million Jahre Erdgeschichte mitten im Wald*

*Die Leucht gehört zum Bergrücken der niederrheinischen Höhen, die in der Saale-Kaltzeit vor 250.000 Jahren vom vorrückenden Eis zu einer bis zu 300 Meter hohen Moräne zusammengeschoben wurden. Ebenfalls ein Relikt der Gletscherbewegungen ist eines der Naturdenkmäler an unserem Wanderweg: ein großer dicker Findling aus schwedischem Granit, für den ein Alter von einer Million Jahre ermittelt wurde. Tolle Picknickplätze und eine schöne Einkehrmöglichkeit runden die Tour ab.*

**Wanderung:** Vom hintersten Punkt des Parkplatzes, an dem **zwei große Karten** die Wege einmal für Reiter und einmal für Wanderer und Walker erklären, gehen wir etwa 250 Meter zurück Richtung Xantener Straße. Dort biegen wir am **rot-weißen Poller**

---

## TOUREN-STECKBRIEF

**Anfahrt:** A 57, Ausfahrt Kamp-Lintfort. Von hier auf die L 287 Richtung Kamperbruch fahren, diese wird im weiteren Verlauf zur Xantener Straße. Nach der Fahrt durch Saalhoff links abbiegen auf den Parkplatz Leucht bei **GPS N 51°32'14", E 6°30'09"**.
**ÖPNV:** Nicht erreichbar.
**Markierung:** Zeitweise K, A4.
**Anspruch und Charakter:** Die Wanderung führt uns komplett durch das Wald-gebiet der Leucht und verläuft ausschließlich über Wald- und Wanderwege. Angenehmer Schatten im Wald an heißen Sommertagen. Der GPS-Track **[› Seite 20]** und eine digitale Karte sind zur Orientierung hilfreich.
**Highlights:** Findling, Picknickplätze.
**Einkehr:** Baerlaghof.
**In der Nähe:** TerraZoo Rheinberg, Kloster Kamp.

links in den Wanderweg ab und laufen parallel zur Xantener Straße weiter durch den Wald. Wir ignorieren den nach links abzweigenden, zugewachsenen Pfad und biegen kurz darauf links in den deutlich sichtbaren **Wanderweg** ① ab. Damit haben wir nun die Xantener Straße im Rücken. An der nächsten Kreuzung wenden wir uns nach rechts und überqueren die folgende geradeaus.

Kurz darauf endet unser Weg in einen Wiesenweg und wir biegen links ab. Direkt danach wenden wir uns wieder nach rechts und wandern nun auf angenehm weichem Pfad. An der **T-Kreuzung** ② am **Vogelhäuschen Nummer 31** wenden wir uns nach links, ignorieren kurz darauf den nach rechts abzweigenden, zugewachsenen Pfad und wandern nun wieder mit dem Rücken zur Xantener Straße. An einer **Kreuzung mit drei Bänken** und einem Tisch biegen wir rechts ab.

Wir passieren linkerhand eine **Löschwasserentnahmestelle** und überqueren die kurz darauf folgende Kreuzung geradeaus. Nun laufen wir immer in derselben Richtung weiter, bis wir auf eine **überdachte Picknickbank** auf der rechten Seite treffen. Gegenüber steht der uralte **Findling** ③.

Hier wenden wir uns nach links und folgen dem Weg geradeaus, bis **drei rot-weiße Poller** in Sicht kommen. Noch vor diesen biegen wir links ab.

Am nächsten Abzweig geht es rechts zwischen rot-weißen Pollern hindurch und an der **Kreuzung** ④ links. Der Weg ist mit dem **Wanderzeichen K** markiert.

Erneut kommen wir an Pollern vorbei. Die beiden nächsten Kreuzungen überqueren wir geradeaus. Dann biegen wir rechts ab in den schmaleren Weg. Hier informiert ein kleines Schild des Landesjagdverbandes NRW über die Anleinpflicht für Hunde. Wir wandern an einer Wiese vorbei und wenden uns an der Kreuzung kurz darauf nach links. Vorher lohnt ein kurzer Abstecher nach rechts zu einem tollen **Picknickplatz** ⑤ mit kleiner Hütte, Tisch und Bank.

Zurück auf unserem Weg, der jetzt mit dem Wanderzeichen A4 markiert ist, laufen wir leicht bergauf. Nach rechts haben wir einen schönen Ausblick auf die umliegenden Felder und Höfe. Wir folgen dem Weg in munterem Auf und Ab. Kurz darauf erreichen wir die nächste **Picknickhütte** ⑥.

An der folgenden T-Kreuzung wenden wir uns kurz nach links, biegen direkt danach aber wieder rechts ab. Danach führt uns das **Wanderzeichen K** erneut nach rechts. Nun gehen wir eine ganze Weile geradeaus, auch an einem großen Feld vorbei, das links von uns liegt. Kurz hinter dem **Feld** nehmen wir nicht den

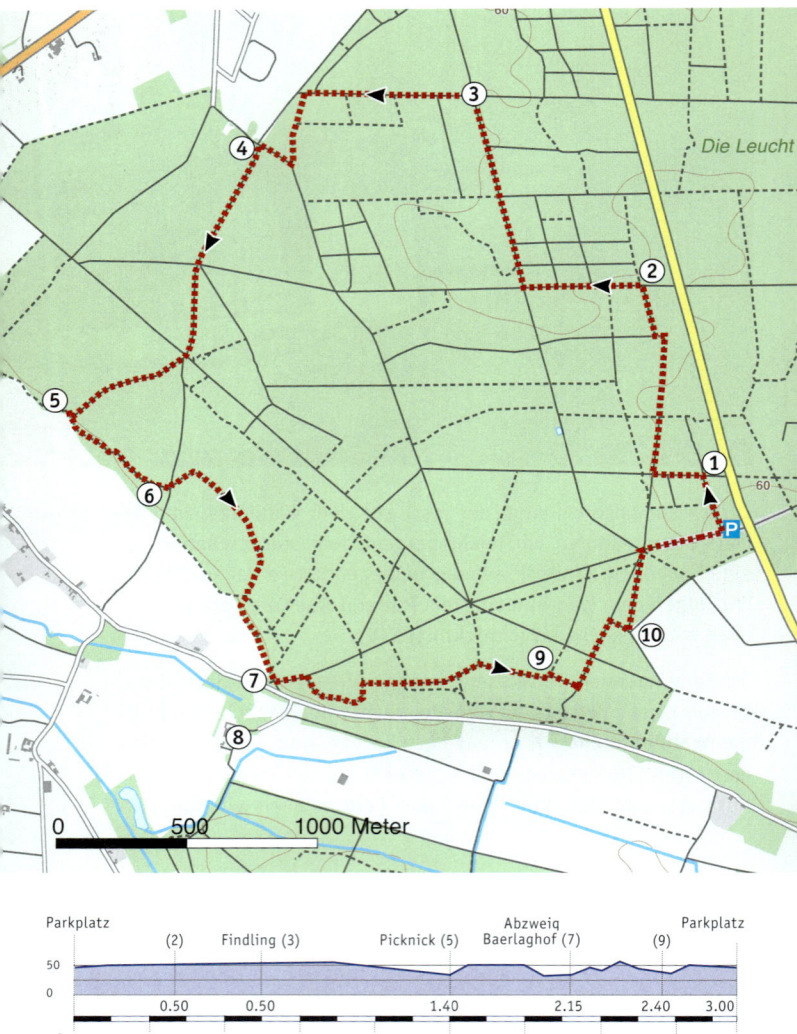

nach links abzweigenden Weg, sondern wandern weiter geradeaus leicht bergab. Dabei ignorieren wir auch den nächsten nach
links abzweigenden Weg, folgen dem »K« weiter geradeaus und
bergab und halten dann geradeaus auf einen Weidezaun zu. Kurz
darauf erreichen wir eine Kreuzung. Die Markierung führt uns
auch hier geradeaus. Nur wenig später passieren wir eine **Picknickbank mit bester Aussicht** ⑦. Für eine Einkehr im **Baerlaghof** ⑧ müssten wir hier weiter geradeaus gehen und uns auf der
kurz darauf erreichten Straße leicht nach links wenden. Direkt
danach biegen wir rechts ab in den Baerlagweg und erreichen
kurz darauf den gleichnamigen Hof.

Ohne Einkehr biegen wir bei **Punkt** ⑦ links ab und wandern am Wanderkartenschild vorbei bergauf. Kurz hinter der großen Wanderkarte biegen wir scharf nach rechts ab in den bergauf führenden **Abenteuerpfad**. Wir klettern nun über einige Wurzeln, folgen dem Pfad in munterem Auf und Ab und biegen schließlich mit dem **Reitweg-Wegweiser** rechts ab. An der nächsten Kreuzung verlassen wir den auch für Pferde freigegebenen Weg wieder und gehen weiter geradeaus.

Zunächst führt uns der Weg noch ein Stück bergauf. An der folgenden **Kreuzung** ignorieren wir den Wiesenweg und wandern weiter geradeaus, ebenso am nächsten Abzweig nach links. Nach einer Linkskurve biegen wir an einer **Vier-Wege-Kreuzung** ⑨ rechts ab. Kurz darauf wenden wir uns am »Nicht betreten«-Schild nach links.

Die folgende **Kreuzung** überqueren wir geradeaus. Danach wenden wir uns in den nach rechts abzweigenden Weg und laufen auf einige **Poller** ⑩ zu. Kurz vor diesen und einer Bank biegen wir links ab und bleiben damit im Wald. Schließlich erreichen wir wieder den **Stappweg**, auf dem unsere Wanderung begonnen hat. Wir wenden uns noch einmal nach rechts und erreichen kurz darauf unseren Ausgangspunkt.

# Geocaching – eine Schnitzeljagd mit digitaler Schatzkarte

*Mit dem Smartphone oder einem GPS-Gerät auf Schatzsuche gehen, das ist Geocaching. Die moderne Form der Schnitzeljagd hat sich im vergangenen Jahrzehnt auf allen Kontinenten ausgebreitet und zieht Groß und Klein in ihren Bann. So gibt es alleine in Nordrhein-Westfalen inzwischen über 55.000 verschiedene Geocaches, sodass wir auf einer Wanderung auch mal spontan schauen können, ob in der Nähe vielleicht ein »Schatz« zu finden ist.*

## Wie funktioniert die Schatzsuche per GPS?

Wer einen Cache anlegt, verstaut seinen Schatz in einem wasserdichten Behälter und versteckt ihn in der Natur. In dem Behälter befinden sich oft kleine Tauschgegenstände und immer ein Logbuch. Gut geeignet sind zum Beispiel Figuren aus Überraschungseiern oder andere kleine Spielzeuge. Da viele Caches auch einmal über einen längeren Zeitraum nicht geöffnet werden, sollten sie keine essbaren Dinge wie Süßigkeiten enthalten.

Wenn wir einen Schatz aufgespürt haben, dürfen wir einen Gegenstand aus der Dose mit etwas Gleichwertigem tauschen. Außerdem dokumentieren wir den Besuch im Logbuch und später auch auf der zugehörigen Website. Zum Abschluss wird die Dose an genau der gleichen Stelle wieder versteckt. Aber Vorsicht! Wir dürfen dabei das Versteck nicht verändern und auch nicht verraten. Wir achten beim Heben des Schatzes also sorgfältig darauf, dass uns niemand beobachtet! Vor allem keine »Muggel«, wie all die normalen, ahnungslosen Spaziergänger und Wanderer genannt werden, die das Versteck verderben könnten. Ein echter Schatz muss geheim bleiben.

## Plattformen und Apps

Die Koordinaten der Verstecke finden wir online auf Seiten wie zum Beispiel geocaching. com und opencaching.de. Zum Cachen mit Smartphone braucht man außerdem noch eine kostenlose App. Beliebt und bewährt sind CGeo oder die App der Plattform geocaching.com.

Zusätzlich zu den Koordinaten des Schatzes veröffentlicht der »Owner«, der Besitzer des Schatzes, auf der Online Plattform meist auch Hinweise, nach denen wir entscheiden können, ob diese Schatzsuche für uns geeignet ist. In Gebieten mit schlechter Netzabdeckung sollte man sich diese unbedingt vor dem Start herunterladen.

Es gibt ganz unterschiedliche Verstecke: Manche sind nur nachts zu finden, für andere muss man klettern oder schwimmen. Eine Schatzsuche kann auch mehrere Stationen haben und uns über einige Kilometer durch die Landschaft lotsen. Man bezeichnet sie dann als Multicache.

Mit Kindern suchen wir nur leichte Caches aus. Manche Schatzsuchen sind nämlich ganz schön anspruchsvoll. Es gibt auch spezielle Kindercaches, die spannende Geschichten erzählen oder kleine Aufgaben stellen, die zum Finden des Schatzes gelöst werden müssen. Manchmal werden diese in besonders schönen Dosen versteckt. Fantasie und Einfallsreichtum sind da keine Grenzen gesetzt. Eine Karte mit kindgerechten Verstecken finden wir zum Beispiel im Mitgliederbereich von outdoorkid.de.

Für alle, die zum ersten Mal auf digitale Schatzsuche gehen, haben wir auf **[› Tour 14]** bei **N 51°28.704', E 6°39.031'** einen einfachen Geocache versteckt. Dieser hat nur eine Station und ist ohne besondere Vorkenntnisse und auch ohne technische Hilfsmittel zu finden. Wir suchen nach einer Dose,

**Was muss mit zum Geocachen?**

› Wanderausrüstung wie feste Schuhe, Regenjacke und Rucksack
› Proviant und Wasser
› ein oder zwei kleine Gegenstände zum Tauschen
› Smartphone mit App oder GPS-Gerät mit vollem Akku
› Powerbank zur Stromversorgung
› Taschenlampe zum Suchen an dunklen Stellen
› Stift für den Eintrag ins Logbuch, bei Multicaches mit mehreren Stationen auch ein Notizbuch
› eventuell ein Taschenmesser oder Multitool und einen Magneten als Werkzeug zum Bergen des Schatzes

lassen die Kinder auswählen und legen etwas Gleichwertiges zurück, damit auch die nächsten kleinen Schatzsucher ihren Spaß haben.

Solltet ihr vor Ort nicht fündig werden, schreibt bitte eine E-Mail an info@naturzeit-verlag.de. Unsere Autorin ist die Ownerin des Schatzes. Sie schaut gerne nach und gibt Rückmeldung. Dieser Geocache ist exklusiv für unsere Leser. Daher ist er auch nicht auf www.geocaching.com oder einer anderen Plattform eingetragen.

# Tour 14:
# Aufstieg zum Geleucht

*Kleine Runde auf den Aussichtsturm und um den Waldsee*

70 m

STRECKE

4,8 km

1 h 45

ab 4

*Wir steigen auf die Halde Rheinpreußen hinauf, auf der ganz oben eine große rote Grubenlampe steht. Die rote Lampe ist eigentlich ein Aussichtsturm. Von ihrer Plattform schauen wir zum Waldsee hinunter und bis hinüber zum Niederrhein. Danach umrunden wir den beschaulichen Waldsee, an dessen Ufer es viele schöne Stellen zum Spielen und für ein Picknick gibt.*

**Wanderung:** Vom Parkplatz folgen wir der Orsoyer Allee parallel zu den rechts von uns liegenden Bahnschienen. Am **Grenzstein RP** (kurz vor Haus Nr. 45) biegen wir nach rechts ab in den Laubwald und überqueren dabei die Schienen. Am nächsten Abzweig, unmittelbar nach der Überquerung von weiteren Schienen, wenden wir uns nach links, wo ein alter **Baumstamm zum Balancieren** ① einlädt.

Kurz vor Erreichen des Seeufers biegen wir rechts ab. Nun schlängelt sich unser Pfad eine Weile oberhalb des Wassers entlang. Schließlich gelangen wir an eine kleine Straße und folgen ihr nach links. Wir erreichen das **Clubgelände der Freien Schwimmer Rheinkamp** ② und biegen an diesem rechts in einen Waldweg ein. Hier beginnt der Anstieg auf die Halde Rheinpreußen.

Wir ignorieren den kleinen nach rechts abzweigenden Pfad und folgen unserem Weg bei einem leichten Schwenk nach links. Am folgenden Abzweig biegen wir nicht links ab, sondern steigen

## TOUREN-STECKBRIEF

**Anfahrt:** A 42, Ausfahrt Duisburg-Baerl. Von der Verbandstraße auf die Römerstraße fahren, dann zum Parkplatz auf der Orsoyer Allee bei **GPS N 51°28'57", E 6°38'34"**.
**ÖPNV:** Haltestelle Moers Orsoyer Allee, Buslinie 4. Von dort über die Orsoyer Allee bis zum Parkplatz.
**Markierung:** Keine.

**Anspruch und Charakter:** Leichte Wanderung auf gut ausgebauten Wegen. Auf der Aussichtsplattform des Geleuchts ist etwas Schwindelfreiheit erforderlich.
**Highlights:** Aussichtsturm mit toller Fernsicht, idyllischer Waldsee.
**Einkehr:** Keine.
**In der Nähe:** TerraZoo Rheinberg, Duisburger Zoo.

nun steiler bergan. Kurz führt unser Weg durch eine scharfe Rechtskurve steil hinauf. Es folgt eine Linkskurve auf nun ebenerem Weg. Den nach rechts abzweigenden Pfad ignorieren wir. Nach einer scharfen Rechtskurve geht es erneut bergauf. Die **nächste Kreuzung** ③ überqueren wir geradeaus. Hinter der nächsten Serpentine nach links beginnen wir den Schlussanstieg auf den höchsten Punkt der Halde, auf der wir bereits den roten Turm, das Geleucht, sehen können.

Bevor wir diesen erreichen, geht es noch einmal rechts und dann wieder links herum. Am höchsten Punkt der **Halde Rheinpreußen** ④ angekommen, erklimmen wir die Stufen auf die **Aussichtsplattform** des Turms und genießen den weiten Rundumblick. Mehrere kleine Tafeln erklären, was wir in der Ferne sehen können.

### Das rote Geleucht

Am höchsten Punkt der Halde Rheinpreußen steht eine überdimensionale Grubenlampe. Sie misst stolze dreißig Meter Höhe und wird nachts beleuchtet. Eine Wendeltreppe führt hinauf zur Aussichtsplattform in neun Metern Höhe. Von hier aus hat man einen weiten Rundumblick über den Niederrhein, das Ruhrgebiet und die Mündung der Emscher in den Rhein.

Besonders beeindruckt waren wir von der roten Autobahn- und der alten Eisenbahnbrücke, die beide über den Rhein führen.

Der Abstieg führt uns erst einmal auf gleichem Weg zurück: Die ersten drei Serpentinen wandern wir diesen wieder hinab. Kurz vor der **Kreuzung** ③ biegen wir jedoch nach rechts in den Pfad ab, der uns weiter bergab führt.

Den nächsten Abzweig scharf nach links ignorieren wir und wandern weiter in annähernd derselben Richtung wie zuvor. Wir lassen auch noch den nächsten Abzweig links liegen, der uns leicht bergauf führen würde, und wandern beinahe eben weiter geradeaus. An der nächsten Kreuzung auf einer **Wiese mit vier Wegen** ⑤ biegen wir scharf nach links ab, marschieren durch die Ebene auf ein paar Bäume zu und geradeaus an diesen vorbei. Nach einem kurzen Steilstück bergab überqueren wir die **nächste Kreuzung** geradeaus, steigen weiter hinunter und halten dabei auf den See zu. In mehreren Kurven geht es weiter hinunter bis zum **Seeufer** ⑥.

Wir bleiben von nun an immer auf dem Uferweg und umrunden den See allmählich, alle nach rechts führenden Wege ignorierend. Zwischendurch zweigen immer wieder Pfade nach links ab, über die wir ans Wasser gelangen können. Viele Stellen eignen sich hier zum Picknicken und Spielen, teilweise besteht der Ufer-

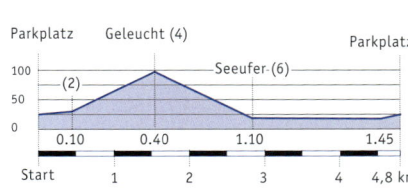

bereich sogar aus Sand. Schließlich gelangen wir am **Baumstamm** ①, auf dem die Kinder anfangs balanciert sind, wieder auf unseren Hinweg, dem wir in umgekehrter Richtung zurück zu unserem Auto folgen.

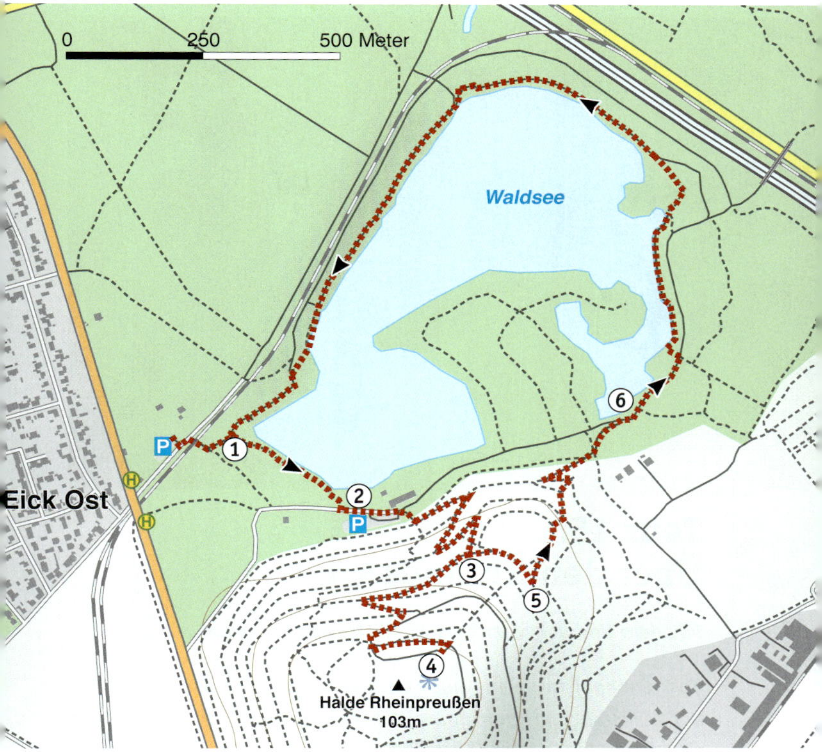

# Tour 15:
# Über den Rheindeich

*Mit dem Rad von Voerde nach Götterswickerhamm*

30 m

STRECKE

18 km

3 h

ab 6

*Vom Bahnhof in Voerde aus gelangen wir über Radwege, die uns durch Felder und eine grüne Wiesenlandschaft führen, auf den Rheindeich. Mit bestem Blick über die Rheinauen radeln wir bis zum malerischen Götterswickerhamm, wo eine gemütliche Einkehr im Gasthof lockt.*

**Radtour:** Vom Parkplatz fahren wir ein kleines Stück Richtung Bahnhof und unterqueren die Bahnschienen in **Richtung Knotenpunkt 87** (Wesel und Zentrum). Danach radeln wir noch etwa 250 Meter weiter geradeaus und biegen an der **Ampel** rechts in die Dinslakener Straße ab. Hier sind wir auf einem Fahrradweg neben der Straße unterwegs. Den **Kreisverkehr** überqueren wir

### TOUREN-STECKBRIEF

**Anfahrt:** A 59 Richtung Dinslaken bis zum Ende der Autobahn. Weiter auf der B 8 Richtung Voerde, links abbiegen auf die Voerder Straße, die im weiteren Verlauf Dinslakener Straße heißt. In Voerde rechts abbiegen auf die Steinstraße, direkt nach der Eisenbahnunterführung nach links abbiegen auf die Bahnhofstraße. Parkbuchten auf der rechten Seite bei **GPS N 51°35'53", E 6°41'22"**.
**ÖPNV:** Bahnhof Voerde, Zuglinien RE 5 (RRX), RE19, RE49.

**Markierung:** Häufig das allgemeine Radwanderzeichen.
**Anspruch und Charakter:** Radtour auf meist asphaltierten Radwegen, an Straßen fast immer separater Radweg nutzbar.
**Highlights:** Rheindeich und Rheinpromenade, Haus Voerde, mehrere Spielplätze.
**Einkehr:** Café-Restaurant Rheinwacht, Restaurant Zur Arche (beide in Götterswickerhamm).
**In der Nähe:** TerraZoo Rheinberg, Halde Haniel.

geradeaus. Kurz darauf liegt rechterhand ein kleiner **Park mit Fußball- und Spielplatz** ①.

Wir fahren jetzt die **Friedrichsfelder Straße** parallel zu den Eisenbahnschienen entlang. 400 Meter weiter überqueren wir die Straße mithilfe einer kleinen Verkehrsinsel und fahren noch etwa 150 Meter in derselben Richtung weiter, bevor wir am rot-weißen Gitter noch vor dem Ortsausgangsschild links in einen schmalen Weg abbiegen. Wir passieren den **Spielplatz** ② auf der rechten Seite und radeln auf einem schmalen Weg neben dem kleinen Kanal weiter.

Die nächste Straße überqueren wir geradeaus. Unser Weg mündet in die Grünstraße, der wir in gleicher Richtung wie zuvor folgen. Rechts der Straße liegt ein Friedhof. Wir fahren ein Stück bergab und biegen an der **Frankfurter Straße** ③ angekommen nach rechts ab auf den Fahrradweg.

An der ARAL-Tankstelle geht es links in die Straße »**Över de Hölter**«. Immer geradeaus radeln wir weiter bis zum **Knoten-**

**punkt 87**, an dem eine Picknickbank zu einer Rast einlädt. Hier biegen wir rechts ab. Nun rollen wir zwischen Kopfweiden hindurch, links und rechts von uns liegen weite Acker- und Weideflächen, am Wegrand stehen weitere Picknickbänke. Wir folgen dem Radwanderzeichen, welches uns schließlich scharf nach rechts in die **Götterswicker Straße** schickt.

Am nächsten Abzweig wenden wir uns nach links in die **Mehrstraße** und verlassen das Radwanderzeichen wieder. Nun fahren wir immer weiter geradeaus, bis wir den **Rheindeich** ④ erreichen. Unmittelbar vor diesem biegen wir links ab, fahren auf den Damm hinauf und befinden uns damit erneut auf einem markierten Fahrradweg.

Wir fahren nun auf dem **Deich** immer am Rhein entlang – mit weitem Blick über den Fluss und die umliegenden Wiesen- und Auenflächen. Oft grasen hier auch Schafherden. Wir kommen an mehreren Picknickbänken vorbei und fahren immer weiter geradeaus, bis wir das Ortseingangsschild von **Götterswickerhamm** ⑤ erreichen. Hier fahren wir weiter Richtung Dinslaken und Voerde. Am Kreisverkehr biegen wir rechts ab auf die Dammstraße. Kurz darauf erreichen wir erst das **Café-Restaurant Rheinwacht** mit Minigolfanlage und dann das **Restaurant Zur Arche**, die uns beide zu einer Einkehr einladen.

Auf der anderen Straßenseite befindet sich **Knotenpunkt 86**. Wir biegen hier links ab in die Straße **Unterer Hildling** in Richtung Voerde. Damit kehren wir dem Rhein den Rücken zu.

Nur wenig später liegt auf der linken Straßenseite ein kleiner **Spielplatz**. Dem Radwanderzeichen folgend biegen wir an der nächsten Wegverzweigung leicht rechts ab. Schließlich wenden wir uns an einer Picknickbank nach rechts auf die Straße **Breiter Deich** und er-

**Das Haus Voerde**
Das schlossartige Herrenhaus entstammt einer mittelalterlichen Wasserburg. Seit 1984 steht es unter Denkmalschutz und dient heute als Standesamt und Kulturzentrum. Im Keller des Hauses ist ein Restaurant beheimatet. Besonders sehenswert sind der als Schlossgarten angelegte Park und das Hochzeitswäldchen auf der gegenüberliegenden Straßenseite.

reichen das Ortsschild von Voerde. 100 Meter weiter geht es nach links und kurz darauf rechts in Richtung **Haus Voerde** ⑥.

Unmittelbar vor dem Haus biegen wir rechts in den Park ab und umrunden das Haus Voerde in einem großen Bogen. Dabei lassen wir den mit Wasser gefüllten **Burggraben** links von uns liegen. Auch hier gibt es noch einmal zahlreiche Picknickmöglichkeiten.

Zurück auf der Straße folgen wir dieser nach rechts und fahren dabei auf dem Radweg. Wir passieren das beheizte Freibad und erreichen kurz darauf die **Sport- und Mehrzweckhalle** ⑦. Hier biegen wir unmittelbar neben dem trockengefallenen Kanal rechts ab und folgen dabei den Markierungen der Denk-Mal-Tour. Die Sporthalle liegt jetzt rechts von uns.

Am Ende des Weges biegen wir am **Schulzentrum** links ab und radeln die Steinstraße entlang. Wir überqueren den Fürstenring geradeaus und ändern auch am Kreisverkehr nicht die Richtung. Schließlich unterqueren wir die Bahnschienen, biegen direkt danach links ab und erreichen damit wieder unseren Ausgangspunkt.

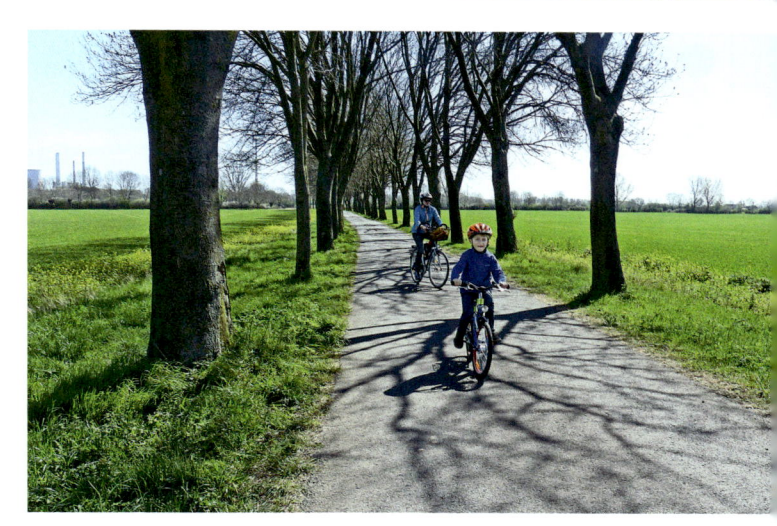

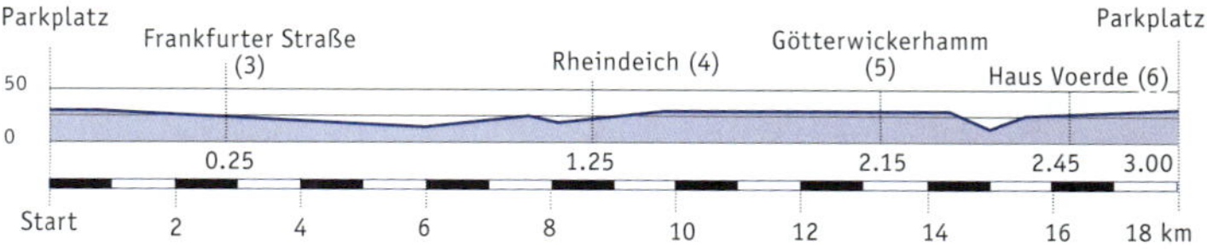
Parkplatz
Frankfurter Straße (3)
Rheindeich (4)
Götterwickerhamm (5)
Parkplatz
Haus Voerde (6)
50
0
0.25
1.25
2.15
2.45
3.00
Start
2
4
6
8
10
12
14
16
18 km

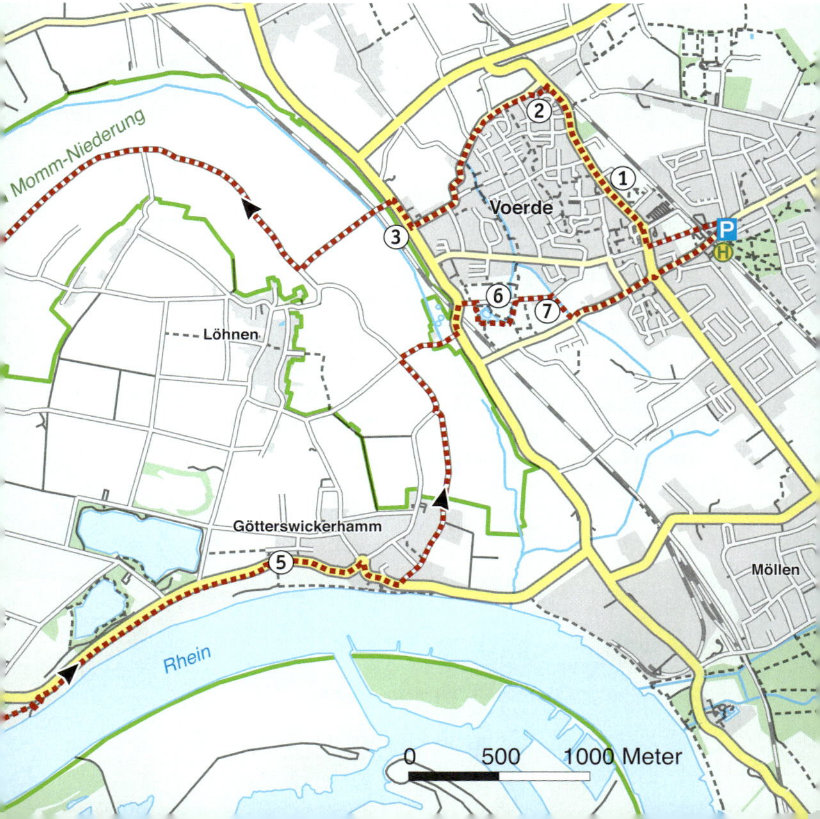
Momm-Niederung
Voerde
Löhnen
Götterswickerhamm
Möllen
Rhein
P
H
1
2
3
5
6
7
0
500
1000 Meter

Legend:
- **Touren**
- **Ausflugsziele**
- **Unterkünfte** ab Seite 251

### ❶ Atlantis Dorsten

Im weitläufigen Außengelände stehen im Sommer Liegewiesen, ein großes Becken und ein warmes Solebad zur Verfügung. Ganzjährig zugänglich ist das Tropenparadies um den Ostseekutter Ole Wismar mit Palmen, Wasserfall und Strömungskanal. Hier gibt es ein Planschbecken für die Kleinsten, ein Sportbecken und drei lange Röhrenrutschen. Extra gebucht werden muss der Zugang zum gut ausgestatteten Saunagarten.

*Geöffnet Mo bis Fr 12 – 21 Uhr, am Wochenende und in den Ferien 10 – 21 Uhr, Eintritt für drei Stunden €9, Kinder bis 16 Jahre €6, Kinder unter einem Meter frei. www.atlantis-dorsten.de*

### ❷ Wasserschloss Lembeck

Das Schloss Lembeck liegt im Lippetal mitten im Wald im Naturpark Hohe Mark. Es wurde im 17. Jahrhundert auf zwei Inseln erbaut und ist

*Am Wasserschloss Lembeck*

von einer Wasserfläche umgeben. In der Burg gibt es ein kleines Museum und ein Café. Interessanter für Kinder ist der im Sommer üppig blühende Schlosspark mit Wiesenflächen am Wasser und einem kleinen Spielplatz. Die Grillhütte im Park kann von Gruppen gemietet werden.
*Park geöffnet Ostern bis Oktober,*
*Mo bis Fr 11 – 17 Uhr,*
*Sa, So und Feiertage 10 – 18 Uhr.*

### 3 Wildpark Frankenhof

Der Wildpark mit großem Erlebnisspielplatz, Märchenwald und Trollland liegt im südlichen Münsterland. Im Park leben unter anderem Rentiere, Alpakas, Bisons und Eulen. Der Wildpark ist über das Münsterland hinaus bekannt und man kann hier gut den ganzen Tag verbringen. Bei [> Tour 20] radeln wir am Frankenhof vorbei.
*Geöffnet März bis Oktober 9 – 18 Uhr,*
*November bis Februar 10 – 17 Uhr,*
*Eintritt € 9, Kinder 2 – 14 Jahre € 8.*
*www.wildpark-frankenhof.de*

*Im Merfelder Bruch sind 400 Wildpferde zuhause, die man im Sommer besuchen kann.*

### ④ Vogelpark Maria Veen

Die Anlage liegt idyllisch im Wald und beherbergt 50 verschiedenen Arten von Sittichen und Aras in rund 90 Volieren.
*Geöffnet März bis Oktober täglich 9.30 – 17.30 Uhr, November bis Februar, Sa, So und an Feiertagen, Eintritt frei.*

### ⑤ Wildpferdebahn Dülmen

Im Naturschutzgebiet Merfelder Bruch ist eine der letzten Wildpferdeherden Europas zuhause. Sie besteht aus etwa 400 Stuten und Fohlen, die weitgehend in Freiheit und vom Menschen unbeeinflusst leben. In Familienverbänden, die jeweils von einer Leitstute geführt werden, streifen sie frei über eine weitläufige Fläche aus Wiesen, Moor, Heide, Nadelwäldern und Eichenbeständen.

Das Land gehört den Herzogen von Croy, die das kompakte Dülmener Wildpferd bereits seit Mitte des 19. Jahrhunderts auf diese Art hier züchten. Das Dülmener Wildpferd ist dem Urpferd noch sehr ähnlich. Viele Tiere in der Herde tragen Urpferd-Merkmale wie den Aalstrich – eine dunkle Linie auf dem Rücken – und Zebrastreifen an den Beinen.

Um Inzucht und Kämpfe zu vermeiden, holt man einmal im Jahr die jungen Hengste aus der Herde. Das Fangen der Jungpferde ist ein großes Ereignis und findet immer am letzten Samstag im Mai vor Besuchern statt. Die Herde wird dazu in eine Manege getrieben und die Fänger holen die männlichen Jungtiere heraus – nur mit Halfter und Strick und immer wieder mit ziemlich flotten Spurts, denn mancher Junghengst kämpft energisch um seine Freiheit. Die Einjährigen werden anschließend vor Ort versteigert – Dülmener sind beliebte Freizeit- und Kutschpferde. Das Spektakel in der Manege hilft, die Kosten für die Herde im Merfelder Bruch zu decken und damit auch ihre Existenz zu sichern.

Im Sommerhalbjahr ist es an den Wochenenden möglich, die Pferde im Bruch zu beobachten.
*April bis Oktober nur am Wochenende und an Feiertagen 10 – 18 Uhr.*
*Eintritt € 3, Kinder bis 14 Jahre € 1,50.*
*www.wildpferde.de*

### ⑥ Naturwildpark Granat

Am Übergang vom Ruhrgebiet ins Münsterland liegt der Naturwildpark mitten im Wald. Auf über 600.000 Quadratkilometern laufen die meisten Tiere frei herum. Wege führen durch die Wohnbereiche von Rehwild und Kängurus zu den Wölfen und Luchsen. Außerdem gibt es viele unterschiedliche Vögel zu sehen.

*Geöffnet täglich 10 – 18 Uhr bzw. bis zum Beginn der Dämmerung,*
*Eintritt € 5, Kinder 2 – 12 Jahre € 3.*
*www.naturwildpark.de*

### 7 Ketteler Hof

Auf dem Gelände des Freizeitparks in Lavesum finden wir an 40 verschiedenen Stationen Rutschen und verschiedenste Klettergeräte, eine Kettcarbahn, Trampolin und Luftkissen, einen Natur-Erlebnis- und einen Motorik-Pfad, Wasserspiele, einen Wildpark und viele Tiere zum Streicheln. *Geöffnet indoor ganzjährig, outdoor von Anfang April bis Ende Oktober täglich 9–18 Uhr, Eintritt ab zwei Jahren € 15 (nur indoor im Winter günstiger). www.kettelerhof.de*

### 8 Halterner Stausee

Die Talsperre, die die Stever und den Mühlenbach staut, dient als Trinkwasserreservoir für das westliche Münsterland. Ein zehn Kilometer langer Rundweg führt um den See und bietet Einkehrmöglichkeiten sowie viele schöne Rastplätze mit Blick über das Wasser. Im Sommer kann man auf dem Stausee Boot fahren: Es gibt einen Paddel-, Tret-, Kanu- und Ruderbootverleih. Von März bis Oktober startet das Fahrgastschiff »Möwe« zur Seerundfahrt. Außerdem gibt es ein Seebad mit Natursandstrand, Strandkörben und Kinderspielplatz. *Der See ist das ganze Jahr über frei zugänglich.*

### 9 Kinderbauernhof Heupferdchen

Mit Waldspielplatz, Maislabyrinth und Kettcars-Parcours bietet der Kinderbauernhof jede Menge Abwechslung. Ein Streichelzoo mit Esel, Katzen, Schafen, Kaninchen, Lamas, Meerschweinchen, Pferden und Ziegen ist das Highlight für kleine Tierfreunde. *Geöffnet Di, Fr, Sa 14–18 Uhr, in den Ferien auch am Mi, Eintritt € 8, Kinder unter zwei Jahren frei. www.kinderbauernhof-heupferdchen.de*

### 10 Naturfreibad Heil

In einem stillgelegten Arm der Lippe versteckt sich in Bergkamen ein kleines Freibad mit Nichtschwimmerbereich, Rutschen und Kiosk. Fast noch ein Geheimtipp! *Geöffnet nur bei schönem Wetter von 10–19 Uhr, Eintritt € 4, Kinder € 2.*

### 11 Solebad Werne

Mit Sportbecken, Familienbad und separatem Solebereich ist in Werne für jeden das Richtige dabei. Im Sommer gibt es auch ein Freibad mit Sport- und Kinderbecken sowie einem Wasserspielgarten. Ein besonderes Highlight ist die 80 Meter lange Rutsche mit Zeitmessung und Lichteffekten. *Geöffnet 7–20 Uhr (im Winter Mo geschlossen), Do bis Sa bis 21 Uhr, Di bis Fr ab 6 Uhr, Tageskarte € 6,60, Kinder ab 6 Jahre € 4, Familientageskarte € 17,20. www.solebad-werne.de*

### 12 Tierpark Hamm

Auf einer Fläche von 6,5 Hektar mit Spielplatz und Gastronomie leben hier etwa 550 Tiere aus 80 Arten. Das begehbare Alpakagehege, die putzigen Erdmännchen und der Streichelzoo am Kinderbauernhof sind besonders beliebt. Der Park wird gerade ausgebaut und modernisiert. Neben einer neuen Anlage für die Lemuren entsteht die Fabeltier-Erlebniswelt – ein ganz besonderer Spielplatz. Die einzelnen Spielbereiche tragen vielversprechend klingende Namen wie Affenkletterei, Eulen-Schule und Biber-Burg. *Geöffnet täglich 9–18.30 Uhr, im Winter nur bis 17 Uhr, Eintritt € 7,50, Kinder ab 3 Jahre € 4,50, Familienkarte € 21. www.tierpark-hamm.de*

### 13 Maximilianpark Hamm

Wahrzeichen des Freizeitparks auf der stillgelegten Zeche Maximilian ist der Glaselefant, eine rund 40 Meter hohe begehbare Plastik. Im Park finden die Besucher mehr als sechs Kilometer Spazierwege, das größte Schmetterlingshaus in NRW und außerdem das Kinderspielland mit verschiedenen Spielplätzen zu Themen wie Alte Mine, Piratenschiff, Dschungelspielplatz oder Tal der Tausend Wasser. *Geöffnet täglich 9–21 Uhr, Eintritt € 5, Kinder 4–17 Jahre € 3, Familienticket € 14. www.maximilianpark.de*

# Tour 16:
# Wie Sand am Meer

*Durch die Drevenacker Dünen*

40 m

STRECKE

9,5 km

3 h 30

ab 8

*Das Naturschutzgebiet von Drevenack überrascht uns mit bis zu vier Meter hohen Binnendünen. Hier fühlen wir uns fast wie am Meer, und es macht Spaß, den Sand durch die Zehen rinnen zu lassen. Auch der Rest der Wanderung überzeugt durch abwechslungsreiche Natur mit dichten Waldgebieten und weiter Heidelandschaft.*

**Wanderung:** Vom Parkplatz gehen wir an der Wanderkarte und einer Infotafel zum Naturpark Hohe Mark vorbei. Wir überqueren den **Schwarzensteiner Weg** geradeaus und wandern mit einem leichten Schwenk nach links über einen querenden Waldweg. Am

## TOUREN-STECKBRIEF

**Anfahrt:** A 3, Ausfahrt Hünxe. Rechts auf die Weseler Straße abbiegen, weiter nach links auf die Dinslakener Straße, danach zwischen Krudenberg und Drevenack nach links auf den Römerweg abbiegen. Weiter geht es links auf den Schwarzensteiner Weg, auf diesem die A 3 unterqueren und kurz danach auf den Parkplatz Schwarzenstein auf der linken Seite bei **GPS N 51°39'13", E 6°43'56"** fahren.
**ÖPNV:** Nicht erreichbar.
**Markierung:** Wechselnd X, A1, A2, A3, A4.

**Anspruch und Charakter:** Abwechslungsreiche Runde über Waldboden, durch Sanddünen und auch ein Stück auf Asphalt. Der GPS-Track **[› Seite 20]** und eine digitale Karte sind zur Orientierung hilfreich.
**Highlights:** Sanddünen wie am Meer, offene Heidelandschaft, geschnitzte Holztiere.
**Einkehr:** Abstecher zum Waldrestaurant Hohe Mark am Wegpunkt ⑤.
**In der Nähe:** Halde Haniel, Terra-Zoo Rheinberg.

folgenden Abzweig wählen wir den rechten Weg. Auch an der nächsten Verzweigung halten wir uns rechts und laufen dann immer weiter geradeaus und leicht bergauf in Richtung Westen. Nach etwa 1000 Metern Wegstrecke kommen wir an einem **Tümpel** vorbei, den wir rechts von uns liegen lassen. Wenig später erreichen wir eine **Holzscheibe mit der Aufschrift »Öko-Teiche«** ① . Auch hier gehen wir weiter geradeaus und sehen kurz darauf den ersten Teich rechts von uns liegen.

Nun befinden wir uns wir auf einem schmalem Abenteuerpfad. **Am Ende des Pfades** biegen wir leicht links ab, laufen also in annähernd derselben Richtung weiter, und anschließend immer geradeaus. Schließlich treffen wir wieder auf einen etwas größeren Weg, auf den wir links abbiegen. Wir wählen den zweiten Abzweig nach rechts und durchqueren dabei die **Absperrung für Pferde.** Wenige Schritte weiter erreichen wir einen **größeren Weg** ② , auf dem wir uns nach links wenden.

Etwa 100 Meter weiter biegen wir wieder rechts ab. Jetzt wandern wir, den **Wanderzeichen X und A2** folgend, immer geradeaus, bis wir an der Straße **Am Vinkel** ③ stehen. Auf dieser wenden wir uns nach rechts. Nun begleitet uns das Wanderzeichen A1.

An der nächsten Kreuzung biegen wir links ab in **Richtung Wesel-Innenstadt und Wittenberg.** Wir erreichen Kilometer 28 der Römer-Lippe-Route, an dem ungefähr nach der Hälfte unserer Wanderstrecke zwei **Bänke zum Picknick** ④ einladen.

Nach der Pause biegen wir nicht links auf den Radweg ab, sondern überqueren zuerst die ehemaligen **Bahnschienen** und wenden uns dann nach links auf den Wanderpfad, der uns leicht bergan führt. Der Weg ist mit den **Wanderzeichen A1, A2, A3 und A4** markiert. Es geht immer geradeaus, bis wir auf eine **asphaltierte Straße** ⑤ treffen. Wer hier geradeaus weitergeht, kommt nach etwa 350 Metern zum Waldrestaurant Hohe Mark.

Wir biegen jedoch scharf nach links ab und überqueren erneut die alten **Bahnschienen.** Direkt nach einer Infotafel über den Lebensraum Halde verlassen wir den asphaltierten Weg nach rechts. Wir wandern jetzt wieder auf Naturboden und folgen dem **Wanderzeichen A4** in eine offene Heidelandschaft. Kurz darauf biegen wir nicht rechts ab, sondern folgen unserem Weg in einer Linkskurve. Die nächste Kreuzung überqueren wir geradeaus und gehen im Anschluss daran unmittelbar an einem hohen **Strommast** ⑥ vorbei.

Wir folgen unserem Weg in einer leichten Linkskurve über das freie Feld, rechts von uns liegt ein **kleiner See**. Schließlich verlassen wir die Heidelandschaft wieder und biegen an der nächsten **Kreuzung** rechts ab. Wir ignorieren die nach rechts abzweigenden Pfade und folgen an der **T-Kreuzung** ⑦ den **Wanderzeichen X, A1 und A2** nach links.

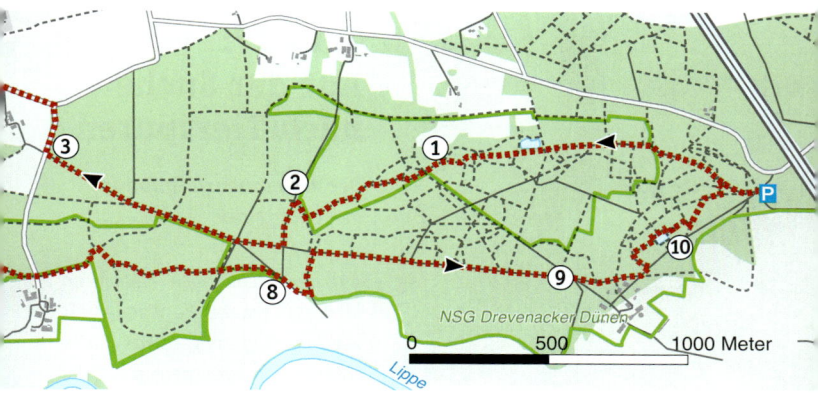

Nun wandern wir, alle abzweigenden Wege ignorierend, immer geradeaus bis zur Straße **Am Vinkel,** die wir überqueren. Es geht am Rand einer Wiese entlang und über einen Hügel, hinter dem wir an der Kreuzung rechts abbiegen. An der nächsten Weggabelung halten wir uns links und gehen geradeaus über die nächste Kreuzung. Wir treffen auf einen **Weg** ⑧ und folgen diesem in gleicher Richtung wie zuvor am Rand des Feldes entlang. Nach rechts lohnt immer wieder ein Blick über die weiten Wiesenflächen, die uns hier ein bisschen an die Serengeti erinnern.

Nach einem kurzen Anstieg biegen wir an der **Kreuzung** links ab. Am nächsten Wegkreuz geht es rechts und dann ein gutes Stück geradeaus. Der Weg ist mit **X und A2** markiert. Schließlich treffen wir auf eine große Kreuzung, an der einige **Tierfiguren aus Holz** ⑨ auf uns warten. Der Fuchs oben links im Bild ist eine davon.

Wir folgen auch hier den **Zeichen X und A2** über die Kreuzung und wandern geradeaus weiter, bis wir einen asphaltierten Weg erreichen, auf dem wir nach links weitergehen. Kurz darauf verlassen wir die Wanderzeichen und biegen links in den Wald ab. Hier geht es leicht bergauf. Nur wenig später treffen wir auf eine eigenartige Skulptur, an der wir uns nach rechts wenden. Wir erreichen einen **kleinen See** ⑩, umrunden diesen zur Hälfte und gehen anschließend in die gleiche Richtung weiter wie zuvor.

Wir passieren einen kleinen **Tümpel** mit weiteren Skulpturen und gehen geradeaus bis zur nächsten **Skulptur.** An dieser biegen wir rechts ab und sofort danach wieder links. An der nächsten **T-Kreuzung** wenden wir uns nach rechts. Kurz darauf macht unser Weg eine Linkskurve, bevor wir an der nächsten **T-Kreuzung** noch einmal rechts abbiegen. Unmittelbar danach erreichen wir unseren Hinweg, dem wir nun nur noch geradeaus bis zum Parkplatz folgen müssen.

# Tour 17:
# Auf der Suche nach Tierspuren

*Der Ameisenbarfußpfad in der Üfter Mark*

*Auf der Suche nach Tierspuren im Wald vergeht die Wanderzeit wie im Flug. Mit etwas Glück können wir außerdem auch die Wildtiere selbst entdecken. Zwei schöne Picknickplätze mit weiter Fernsicht sind dazu ein guter Platz. Zum krönenden Abschluss kann sich die ganze Familie mit den Waldtieren im Weitsprung messen.*

60 m

STRECKE
10,4 km

3 h 30

ab 8

**Wanderung:** Vom Parkplatz gehen wir zur **Infotafel** über den Ameisenbarfußpfad und biegen dort rechts ab in Richtung Naturschutzgebiet, vorbei an einem großen Stein. Wir passieren die **Spur des Baummarders** und kurz darauf eine Infotafel mit einer großen Baumscheibe.

Die **Kreuzung** direkt dahinter überqueren wir geradeaus und gelangen so zur Spur des Keilers. Weiter geradeaus wandernd erreichen wir zunächst die Spur des Dachses und dann eine Infotafel über Ameisen. Kurz darauf stehen wir an der **Waldschule** ①, einem Platz mit vielen Bänken.

An der **Spur des Rehs** biegen wir links ab. Nun wandern wir eine Zeit lang geradeaus, auch an der **Spur des Hirschs** vorbei und folgen dabei kurzzeitig dem Wanderzeichen A2. Die drei folgenden, nach rechts abzweigenden Wege ignorieren wir, gehen immer weiter geradeaus und lassen dabei den Wanderweg A2

hinter uns. Rechts des Weges locken immer wieder Baumstämme zum Klettern. Am Ende des Weges biegen wir kurz vor **einem Zaun** ② rechts ab. Bevor wir die Borkener Straße erreichen, wechseln wir **kurz vor einem Tor** auf den schmalen Pfad nach links, der in knappem Abstand parallel zur Straße verläuft.

Schließlich gehen wir durch ein **Tor** hindurch und überqueren die **Borkener Straße** ③. Nach wenigen Schritten biegen wir rechts auf den Waldweg ab, wo wir erneut ein kleines Tor durchqueren. Kurz danach geht es, der Markierung A2 folgend, rechts ab und wir kehren der Borkener Straße den Rücken zu. Bis zum **Wegweiser des Hohe-Mark-Steigs** wandern wir jetzt geradeaus, an diesem wenden wir uns nach links.

Auf dem nun folgenden Wegabschnitt kann man mit etwas Glück Rehe oder Hirsche sehen. Am Ende unseres Weges wenden wir uns erneut nach links. Bei nächster Möglichkeit biegen wir nach rechts ab in den **Berkeler Weg**. Kurz darauf gehen wir mit einem Schwenk nach links an der **grünen Schranke** vorbei und laufen nun wieder geradeaus auf die **Borkener Straße** zu, die wir erneut überqueren.

Auf der anderen Straßenseite weist uns ein **gelb-schwarzer Poller** den Weg: An diesem vorbei marschieren wir wieder in den Wald hinein. An der folgenden **T-Kreuzung** wenden wir uns nach links. Schließlich erreichen wir einen größeren Weg, dem wir nach rechts folgen. Nur wenig später gelangen wir zu einer großen **Picknickhütte** ④ auf der linken Wegseite, von der wir eine grandiose Aussicht haben.

---

## TOUREN-STECKBRIEF

**Anfahrt:** A 31, Ausfahrt Schermbeck. Von dort der B 58 Richtung Schermbeck folgen, rechts abbiegen in den Nottkamp und noch ein kleines Stück geradeaus, bis der Parkplatz auf der linken Seite bei **GPS N 51°41'58", E 6°54'02"** erreicht ist.
**ÖPNV:** Nicht erreichbar.
**Markierung:** Zeitweise A2, X, A6.
**Anspruch und Charakter:** Waldwege und Abenteuerpfade. Zwischendurch lädt der weiche Boden zum Barfußgehen ein. Rund um die Borkener Straße ist ein bisschen Orientierungssinn notwendig.
**Highlights:** Große Picknickhütte mit toller Aussicht, Tierspuren auf dem Ameisenbarfußpfad, Fußballwiese.
**Einkehr:** Keine.
**In der Nähe:** Ketteler Hof, Wildpark Frankenhof, Wasserschloss Lembeck, Naturwildpark Granat.

**Der Ameisenbarfußpfad**
Der Ameisenbarfußpfad führt über 4,2 Kilometer durch die Üfter Mark. Dabei gelangt man zu den Spuren 15 unterschiedlicher Wildtiere. Der natürliche, weiche Bodenbelag animiert dazu, die Rundtour barfuß zu erwandern.

An der nächsten großen **Kreuzung** biegen wir links ab (Markierung X und A2). Wir ignorieren den nach rechts abzweigenden Pfad und folgen dem **Wanderweg A6** weiter geradeaus. Danach passieren wir eine **große Wiese**, die sich hervorragend zum Fußballspielen eignet.

Kurz hinter dem Ende der Wiese biegen wir nach rechts ab in den Weg, der uns leicht bergauf führt. Am nächsten Abzweig geht es links und dann geradeaus auf eine **Wildbeobachtungshütte** ⑤ zu, in die wir eintreten dürfen. In ihr befinden sich auch Bänke. Außerdem finden wir hier eine Infotafel zum Hirschpfad.

Wenige Schritte weiter biegen wir rechts ab, in den Weg mit Reitverbot. An der nächsten **T-Kreuzung** wenden wir uns nach links und biegen sofort danach leicht rechts ab in einen Pfad. An dessen Ende biegen wir nach rechts und kurz darauf wieder links ab und treffen wieder auf den **Ameisenbarfußpfad** ⑥, der uns an dieser Stelle über Flieger und Pioniere informiert.

An der **Spur des Eichhörnchens** gehen wir geradeaus. Hier laden einige Balken zum Balancieren ein. Immer geradeaus weiter

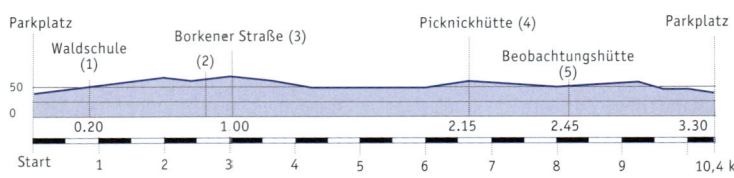

wandernd passieren wir die **Spur des Wiesels** und eine Infotafel über den Barfußweg. Kurz darauf gelangen wir zu den **Spuren von Fuchs und Hase**. Zum krönenden Abschluss erreichen wir eine **Sandgrube** ⑦, in der wir uns im Weitsprung mit Maus, Wildschwein, Fuchs und anderen Tieren messen können. Am weitesten springt der Hirsch mit sieben Metern. Wie weit springen wohl Kinder?

Von hier aus sind es nur noch wenige Meter, bis wir wieder unseren Ausgangspunkt erreichen.

### Der Hirschpfad
Der etwa zehn Kilometer lange Hirschpfad führt zu den interessantesten Wildbeobachtungsplätzen in der Üfter Mark. Holzschilder weisen den Weg. Für interessierte Besucher gibt es Führungen, gerade auch zur Brunftzeit im Herbst.

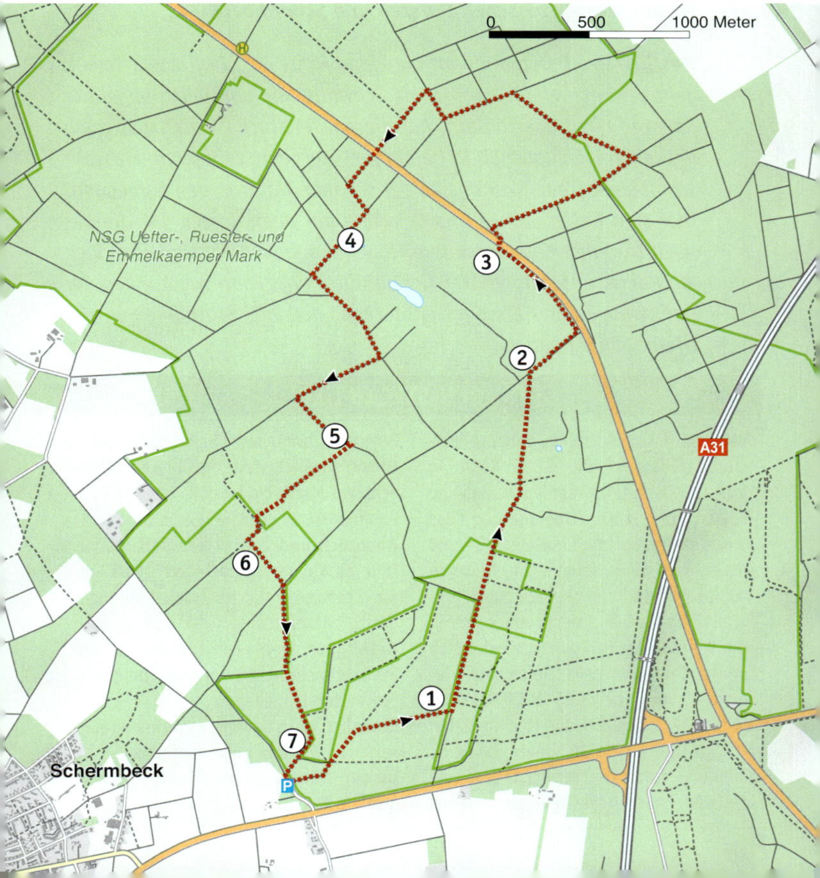

STRECKE

10 km

2 h 30

ab 6

# Tour 18:
# Flussfahrt auf der Lippe

*Wildes Wasser zwischen Dorsten und Schermbeck*

*Westlich von Dorsten nimmt die Lippe Fahrt auf. In flottem Tempo geht es durch einige sprudelnde Schwälle, die aber auch ungeübte Kanuten nicht überfordern. Auf diesem Teilstück ist die Lippe auch mit einem Schlauchboot befahrbar. Auf den ruhigeren Flussabschnitten erfreuen wir uns an der schönen Natur in den Lippeauen. Hier sind Enten, Gänse und Schwäne auf dem Wasser. Im Uferbereich trocknen Kormorane ihre Flügel und manchmal begleitet auch ein Reiher unser Boot. Wer richtig Glück hat, kann sogar einen der schillernd blauen Eisvögel entdecken, die ihre Bruthöhlen in der Uferböschung bauen.*

## TOUREN-STECKBRIEF

**Anfahrt:** A 31, Ausfahrt Bottrop-Feldhausen. Hier auf die B 225 Richtung Dorsten, dort links abbiegen auf die B 224. Kurz nach Überquerung des Kanals rechts auf die Crawleystraße und dieser nach links folgen. Im weiteren Verlauf heißt sie Kurt-Schumacher-Straße. Von dieser rechts abbiegen in »Im Werth«. Der Parkplatz befindet sich unmittelbar vor dem Deich auf der rechten Seite bei **GPS N 51°40'00", E 6°57'27"**. Das Ziel der Tour liegt bei N 51°40'29", E 6°51'36". Wenn Sie keine Abholung durch die Verleihstation vereinbaren, müssen Sie hier ein zweites Auto oder zumindest ein Fahrrad parken. **ÖPNV:** Bushaltestelle in Dorsten Altenzentrum Maria Lindenhof, TaxiBus 279. Von hier ist es nicht weit zum Deich.
**Anspruch und Charakter:** Flotte Kanutour mit kleinen sprudelnden Schwällen, die aber auch für furchtlose Anfänger gut zu befahren sind.
**Highlights:** Flotte Fahrt in den kleinen Stromschnellen, Wasservögel beobachten in den Lippeauen.
**Einkehr:** Verschiedene Einkehrmöglichkeiten in Dorsten und Schermbeck.
**In der Nähe:** Wasserschloss Lembeck, Atlantis Dorsten.

**Paddeltour:** Unsere Paddeltour auf der Lippe beginnt gemütlich in Dorsten. Die Einstiegsstelle befindet sich bei **GPS N 51°39'59'', 6°57'15'**. Um diese zu erreichen, steigen wir am Parkplatz auf den Deich, halten uns links und gehen bei erster Möglichkeit nach rechts hinab zur Lippe. Vom Steg aus bietet sich eine gute Einstiegsmöglichkeit in die Boote. Hierher bringen die Kanustationen die im Vorfeld gemieteten Boote. Wer ein eigenes mitbringt, kann ebenfalls hier starten.

Enten begleiten unsere ersten Paddelschläge in Fließrichtung der Lippe. Durch die Strömung kommen wir auch ohne viel Mühe vorwärts, allerdings zwingt uns gelegentlicher Seitenwind zum Steuern, damit wir nicht am Ufer stranden. Nach den ersten Kurven erblicken wir schließlich die **Brücke der A 31**. An der Autobahnbrücke liegt die erste kleine Wildwasserstelle.

**Kanustationen an der Lippe**

Wer ein eigenes, gut lenkbares und stabiles Schlauchboot besitzt, kann diese Strecke auch mit diesem befahren. Ansonsten kann man Kanus und andere Boote, zum Beispiel Flöße oder Schlauchboote, für die hier beschriebene Strecke bei www.nordwestkanu.de oder www.lippe-kanu-touren.de leihen. Ein Kanadier für drei Personen kostet €42–50, der Bootstransport wird mit etwa €25 berechnet. Ein Rücktransport der Paddler kann ebenfalls extra vereinbart werden.

Nach Unterquerung der Brücke heißt es Paddel ins Wasser und das Boot gerade halten. Wir bleiben auf der linken Flussseite und bekommen bei der Fahrt durch die Wellen den einen oder anderen Spritzer Wasser ab. Kreischen ist hier durchaus erlaubt, um den Spaß so richtig auszukosten.

Danach fahren wir erst einmal gemütlich weiter. Das Wasser wird wieder ruhiger, bis wir an eine **enge Rechtskurve** kommen. Hier müssen wir uns weit links halten, damit uns die Strömung nicht nach rechts unter die ins Wasser ragenden Weiden zieht. Danach haben wir alle schwierigeren Passagen gemeistert. Nun können wir die restlichen Kilometer auf der Lippe noch einmal so richtig genießen und nach Wasservögeln Ausschau halten.

An der **nächsten Brücke** haben wir bereits Schermbeck erreicht und steigen auf der rechten Uferseite aus unseren Booten. Von dort führt ein Pfad zum Parkplatz.

Weitere Infos zum Paddeln mit Kindern gibt es auf [› Seite 10 und 19] und auf unserem Blog www.wandern-mit-kindern.info.

# Lebensraum Fluss – Reiher, Kormoran und Eisvogel

**Kormoran** – Der Kormoran ist ein geschickter Fischjäger und einer der wenigen Wasservögel, die gut fliegen, aber auch mehrere Meter tief tauchen können. Dazu muss er seine Federn nach dem Fischen wieder trocknen. Deshalb sitzen oft Gruppen von mehreren Vögeln reglos nebeneinander auf abgestorbenen Bäumen am Wasser und halten die Flügel in die Luft.

Wie auch Reiher leben und brüten Kormorane in Kolonien. Da der Kot von Kormoranen säurehaltig ist, sterben die Bäume unter den Nestern nach einiger Zeit ab und werden dann verlassen. Große Kormoran-Kolonien sind deshalb, und auch wegen dem immensen Fischbedarf so einer Gruppe, nicht ganz unproblematisch.

**Graureiher** – Beim Paddeln entdeckt man die großen Vögel oft im Schilf in der Uferzone. Sie fressen hauptsächlich Fisch und warten am Seeufer im Flachwasser auf Beute. Entdecken sie etwas, stoßen sie blitzschnell mit dem spitzen Schnabel zu. Bäume am Ufer nutzen sie gerne als Ruheplätze. Ihre Nester bauen sie aus Reisig und Zweigen in hohen Bäumen in Ufernähe. Reiher jagen alleine, brüten aber in Kolonien. Im Flug erkennt man sie eindeutig an ihrem aufgerollten Hals.

**Eisvogel** – Der flinke Jäger ist etwa so groß wie ein Spatz und der einzige in Deutschland heimische Vogel mit blauem Gefieder. Klare, saubere und fischreiche Seen, Flüsse und Bäche mit wenig Strömung und naturbelassenen Ufern sind der Lebensraum der flinken, schillernd bunten Vögel. Sie ernähren sich von kleinen Fischen, die sie, im Sturzflug vom Ansitz am Ufer aus startend, direkt aus dem Wasser holen. Bis zu 60 Zentimeter tauchen sie dazu unter die Wasseroberfläche.

80 m

STRECKE
7,5 km

2 h 30

ab 6

# Tour 19:
# Tante Guste und der Galgenberg

*Eine Waldrunde mit Höhepunkten*

*Gleich drei Highlights erwarten uns auf dieser waldreichen Runde nördlich von Dorsten: Die Einkehr im Garten von Tante Guste, der Feuerwachturm auf dem Galgenberg mit fantastischer Aussicht und ein Besuch in der Biologischen Station. Der Wald ist voller Wild. Die Chance, ein Reh oder einen anderen Bewohner zu treffen, ist hoch. Auch verschiedene Baumskulpturen und ein kleiner Pumpenkerl erfreuen vorbeiziehende Wanderer.*

**Wanderung:** Vom Parkplatz gehen wir zurück auf die Straße, von der wir gekommen sind, biegen links ab und wandern diese ein kleines Stück entlang. Am zweiten Abzweig wenden wir uns nach rechts in den Forstweg und laufen an einer **rot-weiß-grünen Schranke** vorbei. Wir erreichen eine **Wiese** ①, spazieren diese entlang und biegen an deren Ende links ab, hinein in das Natur-

schutzgebiet und weiterhin am Wiesenrand entlang. An ihrem Ende wenden wir uns nach links und umrunden damit weiter die Wiese. An deren Ende folgen wir unserem Weg in eine leichte Rechtskurve und gehen in den Wald hinein. An einer größeren **Kreuzung** ② endet unser Weg. Rechts geht es hier zu einem Bauernhof, wir wenden uns jedoch nach links, bleiben im Wald und gehen nun leicht bergauf. Wir erreichen wieder den **Besenkamp** und folgen diesem nach rechts, bis wir die Lippramsdorfer Straße erreichen.

Wir überqueren diese und statten **Tante Guste** ③ einen Besuch ab. In ihrem charmanten Kiosk kann man heiße und kalte Getränke, Kuchen, Snacks und Bömskes (plattdeutsch für Bonbons) erwerben und diese anschließend in ihrem großen Garten mit zahlreichen Sitzgelegenheiten oder in der beheizten Werkstatt genießen.

Nach der Einkehr biegen wir nach rechts ab, gehen die **Lippramsdorfer Straße** hinauf und überqueren diese kurz darauf, um auf den Wanderweg in der Anliegerstraße zu gelangen. Dieser ist mit den **Wanderzeichen 2, 9 und D6** markiert. Bei einer **rot-weißen Schranke** erreichen wir kurze Zeit später wieder den Wald und laufen in Richtung des Wegweisers **In der Brake**. Wir ignorieren

## TOUREN-STECKBRIEF

**Anfahrt:** A31, Ausfahrt Lembeck oder A43, Ausfahrt Haltern. Dann auf die B58 Richtung Wulfen und über die Lippramsdorfer Straße auf den Besenkamp. Parkplatz: **GPS N 51°45'41", E 7°02'47"**. **ÖPNV:** Haltestelle Lembeck Bahnhof, RB45. 750 Meter entlang der Lippramsdorfer Straße Richtung Lippramsdorf bis zu Tante Guste, wo dann die Tour beginnt. **Markierung:** Zeitweise 2, 9, D6, A7. **Anspruch und Charakter:** Überwiegend einfache Wald- und Wiesenwege, einzig der Anstieg auf den Galgenberg und den Feuerwachturm ist anstrengend. Auf dem Turm ist Schwindelfreiheit erforderlich. **Highlights:** Feuerwachturm, Biologische Station, Tante Guste. **Einkehr:** Tante Guste (Lippramsdorfer Straße, geöffnet Do – So ab 13 Uhr). **In der Nähe:** Ketteler Hof, Wildpark Frankenhof, Wasserschloss Lembeck, Naturwildpark Granat, Halterner See.

**Der Feuerwachturm**
Der Turm auf dem Galgenberg ist von April bis September von wechselnden Wächtern besetzt, um Feuer rechtzeitig zu erkennen, bei Gefahr die Feuerwehr zu alarmieren und zum Brand leiten zu können. In Absprache mit den Wächtern auf den Feuerwachtürmen in Oer-Erkenschwick [> Tour 22] und Haltern am See können Brände genau lokalisiert werden. Der Turm ist frei zugänglich.

**Biologische Station**
Seit knapp 30 Jahren können Klein und Groß hier Flora und Fauna mit allen Sinnen erleben. Der idyllische Bauerngarten bildet den Mittelpunkt der Outdoor-Station, im Inneren des Hofes gibt es eine sehenswerte Dauerausstellung.
www.biostation-re.de

den nach links abzweigenden Weg und folgen dem Wanderzeichen A7. Links des Weges laden immer wieder Baumstämme zum Klettern und Balancieren ein. Schließlich gelangen wir an zwei kurz aufeinander folgende große **Wegkreuzungen** ④. Wir halten uns an beiden geradeaus, überqueren dabei den Forstweg und den Torfweg und bleiben auf dem Weg »In der Brake«.

Erneut bieten sich Baumstämme am Wegrand zum Balancieren an, dann passieren wir den **Jahrtausendbaum Ginkgo** ⑤ und eine Infotafel zu den Bäumen des Jahres seit 1989, die in der Folge am Wegrand stehen. Der letzte der Bäume ist eine Fichte, sie war der Baum des Jahres 2017. Anschließend wird der Weg steiler.

Wer zwischendurch Lust auf ein kleines Waldabenteuer hat, biegt am **Grenzstein mit den Nummern 462, 489 und 461** nach rechts ab. Etwa 100 Meter weiter wenden wir uns an erster Möglichkeit nach links und steigen den leicht zugewachsenen Abenteuerpfad bergan. Dabei müssen wir über einige Wurzeln und kleinere Baumstämme klettern. Wir wählen den dritten Abzweig nach links, bevor der Farn unseren Pfad zu sehr überwuchert. So kehren wir auf den breiten Weg zurück und folgen diesem nach rechts.

Kurz darauf stehen wir **auf dem Galgenberg** ⑥ am **Feuerwachturm**, vor dem zwei Bänke und ein Tisch zum Picknick einladen. Bevor wir uns eine Pause gönnen, steigen wir über 180 Eisenstufen mit brennenden Oberschenkeln und schwerem Atem auf den 39 Meter hohen Feuerwachturm hinauf und genießen die atemberaubende Aussicht über die Hohe Mark, das Ruhrgebiet und das Münsterland.

Weiter geht es in die gleiche Richtung wie zuvor. Schließlich biegen wir am Wegweiser **Im Höltken** ⑦ nach links ab und wenden uns an der ersten Kreuzung danach erneut nach links. Nun folgen wir unserem Weg immer geradeaus, bis wir kurz hinter einer rot-weißen Schranke die **Biologische Station** ⑧ erreichen, der wir einen Besuch abstatten. Gleich am Eingang verlockt die **Waldliege** zu einer Pause. Anschließend gehen wir auf dem Pfad an dem Infowürfel zur Kunstschiene »BahnLandLust« vorbei und wandern an einem **Barfußpfad** und einem kleinen **Teich** vorbei, überqueren eine kleine Holzbrücke und betreten durch das Tor auf der linken Seite den kleinen Garten. Durch den Garten gelangen wir wieder zur Waldliege und gehen nun geradeaus weiter, bis wir **Haus Nr. 11** erreichen.

An dessen Eingangstür biegen wir links ab, laufen am **Pumpenhäuschen** mit seinem niedlichen Bewohner, dem Pumpenkerl, vorbei und gehen durch das Tor hindurch. Weiter geradeaus wandernd, passieren wir mehrere Baumskulpturen und sehen auf der rechten Seite bereits den Parkplatz und unser Auto.

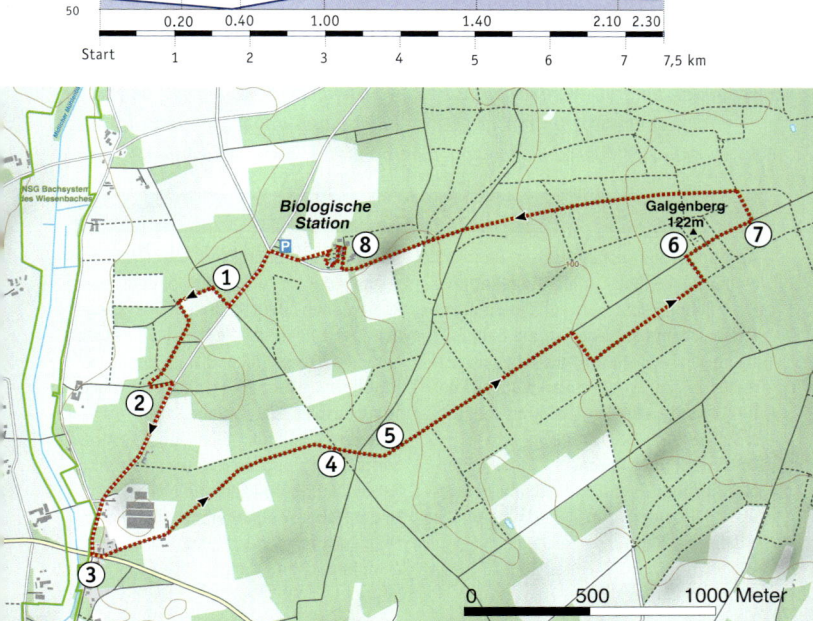

## Tour 20:
## Auf der BahnLandLust-Route

*Radtour vom Ruhrgebiet ins Münsterland*

140 m

STRECKE
22 km

3 h 30

ab 6

*Das Münsterland gilt zu Recht als eine der schönsten Fahrradregionen in Nordrhein-Westfalen. Hier in Reken rollen wir meist über Asphalt, teilweise aber auch über losen Untergrund durch eine abwechslungsreiche Landschaft. Am Rande der Hohen Mark überraschen uns einige Höhenmeter, wobei die anstrengenden Anstiege durch den schönen Ausblick und die anschließende flotte Fahrt ins Tal belohnt werden. Ein tolles Zwischenziel für Kinder ist die BahnLandLust-Station mit großer Waldliege und Vogelstimmenspiel, bei dem zwölf verschiedene Vögel ihren Rufen zugeordnet werden können.*

### TOUREN-STECKBRIEF

**Anfahrt:** A 31, Ausfahrt Reken. Dann auf dem »Kreulkerhok« in Richtung Bahnhof Reken, links abbiegen auf die Frankenstraße, rechts abbiegen in die Bahnhofstraße und auf dieser noch einmal nach rechts bis zum großen Parkplatz auf der linken Seite vor dem Bahnhof bei **GPS N 51°48'08", E 7°03'00"**.
**ÖPNV:** Bahnhof Reken.
**Markierung:** BahnLandLust in der ersten Hälfte der Tour, danach meist das allgemeine Radwanderzeichen.

**Anspruch und Charakter:** Abwechslungsreiche Tour in einer der beliebtesten Radregionen Deutschlands. Die Länge der Tour und auch die Anstiege setzen eine gewisse Grundkondition voraus.
**Highlights:** Wildpark Frankenhof, Vogelstimmenspiel, Waldkapelle.
**Einkehr:** Wildgut Frankenhof, Altes Spritzenhaus und weitere Gaststätten in Reken, Bahnhof Reken und Maria Veen.
**In der Nähe:** Wildpark Frankenhof, Naturwildpark Granat, Vogelpark Maria Veen, Wildpferdebahn Dülmen.

**Radtour:** Vom Parkplatz am Bahnhof radeln wir über die Bahnhofstraße leicht bergauf und biegen an der **Kreuzung** links ab in **Richtung Heiden und Wildpark**. Wir folgen dem Radwanderzeichen links in die Frankenstraße, an der nächsten Kreuzung fahren wir weiter geradeaus. Ab hier zeigt uns das **Radwanderzeichen BahnLandLust** (weiße Schrift auf blauem Hintergrund) den richtigen Weg. Die Route führt uns zunächst weiter geradeaus und bergab. Am Parkplatz des **Wildparks Frankenhof** ① biegen wir rechts ab. Hier lädt auch das Wildgut Frankenhof auf der linken Seite zur Einkehr ein.

Wir radeln rechts am Parkplatz des Wildparks vorbei und erreichen nur wenig später auch den **Parkplatz des Golfplatzes**, an dem unser Weg eine Kurve nach links macht. Über den idyllisch gelegenen Golfplatz folgen wir weiter dem Radwanderzeichen und verlassen schließlich den Asphalt. An einer **Kreuzung mit Wegweiser** biegen wir zuerst links ab und folgen dann der Markierung BahnLandLust scharf nach rechts in Richtung Groß Reken. Direkt danach erreichen wir auf der rechten Seite die **Erlebnisstation Vogelstimmen** ② mit einem interaktiven Spiel, großer Waldliege und einem überdachten Picknickplatz. Nachdem es im Abschnitt zuvor stetig auf und ab ging, ist die Möglichkeit zur Rast vermutlich willkommen.

Dann fahren wir weiter geradeaus, passieren den rechts der Straße liegenden **Fußballplatz des SV Illerhusen** und folgen kurz danach der Markierung rechts in Richtung Reken. Nun fahren wir auf dem Fahrradweg immer weiter geradeaus, bis wir **Groß Re-**

ken erreichen. Hier lädt das **Alte Spritzenhaus** ③ mit seinem Eiscafé und riesiger Sonnenterrasse zur Einkehr ein.

Nach gut acht Kilometern gefahrener Strecke locken in Groß Reken auch weitere Einkehrmöglichkeiten für jeden Geschmack. Wir durchqueren den malerischen Ort und lassen uns dabei weiter von der **Markierung BahnLandLust** in Richtung Dülmen führen.

Am Ende des Ortskerns zweigt der Radwanderweg links ab und wir radeln auf dem Fahrradweg an der Coesfelder Straße. Nach einer rasanten Talfahrt folgen wir diesem 300 Meter hinter der Jugendherberge nach rechts. Nach kurzer Fahrt geht es rechts zum Parkplatz an der **Waldkapelle** ④. Hier laden zwei Picknickbänke mit einem Tisch zu einer Rast ein. Auch ein kurzer Abstecher zur Waldkapelle lohnt sich.

**Waldkapelle Reken**
Bereits im 17. Jahrhundert befand sich hier eine Andachtsstätte, die bis ins späte 19. Jahrhundert von Eremiten bewohnt war. Heute ist die Kapelle beliebtes Ziel von Pilger- und Wallfahrten. Sie ist tagsüber bis zum Einbruch der Dunkelheit frei zugänglich.

Unser Weg führt uns weiter geradeaus und bergab, bis wir auf dem Radwanderweg rechts in die Straße **Sandheck** abbiegen. Hier befindet sich der Radweg auf der linken Straßenseite. Wir folgen weiter der Markierung BahnLandLust, bis wir **Maria Veen** erreichen. Hier bestünde die Möglichkeit, die Tour abzukürzen und mit dem Zug zurück zum Bahnhof Reken zu fahren.

Wir überqueren den **Kreisverkehr** geradeaus und haben auch in **Maria Veen** mehrere Gasthöfe zur Wahl. Nach Überquerung der **Bahnschienen** wenden wir uns nach rechts, noch immer Bahn-

LandLust folgend. So passieren wir einen Fußballplatz, verlassen schließlich den Ort und radeln weiter in Richtung Dülmen, Haltern und Hülsten.

Bei den nächsten Wegweisern **verlassen wir die Markierung BahnLandLust**. Der Radwanderweg zweigt hier links ab, und wir fahren weiter geradeaus in Richtung Hülsten, das hier noch 2,2 Kilometer entfernt ist. Links am Weg liegt ein toller, überdachter **Picknickplatz** ⑤.

Noch vor dem Ortsbeginn von Hülsten biegen wir unmittelbar hinter der **Bushaltestelle** links ab in einen Feldweg und strampeln ein kurzes Stück steil bergauf. Wir erreichen die Straße **Holtkämpe** ⑥, biegen rechts ab und sofort danach wieder links. Die Straße heißt hier Holtkämpe / Surendorf.

Nun begleitet uns wieder das allgemeine Radwegzeichen und wir fahren immer in **Richtung Bahnhof Reken**. Dabei genießen wir noch einmal die Fahrt durch die unverbaute Feldlandschaft im schönen Münsterland, bis wir auf die Straße **Aeckern** ⑦ treffen. Hier wenden wir uns nach links, überqueren die Bahnschienen und biegen nach links ab in die Bahnhofstraße. Ein letztes Mal geht es nach links, um wieder zum Parkplatz und zum Bahnhof zu gelangen.

# Tour 21:
# Hullerner See und Westruper Heide

30 m

STRECKE

7,5 km

2 h 30

ab 6

*Am Seeufer, durch die Heide und durch Dünen*

*Unsere Tour beginnt am kleinen Bruder des Halterner Stausees, dem weniger besuchten Hullerner Stausee. Beschaulich geht es erst an der Stever entlang und später durch den Wald, bis wir das Naturschutzgebiet Westruper Heide erreichen. Diese ist zu jeder Jahreszeit einen Besuch wert und beeindruckt mit ihrer wunderschönen, farbenfrohen Natur. Nach der Wanderung lockt ein Besuch bei den Dülmener Wildpferden im nahen Merfelder Bruch.*

**Wanderung:** Vom Parkplatz gehen wir am Heimingshof vorbei und biegen direkt dahinter links ab. Den Biergarten lassen wir links von uns liegen. Kurz danach laufen wir durch die rot-weißen Wegsperren auf nun schmaler werdendem Weg weiter geradeaus. Wir kommen am **Boots- und Fahrradverleih Niehues** ① vorbei, an dem wir unsere Wanderung für eine Tretbootfahrt auf der Stever unterbrechen können. Hier gibt es auch einen Kiosk mit Getränkeverkauf.

Wir setzen unsere Wanderung fort und gehen geradeaus immer an der Stever entlang. Wir passieren eine **rot-weiße Wegsperre** und eine gelbe Picknickbank und ignorieren alle abzweigenden Wege nach links. Als nächstes passieren wir eine **Picknickhütte** ②, aber auch das Ufer der Stever eignet sich an vielen Stellen zum Spielen und Rasten. Schließlich folgen wir unserem Wanderweg und dem **Wanderzeichen X** in eine Kurve nach links. Kurz darauf erreichen wir einen großen Parkplatz und direkt im Anschluss den Gasthof **Lakeside Inn** ③.

Wir überqueren den **Stockwieser Damm** an der Fußgängerampel, die wir nach einem kleinen Abstecher nach rechts erreichen. Direkt dahinter wenden wir uns nach links. Wir passieren ein öffentliches WC, das rechts von uns liegt, sowie mehrere Picknickbänke auf der linken Seite und wandern immer weiter geradeaus, bis wir auf die **Hullerner Straße** treffen. Diese überqueren wir und erreichen direkt danach die **Westruper Heide** ④. Hier steht eine Infotafel, die uns über die Wege informiert, die durch die Heide führen.

Wir gehen jetzt zunächst geradeaus durch die Heide und biegen bei nächster Möglichkeit, den **Wanderzeichen A1 und 3** folgend, scharf nach rechts ab. Dann wählen wir den ersten offiziellen Weg nach links und folgen für ein kurzes Stück dem roten, gelben und blauen Weg. Diese verlassen wir aber kurz darauf wieder, wenden uns noch vor der nächsten Infotafel leicht nach links und gehen bergab. An der **nächsten Kreuzung** biegen wir erneut links ab und wandern in einem Bogen leicht bergauf. Kurz darauf folgen wir unserem Weg in eine Rechtskurve und wieder

## TOUREN-STECKBRIEF

**Anfahrt:** A 43, Ausfahrt Haltern. Weiter auf der B 58 Richtung Haltern und Hullern bis zum Abzweig »An der Stever«.
**Parkplatz: GPS N 51° 44'39", E 7° 15'45".**
**ÖPNV:** Haltestelle Heimingshof, Buslinien 272, 272 E, TB 272. Von der Haltestelle abbiegen in die Straße »An der Stever« und immer geradeaus bis zum Startpunkt.
**Markierung:** Wechselnd X, A1, A2, A3; in verschiedenen Farben markierte Wege in der Westruper Heide.
**Anspruch und Charakter:** Abwechslungsreiche und leichte Wanderung am Stausee, Fluss und durch die wunderschöne Westruper Heide – teils auf schmalen Pfaden. Im Wald guter Orientierungssinn oder GPS-Track [> Seite 20] und digitale Karte notwendig.
**Highlights:** Hullerner Stausee, Weg an der Stever, Westruper Heide.
**Einkehr:** Heimingshof, Lakeside Inn, im Sommer unterwegs mehrere Eiswagen.
**In der Nähe:** Halterner See, Naturwildpark Granat, Wildpferdebahn Dülmen, Kinderbauernhof Heupferdchen.

**Westruper Heide**

Das größte Zwergstrauchheidegebiet in Westfalen liegt auf einem nacheiszeitlichen Dünengelände. Die Heidelandschaft bietet zahlreichen heute gefährdeten Tier- und Pflanzenarten eine Heimat. Schlingnatter, Heidelerche und andere Bewohner sind hier anzutreffen. Zur Heideblüte im August erstrahlt die Natur in voller Kraft, aber auch in allen anderen Monaten fasziniert die Natur ihre Besucher.

bergab. Am Ende unseres Weges wenden wir uns nach links und befinden uns nun auf einem **Natur-Erlebnispfad** ⑤. Wir ignorieren den nach rechts abzweigenden Weg und wandern weiter geradeaus zur nächsten **Picknickbank mit Infotafel**.

Schließlich überqueren wir am Ende der Heide den **Flaesheimer Damm** und gehen geradeaus in die Westruper Straße. Kurz darauf biegen wir scharf nach links ab, der Weg ist mit den Wanderzeichen X, A1 und 2 markiert. Wir wählen den ersten Weg, er kommt von links über die Wiese, biegen nach rechts in den Wald ab und verlassen dabei die Wanderzeichen. An der **nächsten Kreuzung** geht es rechts ab. Ungefähr 50 Meter weiter wechseln wir auf den links abzweigenden, unscheinbaren und teilweise zugewachsenen Abenteuerpfad, der uns zu einem großen **Hochsitz** ⑥ führt.

An diesem ignorieren wir den nach links abzweigenden Pfad und wandern weiter geradeaus, nun leicht bergauf. Kurz darauf macht unser Pfad einen leichten Schwenk nach rechts. Wir laufen geradeaus auf die **Wanderzeichen A2 und A3** zu und folgen ihnen an der T-Kreuzung nach links, gehen also in annähernd gleicher Richtung weiter. Einen nach links abzweigenden Weg ignorieren wir. An der **T-Kreuzung** ⑦ wenden wir uns nach rechts und biegen gleich wieder links ab in den schmaleren Waldpfad. Gleich darauf geht es wieder nach rechts.

Den folgenden Kreuzungen und Abzweigungen schenken wir keine Beachtung und wandern immer geradeaus, bis wir nach einem guten Kilometer links eine **Lichtung** ⑧ erkennen können. An deren Ende biegen wir scharf nach links ab und wandern am Rand der Wiese entlang bis zur **Hullerner Straße**, die wir geradeaus überqueren. Danach laufen wir immer geradeaus zwischen Feld und Wald bis zum **Hullerner See** ⑨. Wir passieren eine grün-weiße Schranke und wenden uns nach links. Kurze Zeit später erreichen wir den Parkplatz und den **Heimingshof** und könnten zum Abschluss im Biergarten einkehren.

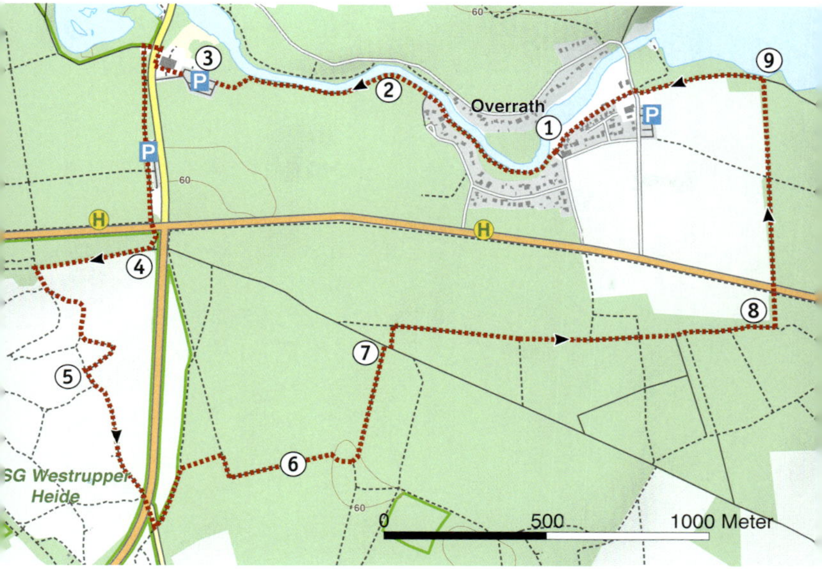

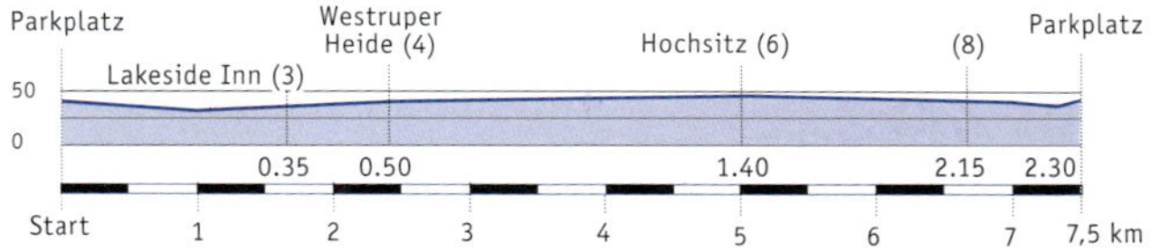

110 m

STRECKE

7,8 km

3 h

ab 6

# Tour 22:
# Gipfelsturm am Stimberg

*Auf den höchsten Punkt von Oer-Erkenschwick*

*Die höchste Erhebung von Oer-Erkenschwick verlangt uns einiges ab: Steile Anstiege wollen auf schmalen Pfaden erklommen werden. Am Gipfel erwartet uns mit einem überdimensionalen Bilderrahmen ein würdiges Motiv, um den Gipfelerfolg fotografisch festzuhalten. Auch die Besteigung des Feuerwachturms lohnt sich: Hier hat man eine grandiose Aussicht in alle Richtungen.*

**Wanderung:** Vom Parkplatz gehen wir ein Stück bergab bis zum **Restaurant**. Hier biegen wir links in Richtung des großen Schildes »Freizeitreiten und Planwagenfahrten« ab. Dabei folgen wir auch den Wanderzeichen A 2, A 3 und A 4. Wir laufen am Pferdestall vorbei, danach führt uns der Weg leicht bergauf. Den ersten nach rechts abzweigenden Weg ignorieren wir, in den zweiten biegen wir ab und überqueren dabei, weiter leicht bergan steigend, einen **Reitweg**.

An der nächsten Kreuzung gehen wir geradeaus. Auch die beiden folgenden, nach rechts abzweigenden Wege ignorieren wir. Kurz darauf wenden wir uns unmittelbar vor einer **Wiese** ① nach links. An der **T-Kreuzung** biegen wir erneut links ab. Wir klettern über Wurzeln hinauf und lassen dabei den ersten Abzweig

## TOUREN-STECKBRIEF

**Anfahrt:** A 43, Ausfahrt Oer-Erkenschwick; danach der L 511 folgen Richtung Oer-Erkenschwick, links abbiegen auf die Recklinghäuser Straße, erneut links auf die Sinsener Straße, danach rechts auf die Theodorstraße und halb links auf die Haardstraße, diese weiterfahren bis zum großen Wanderparkplatz auf der linken Straßenseite bei **GPS N 51°39'50", E 7°13'54"**.

**ÖPNV:** Nicht erreichbar.

**Anspruch und Charakter:** Einige steile Anstiege auf unterschiedlichen Waldwegen. Für die Besteigung des Feuerwachturms ist Schwindelfreiheit erforderlich.

Der GPS-Track [**> Seite 20**] und eine digitale Karte sind zur Orientierung im Wald hilfreich.

**Markierung:** Wechselnd A2, A3, A4 und A6.

**Highlights:** Gipfel des Stimberg, Feuerwachturm, Ponyhof und kleiner Spielplatz am Restaurant.

**Einkehr:** Mutter Wehner an Start und Ziel. Für unterwegs ausreichend Verpflegung mitnehmen – vor allem Getränke. Der steile Aufstieg auf den Stimberg macht durstig.

**In der Nähe:** Halterner See, Ponyhof Mutter Wehner.

rechts liegen, dann geht es wieder leicht bergab bis zum Ende des Weges. Hier biegen wir rechts ab und ebenso an der nächsten Kreuzung. Kurz darauf laufen wir an einem nach links abzweigenden Pfad vorbei. Etwas später steht links des Weges ein **Picknickpilz** ②. Inzwischen begleitet uns das **Wanderzeichen A6**.

Kurz hinter dem Pilz erreichen wir eine weitere **Picknickbank**, an der wir links in den schmalen Abenteuerpfad abbiegen. An der folgenden **T-Kreuzung** wenden wir uns nach rechts. Kurz darauf biegen wir links ab in den schmalen Pfad, überqueren die nächste Kreuzung mit einem befestigten Weg geradeaus und steigen bergan. An allen folgenden Kreuzungen bleiben wir auf unserem Weg und gewinnen damit weiter an Höhe. Auch nach dem steilen Anstieg ignorieren wir alle Abzweige und gehen weiter geradeaus, bis wir den **vorerst höchsten Punkt** ③ erreichen.

Kurz danach wählen wir von den drei zur Wahl stehenden Wegen den linken. An der **T-Kreuzung** wenden wir uns ebenfalls nach links und wandern am Abzweig danach weiter geradeaus. Kurz darauf biegen wir an der **T-Kreuzung** rechts ab.

Wir folgen jetzt dem **Wanderzeichen A 7,** ignorieren einen schmalen, nach links abzweigenden Weg und wandern an der nächsten Kreuzung weiter geradeaus. Einen ersten Abzweig lassen wir rechts liegen und wenden uns kurz darauf erneut leicht nach rechts. Nun wandern wir wieder leicht bergauf. Weiter geht es geradeaus bis zu einer **asphaltierten Straße,** der wir nach links folgen.

Wir wandern am **Funkturm** vorbei und erklimmen schließlich mit einem Schwenk nach rechts den Gipfel des **Stimberg** ④. Hier lädt ein überdimensionaler **pinker Rahmen** zu einem Gipfelfoto ein.

Danach überschreiten wir den Gipfel und verlassen diesen schließlich wieder über **28 Steinstufen**. Anschlie-

ßend biegen wir leicht rechts ab und verlieren dabei rasch wieder an Höhe. Am **Ende des Geländers** ignorieren wir den nach rechts abzweigenden Weg und wandern weiter geradeaus bergab. Nach dem steilen Abstieg ignorieren wir den nach links abzweigenden Weg und überqueren auch noch die nächste Kreuzung geradeaus.

An der **Kreuzung mit den fünf Wegen** ⑤ wählen wir von den beiden geradeaus führenden den linken und ignorieren kurz darauf den nach rechts abzweigenden Weg. An der **nächsten Kreuzung**, die ebenfalls aus fünf Wegen besteht, nehmen wir den mittleren und wandern damit weiter geradeaus und bergab.

An der folgenden Kreuzung wenden wir uns nach links, die nächste überqueren wir geradeaus. Wir ignorieren die nach rechts abzweigenden Wege und auch an der nächsten Kreuzung wandern wir weiter geradeaus. Schließlich erreichen wir einen alten **Stollen** ⑥, welcher **der Heiligen Barbara** gewidmet ist. Ihre Statue können wir im Inneren des Stollens erspähen.

An der folgenden **T-Kreuzung** wenden wir uns nach links und gehen leicht bergauf. 200 Meter weiter biegen wir an einer Picknickbank scharf nach rechts ab. An der nächsten Weggabelung wenden wir uns nach links und steigen nun auf steilem Weg bergan. Durch die Bäume hindurch können wir bereits den **Feuerwachturm** sehen. Um diesen zu erreichen, überqueren wir die nächste Kreuzung geradeaus, danach biegen wir an der **T-Kreuzung** rechts ab. Schließlich stehen wir am **Turm** ⑦ und können ihn über 179 Stufen erklimmen. Auf der Plattform in 36 Metern Höhe erwartet uns eine grandiose 360-Grad-Aussicht.

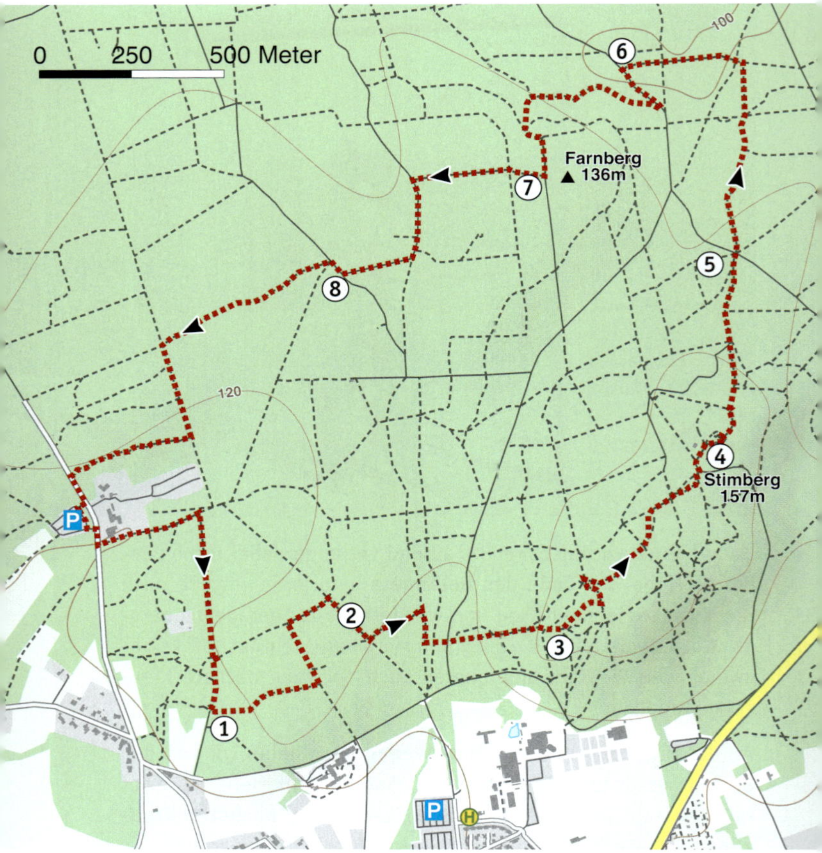

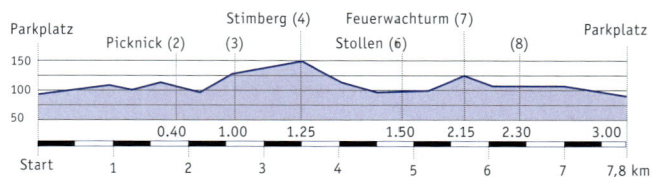

0   250   500 Meter

Farnberg
▲ 136m

Stimberg
157m

Parkplatz       Stimberg (4)   Feuerwachturm (7)      Parkplatz
     Picknick (2)    (3)     Stollen (6)         (8)

150
100
50

0.40    1.00    1.25     1.50   2.15   2.30     3.00

Start     1      2      3      4      5      6      7    7,8 km

Wir wandern am Feuerwachturm vorbei und überqueren die folgende Kreuzung geradeaus. An der nächsten **T-Kreuzung** wenden wir uns nach links. Wir ignorieren die beiden nach rechts und links abzweigenden Wege und gehen kurz darauf nach rechts. An der nächsten **Kreuzung** ⑧ biegen wir rechts und direkt danach wieder nach links ab und wählen dabei den rechten der beiden Wege.

An der nach 600 Metern folgenden **Kreuzung** gehen wir nach links. Anschließend wählen wir den dritten nach rechts abzweigenden Pfad. An der **Straße** angekommen wenden wir uns nach links und erreichen kurz darauf wieder unseren Ausgangspunkt.

# Tour 23:
# Abenteuer auf grünen Halden

100 m

STRECKE

10,8 km

4 h

ab 8

*Vom Beversee hinauf auf die Adener Höhe*

*Die steilen An- und Abstiege zwischen den alten Bergwerkanlagen der Halde »Großes Holz« bieten viel Raum für Abenteuer. Eine lange Treppe führt auf die Adener Höhe mit beeindruckender Rundumsicht. Im Gegensatz dazu geht es im Naturschutzgebiet Beversee und am Datteln-Hamm-Kanal eher gemütlich zu. Hier können wir ganz in Ruhe am Wasser sitzen und Enten und Schwäne beobachten. Hier unten am See können bereits die Kleinsten wandern, Laufrad fahren oder sich ganz gemütlich im Kinderwagen schieben lassen.*

## TOUREN-STECKBRIEF

**Anfahrt:** A 2, Ausfahrt Kamen/Bergkamen oder A 1, Ausfahrt Hamm/Bergkamen. Parkplatz direkt an der B 233 in der Werner Straße bei **GPS N 51° 38′10″, E 7° 39′03″**.
**ÖPNV:** Haltestelle Beversee, Buslinien 124 und 128. Von dort links abbiegen in die Werner Straße bis zum Startpunkt.
**Markierung:** Verschiedene Wegweiser, zeitweise A5.
**Anspruch und Charakter:** Auf die Adener Höhe steile An- und Abstiege, festes Schuhwerk erforderlich. Die Variante, der Rundweg um den Beversee, ist eben und kinderwagentauglich.
**Highlights:** 360-Grad-Panorama-Aussicht vom höchsten Punkt, alte Bergwerkanlagen, Naturschutzgebiet Beversee, Datteln-Hamm-Kanal.
**Einkehr:** Keine Einkehrmöglichkeit, aber zahlreiche Picknickplätze. Verpflegung mitnehmen.
**In der Nähe:** Naturfreibad Heil, Solebad Werne, Tierpark Hamm.

**Wanderung:** Vom Parkplatz wenden wir uns nach rechts und wandern kurz darauf an der **Infotafel zum Naturschutzgebiet Beversee** nach links in den Waldweg hinein. Wir treffen auf den **Herbert-Reiss-Weg** und gehen an der nächsten Kreuzung weiter geradeaus. Nach Überquerung einer Lichtung und einem kurzen Wegabschnitt im Laubwald biegen wir scharf nach links ab. An der nächsten Weggabelung halten wir uns geradeaus.

Durch lichten Laubwald wandernd erreichen wir einen kleinen Bach und dann den **Beversee**, auf dem wir Enten beobachten können. Von der ausgeschilderten **Aussichtsplattform** ① existieren leider nur noch die Stützbalken. Trotzdem hat man hier einen schönen Blick über den See, und die Kinder können die Balken zum Klettern nutzen. Eine große **Picknickbank** lädt zur ersten Pause ein und eine Infotafel erklärt das Ökosystem des Beversees.

**Rund um den Beversee**
*4 km, 1 h 30, ab 4 Jahre*
Für die kurze, kinderwagentaugliche Variante biegen wir am Wegpunkt 2 nach rechts ab zum Datteln-Hamm-Kanal. Von dort aus folgen wir dem Weg um den See, der auf [› Seite 153] ab Wegpunkt 2 beschrieben ist.

Weiter geht es nun leicht bergan durch den lichten Laubwald. Am nächsten Abzweig biegen wir an einer **Bank** nach rechts in den Wanderweg A5 ab. Der Weg schlängelt sich nun durch Farn. Am nächsten **Abzweig** ② stehen eine Infotafel und eine Bank. Hier gehen wir geradeaus.

Weiter geht es am nächsten Abzweig scharf nach links, dem Radwanderzeichen folgend. Schließlich überqueren wir die **Bahnschienen** ③ und spazieren im Anschluss weiter geradeaus und leicht bergan mit Blick auf einen alten Förderturm. Die **nächste Kreuzung** überqueren wir geradeaus und wandern, einem schmalen Pfad folgend, leicht bergab. Auch an der nächsten Kreuzung geht es geradeaus, vorher lohnt jedoch ein Abstecher nach rechts zum in Sichtweite liegenden **Picknickplatz** ④. Nach etwas mehr als vier gewanderten Kilometern hätten wir uns eine Rast verdient.

Zurück am Abzweig geht es nach rechts auf den abwärts führenden Pfad. Wir wandern im Tal entlang und biegen bei der ersten Möglichkeit scharf nach rechts ab. Nachdem wir die **Stromleitung** unterquert haben, beginnt der Anstieg auf die Adener Höhe.

Nach dem ersten steilen Wegstück überqueren wir eine **Kreuzung** und wandern weiter bergan. Auch die nächste Kreuzung wird überquert, weiter geht es auf schmalem Pfad steil bergauf.

An der folgenden Kreuzung wenden wir uns nach rechts und erreichen den **Wegweiser** ⑤ zur Adener Höhe und zum Korridorpark. Hier biegen wir nach links ab, vorher können wir uns auf einer Bank vom Aufstieg erholen und wieder zu Luft kommen.

Nun geht es erst einmal eben weiter. Durch die Bäume hindurch kann man bereits den Ausblick auf das Ruhrgebiet und Münsterland erahnen. Schließlich wählen wir die Treppenstufen, die nach rechts bis auf den höchsten Punkt der **Adener Höhe** ⑥ führen. Oben angekommen genießen wir die Aussicht in alle Richtungen. Ein Unterstand bietet Schutz bei Regen oder Gewitter, Infotafeln erleichtern die Orientierung.

Wir verlassen die **Adener Höhe** auf der gegenüberliegenden Seite über einen schmalen Pfad. Er beginnt hinter der Infotafel zur Lippeaue und zum Korridorpark. Es geht steil bergab zum nächsten Aussichtspunkt. Nun liegt die **Halde Großes Holz** direkt vor uns. Wir folgen dem Pfad weiter geradeaus bergab und erreichen den nächsten **Aussichtsplatz** ⑦. An diesem wenden wir uns scharf nach rechts und wandern nun auf ebenem Weg weiter.

Am ersten Abzweig folgen wir unserem Weg nach links und erreichen nach einer Rechtskurve einen asphaltierten Weg, den wir sofort wieder verlassen, indem wir in den Schotterweg nach links Richtung **Baumplateau und Gräserfeld** ⑧ einbiegen. Mit einem Linksknick bleiben wir auf diesem und wandern durch die Gräser hindurch.

Am Schild, das uns über den Lebensraum von Kreuzkröten und anderen Tieren informiert, biegen wir rechts ab. Wie vielfältig sich die Natur auf der ehemaligen Halde entwickelt hat, ist erstaunlich. Den schmalen nach rechts abbiegenden Pfad ignorieren wir in der Folge ebenso wie die nach links führenden Wege. Stattdessen wandern wir weiter in Richtung des großen Industrieturms, bis unser Weg eine **scharfe Kurve nach links** ⑨ macht. Hier verlassen wir diesen und gehen weiter geradeaus

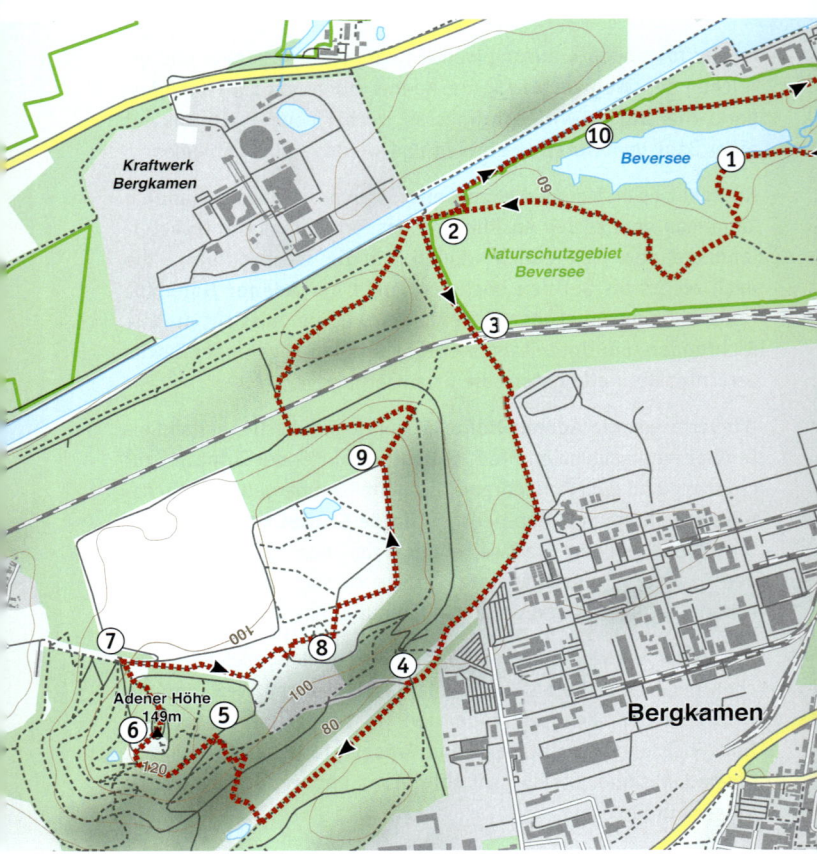

**Das Naturschutzgebiet am Beversee**

Das Naturschutzgebiet Beversee ist rund 100 Hektar groß. In seinem Wald befinden sich viele kleine Krater, die zum Teil mit Wasser gefüllt sind: Bombentrichter aus dem Zweiten Weltkrieg. Heute bieten sie ideale Lebensbedingungen für Molche, Frösche und Kröten. Der Beversee selbst ist sehr nährstoffreich und bietet vielen Tieren und Pflanzen eine Heimat.

auf schmaler werdendem Pfad bergab. Im lichten Laubwald wenden wir uns nach links, ebenso auf dem kurz darauf erreichten, etwas größeren Weg. Wir treffen auf eine asphaltierte Straße und überqueren diese.

Wir überqueren die **Eisenbahnschienen** und biegen kurz darauf nach rechts ab in den bergan führenden Weg. An der nächsten Weggabelung geht es weiter geradeaus und bergauf. Oben angekommen marschieren wir geradeaus weiter bis zu einigen Eisenrohren, die mitten in der grünen Wiese liegen. Dort biegen wir nach links in den schmalen Pfad ein, der uns wieder bergab führt bis zum **Datteln-Hamm-Kanal**. An allen folgenden Kreuzungen wandern wir weiter geradeaus und bergab, bis wir den Kanal erreichen.

**Halde Großes Holz**

Die ehemalige Bergbauhalde ist die höchste im östlichen Ruhrgebiet und zugleich die zweitgrößte im gesamten Revier. Heute ist sie rekultiviert und landschaftlich gestaltet. Auf ihr befinden sich Korridorpark, Baumplateau und Gräserfeld. Weitere Infos: www.halden.ruhr/halde-grosses-holz.html

Hier wenden wir uns nach rechts und treffen wieder auf die **Kreuzung mit Bank und Infotafel** ②, die wir bereits vom Hinweg kennen. Nun wenden wir uns nach links, gehen zum Kanal, auf dem immer wieder große Schiffe vorbeifahren. Meist stehen am Ufer auch ein paar Angler. Wir wandern weiter am Kanal entlang, rechts am Weg laden einige **Baumstämme** ⑩ zum Klettern ein.

Kurz danach verlassen wir den Kanal und biegen nach rechts ab, dem Wegweiser zum **Großen Rundweg** folgend. Durch die Bäume hindurch können wir den Beversee schimmern sehen. Am nächsten Abzweig geht es nach rechts. Von hier aus ist es noch genau ein Kilometer bis zu unserem Parkplatz. Wir überqueren eine **Holzbrücke** und folgen dem Wegweiser in Richtung Parkplatz, bis wir unseren Hinweg erreichen. Diesem folgen wir nach links und zurück zum Auto.

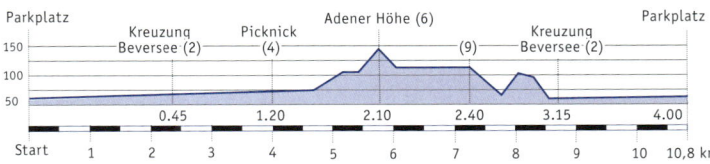

100 m

STRECKE
25 km

4 h

ab 8

# Tour 24:
# Mit dem Rad rund um Hamm

*Durch Felder, lichte Wälder und am Kanal entlang*

*Wir radeln durch die grünen Oasen rund um Hamm: durch die Lippe-auen, entlang von Lippe und Datteln-Hamm-Kanal, vorbei am Kurpark, durch lichte Wälder und über freie Felder. Nach einem kräftigen Anstieg belohnt uns ein toller Ausblick in alle Richtungen für die anstrengende Fahrt. Ebenfalls guten Ausblick haben wir vom Aussichtsturm an den Lippeauen. Hier steht sogar ein Fernrohr zur kostenfreien Nutzung bereit.*

**Radtour:** Vom Parkplatz fahren wir Richtung Bahnhof und biegen unmittelbar vor diesem nach rechts ab auf den **Radweg**. Bei

## TOUREN-STECKBRIEF

**Anfahrt:** A 2, Ausfahrt Hamm. Dann auf der B 63 Richtung Hamm und rechts abbiegen auf die Dr.-Loeb-Caldenhof-Straße. Diese heißt im weiteren Verlauf Caldenhofer Weg, Hohefeldweg, Soester Straße und Fährstraße. An ihrem Ende rechts abbiegen in die Dolberger Straße, kurz darauf nach links in die Vogelstraße und am Kreisverkehr die dritte Ausfahrt in die Ahlener Straße nehmen. Von dieser rechts abbiegen in die Kleine Amtsstraße. Hier befindet sich der Parkplatz auf der rechten Seite direkt vor dem Bahnhof bei **GPS N 51°42'33", E 7°49'56"**.
**ÖPNV:** Bahnhof Hamm-Heessen.

**Markierung:** Meist das allgemeine Radwegzeichen, wechselnd Panorama-Routen (blau und rot) und Werse-Radweg.
**Anspruch und Charakter:** Knapp 25 Kilometer und mehrere kräftige Anstiege fordern hier gerade die jungen Radler. Dafür fahren wir fast die ganze Zeit durch schönste Natur. Ausreichend Proviant mitnehmen!
**Highlights:** Lippeauen, Aussichtsturm, Kurpark, Projekt Erlebensraum Lippeaue.
**Einkehr:** Bootshaus, Eiscafé Di Vinti.
**In der Nähe:** Maximilianpark, Tierpark Hamm, Solebad Werne.

der ersten Möglichkeit wenden wir uns nach links und unterqueren die **Bahnschienen**. Die nächste Straße überqueren wir geradeaus. Ab hier können wir den Fahrrad-Wegweisern folgen. Der markierte Radweg führt uns wenig später rechts in die Straße **Auf dem Knuf** und immer geradeaus bis zu einer **T-Kreuzung** ①. Dort geht es erneut unter den **Bahnschienen** hindurch und direkt dahinter rechts ab. Dann überqueren wir die Ahlener Straße geradeaus auf dem Fuß- und Radweg, der uns über das freie Feld führt.

An der nächsten Kreuzung biegen wir, weiterhin dem Fahrradsymbol folgend, links ab und fahren jetzt auf einem Radweg neben der Straße. An seinem Ende geht es geradeaus weiter – nun an der Straße entlang. Wir biegen rechts ab in die Straße **Ennigerberg** und wenden uns unmittelbar danach erneut nach rechts. Nach einem kurzen, aber knackigen Anstieg und einer rasanten Abfahrt biegen wir scharf rechts ab in die **Bornstraße**. Kurz darauf erreichen wir einen tollen überdachten **Picknickplatz** ② in einem kleinen Wäldchen links des Fahrweges.

Am nächsten **Wegweiser** fahren wir Richtung Hamm-Zentrum, das hier fünf Kilometer entfernt ist. Nun befinden wir uns auf der **blauen Panorama-Route**. Kurz darauf biegen wir links ab auf einen Feldweg. Wir überqueren die Dolberger Straße geradeaus und wenden uns am **Wegekreuz** ③ scharf nach links. Damit folgen wir nun der roten Route.

Wir kommen zu einer **T-Kreuzung** und biegen auf dem markierten Radweg rechts und gleich wieder links ab. An der nächsten Kreuzung verlassen wir den Radweg und fahren geradeaus in die **Sackgasse** und zum **Aussichtsturm** ④, zu dessen höchster Plattform wir über 51 Eisenstufen gelangen. Hier genießen wir den tollen Ausblick über die Lippeauen. Auch eine Picknickbank befindet sich hier.

Bei der Weiterfahrt überqueren wir die **Lippe** und erreichen die Lippestraße, auf der wir uns nach links wenden. Kurz darauf biegen wir rechts ab auf die **Ostwennemarstraße** und überqueren den **Datteln-Hamm-Kanal**. Direkt hinter dem Kanal biegen wir rechts ab und rollen hinunter zum Wasser. Dort treffen wir am **Fahrradknotenpunkt 11** ⑤ auf den Werse-Radweg.

Wir radeln jetzt links am Kanal entlang. An der **Schleuse Werries** führt der Radweg ein Stück weg vom Kanal. Wir fahren aber weiterhin parallel zu diesem, überqueren die Lippestraße und rollen schließlich am Kanalufer weiter. Links von uns befindet sich nun der schön angelegte **Kurpark** ⑥. Hier lohnt sich eine Pause: Wir können auf einer der zahlreichen Picknickbänke rasten und dabei Wasservögel und andere Tiere beobachten. Auch am Tag laufen hier oft Nutrias am Ufer des Baches herum.

Zurück am Kanal folgen wir diesem in gleiche Richtung, bis wir eine blaue Brücke erreichen, die wir überqueren. Auf der anderen Seite des Kanals lädt das **Bootshaus** ⑦ mit seiner großen Terrasse zu einer Einkehr ein.

Hinter dem Bootshaus halten wir uns rechts in Richtung Heessen (1,4 Kilometer). An der **Infotafel über die Stadtgeschichte Hamm** wenden wir uns scharf nach links und folgen dem Radwegzeichen auf den Deich, auf dem wir nun eine Weile bleiben. Wir passieren eine Kläranlage, unterqueren die **Münsterstraße** und fahren in gleicher Richtung weiter.

An der nächsten Verzweigung halten wir uns links und rollen bergab. Kurz darauf unterqueren wir eine alte **Eisenbahnbrücke**. Am nächsten Abzweig biegen wir links ab in Richtung Bockum-Hövel. Hier treffen wir auf das **Projekt Erlebensraum Lippeaue** ⑧, das rechts der Straße liegt und mit seinen Schautafeln, Bänken und Hochbeeten einen Halt wert ist.

Danach biegen wir rechts auf den markierten Radweg ab und bleiben auf dem **asphaltierten Fahrradweg**. An den nächsten beiden Kreuzungen radeln wir weiter geradeaus. Kurz darauf führt uns das Radwegsymbol nach rechts in Richtung **Bockum-Hövel**.

Wir überqueren den **Bockumer Weg** an der Verkehrsinsel und wenden uns anschließend nach links. 200 Meter weiter zweigt unser Radweg wieder rechts ab auf den **Arthur-Seifert-Weg**. Es geht hier in Richtung Ferdi-Hübner-Halle. Wir biegen links ab und fahren zwischen den **Sportplätzen** ⑨ hindurch. Am Ende des Fußballplatzes führt uns die Radwegmarkierung nach rechts und kurz vor dem Stadion wieder nach links.

Wir überqueren erst die Straße, dann mit einem Schwenk nach rechts einen **Bach** und wenden uns direkt hinter diesem nach links, dem Radwegzeichen weiter folgend. Nun fahren wir durch einen lichten Wald direkt am Bach entlang. Wir folgen dem blau markierten Weg immer geradeaus, über eine Straße und unterqueren dann die Bahnschienen. An der **Unterführung** ⑩ ist der Weg sehr schmal und schlecht einsehbar, daher drosseln wir zur Sicherheit das Tempo.

Wir radeln weiter am Bach entlang bis zum nächsten **Abzweig an einigen Teichen,** an denen wir rechts in Richtung Heessen abbiegen. Auf der **blau markierten Route** wenden wir uns kurz vor dem Tempo-30-Schild noch einmal nach rechts. Nun müssen wir zwischen Maisfeldern einen knackigen Anstieg bewältigen. Oben angekommen wartet eine **Picknickbank mit toller Aussicht** ⑪ auf uns.

Wir folgen dem Radweg nach links bis zum **Ortseingang von Heessen** und radeln weiter geradeaus. Danach biegen wir rechts ab in die **Max-Heinhold-Straße**, fahren am nächsten Abzweig nach links und verlassen dabei den Radweg. Durch eine Tempo-30-Zone erreichen wir die Münsterstraße. Hier biegen wir rechts ab, überqueren die Straße an der Verkehrsinsel und fahren direkt gegenüber in den kleinen Weg hinein, an einem **Spielplatz** vorbei und durch eine Schranke hindurch.

Kurz danach biegen wir rechts ab und folgen dem **Rad- und Fußweg** auf eine rasante Abfahrt, der ein kurzer Anstieg folgt.

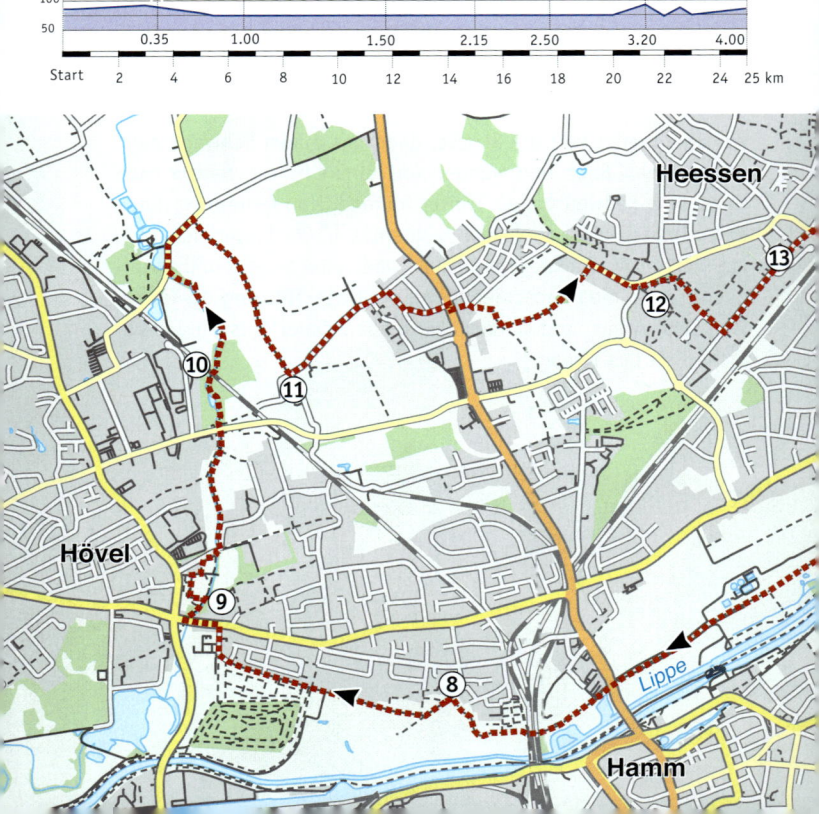

Kurz darauf biegen wir nach links ab auf den schmaleren Schotterweg. Den nach rechts abzweigenden Weg ignorieren wir und erreichen schließlich wieder einen **befestigten Weg**. An der Straße folgen wir dem Radweg nach rechts, überqueren den Bernard-Droste-Weg an der Verkehrsinsel und radeln geradeaus auf die **Halde Sachsen** ⑫ zu.

Unmittelbar vor ihr wenden wir uns an den Picknickbänken nach links in den **Edelweißweg**. Wir erreichen einen größeren Weg, auf den wir nach rechts abbiegen und rollen nun bergab. An der **nächsten Kreuzung** folgen wir dem Radwegsymbol geradeaus. Wir überqueren den Sachsenweg und fahren links an ihm entlang.

Die Radweg-Markierung führt uns über die Dessauer Straße und weiter geradeaus. Der Bahnhof Heessen ist hier bereits ausgeschildert. Rechts liegt das **Eiscafé Di Vinti** ⑬. Wir fahren hinter dem Café rechts in den Dasbecker Weg und folgen dem Wegweiser in Richtung »Bahnhof Heessen« über die Bahnschienen. Direkt dahinter geht es nach links. Nun können wir unsere Räder entspannt zum Parkplatz hinunterrollen lassen.

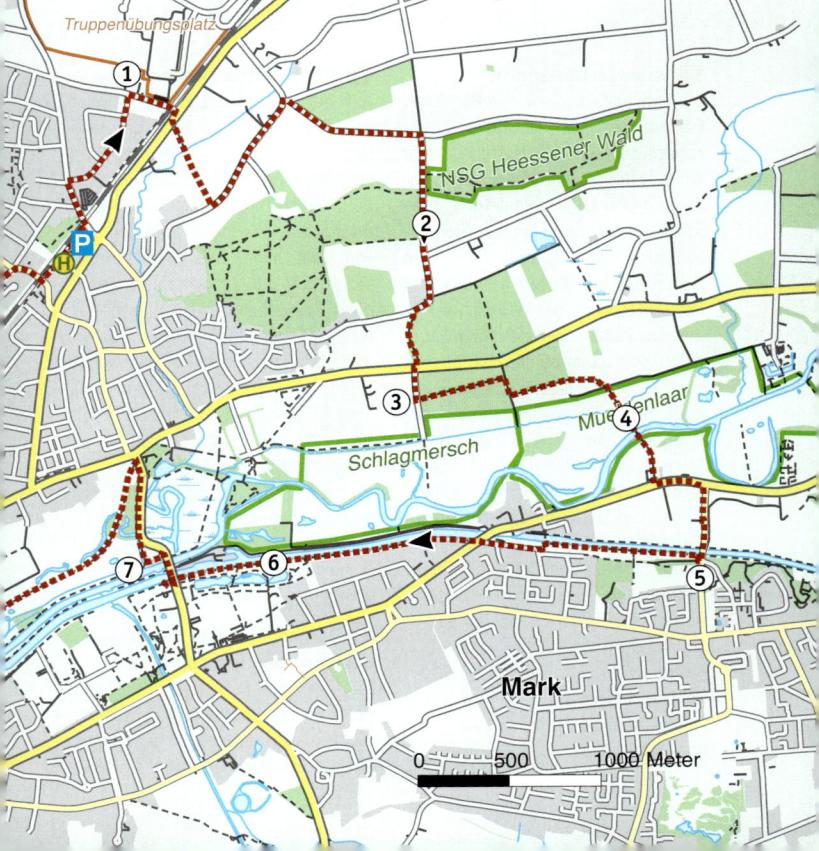

### ① Wildwald Vosswinkel

Der Park umfasst mehr als 680 Hektar Fläche. Rot- und Damwild sind hier ebenso zuhause wie Muffelwild und Wildschweine. Zahlreiche Aussichtskanzeln am zwölf Kilometer langen Rundwegenetz ermöglichen Tierbeobachtung ohne Zäune. Zu festen Zeiten am Tag dürfen wir auch bei der Fütterung der Wildschweine, des Rotwildes oder der Nachtjäger dabei sein. Die beiden Hauptwege sind je etwa vier Kilometer lang. Außerdem gibt es einen Abenteuerspielplatz und einen Gasthof mit Terrasse am Teich. Nahe des Eingangs leben Bauernhoftiere wie Schafe, Ziegen und Schweine und wir können kleine Wildtiere wie Eichhörnchen und Mäuse in ihren Gehegen beobachten. *Geöffnet April bis Oktober 9 – 17 Uhr, November bis März 10 – 15 Uhr, Eintritt am Wochenende und an Feiertagen € 6,50, werktags € 4,50, Kinder € 5, bzw. € 4, Familienticket € 21, bzw. € 16. www.wildwald.de*

### ② Minigolfplatz Menden

Auf der Freizeitanlage am Gasthof Almterrassen gibt es neben der Minigolfanlage mit 18 Bahnen auch die Möglichkeit, Pit-Pat zu spielen. Hier befinden sich die Bahnen mit Hindernissen auf Tischhöhe und der Ball wird wie beim Billard mit einem Stock gespielt. Im Anschluss laden die Almterrassen zur Einkehr ein. Das Gelände liegt außerhalb von Menden und bietet zusammen mit dem nahegelegenen Hexenteich **[› Tour 25]** viele Möglichkeiten für einen schönen Ausflug. *Geöffnet Mitte März bis Oktober, Mo bis Fr ab 14 Uhr, Sa, So, Feiertage und in den Sommerferien täglich ab 10 Uhr bis zum Einbruch der Dunkelheit, Familienkarte € 9,50. www.minigolf-menden.de*

### ③ Dechenhöhle und Deutsches Höhlenmuseum Iserlohn

Die Dechenhöhle wurde 1868 von zwei Eisenbahnarbeitern entdeckt. Für Besucher ausgebaut sind etwa 400 Meter der insgesamt 902 Meter

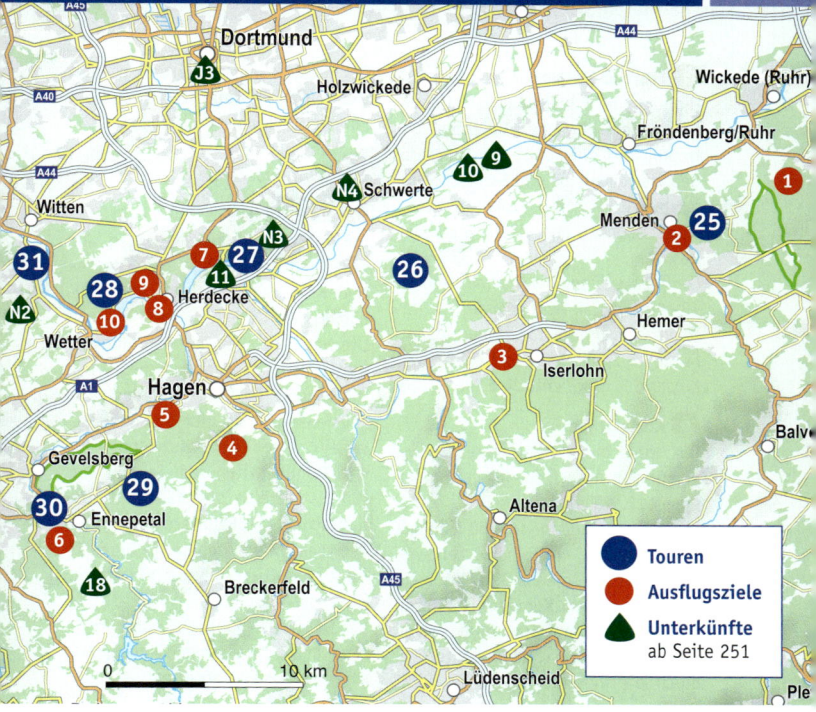

großen Tropfsteinhöhle. Im Eingangs-
bereich der Schauhöhle befindet sich
das größte deutsche Museum für
Höhlenkunde.
*Eintritt in die Höhle nur im Rahmen
einer Führung, vor der auch das
Museum besichtigt werden kann.
Geöffnet täglich 10.30 – 15.30 Uhr.
Führung und Museum €8, Kinder
3 – 17 Jahre €5, Museumseintritt
€3,50, Kinder 3 – 17 Jahre €2,50.
www.dechenhoehle.de*

### 4 LWL-Freilichtmuseum Hagen

Das Landesmuseum in Trägerschaft
des Landschaftsverbands Westfalen-
Lippe bietet auf 42 Hektar Einblicke
in Handwerk und Technik. In den historischen Gebäuden, die auf dem
Museumsgelände verteilt wie ein
kleines Dorf wirken, sind 60 unterschiedliche Werkstätten untergebracht. Einige davon sind immer in
Betrieb: So können wir bei einem
Spaziergang zwischen den Häusern
Bäcker, Schmied, Seiler und Schuh-
macher bei der Arbeit über die Schul-
ter schauen. Es gibt aber auch unge-
wöhnlichere Gewerke vor Ort: eine
Kuhschellenschmiede, Blaufärberei
und Weißgerberei, Essigbrauerei und
Senfmühle. Auch Kaffee wird geröstet
und Tabak hergestellt. Eine Ausstellung beschäftigt sich mit der Geschichte der Drucktechniken, eine
weitere mit Metall und dem Handwerk
der Schmiede. So lässt das Museum
die Handwerkstechniken der letzten
200 Jahre vor unseren Augen lebendig werden.

Im Sommer ist das »Experimentierfeld
Wasser« mit Mühlrädern und Wasser-
kanälen ein besonderes Highlight für
Kinder. Einkehren können wir im
Gasthof zur Post oder im Restaurant
Museumsterrassen, außerdem stehen
mehrere Picknickplätze zur Verfügung.
Der mitgebrachte Proviant lässt sich
dabei gut mit Brot aus der Museums-
bäckerei und im Museum hergestell-
ten Würsten ergänzen.
*Geöffnet April bis Oktober,
Di bis Sa 9 – 17.30 Uhr, So 9 – 18 Uhr,
Eintritt €8, Kinder bis 17 Jahre frei.
www.lwl-freilichtmuseum-hagen.de*

**5 Freibad Hestert**

Highlight im Erlebnisbad ist eine 88 Meter lange Rutsche. Außerdem erfreuen ein 50-Meter-Sportbecken, Gegenstromanlage und Nichtschwimmerbereich mit Klettergeräten, Planschbecken und vielem mehr die Besucher.
*Geöffnet während der Sommersaison 13 – 19 Uhr (am Wochenende, Feiertagen, Brückentagen und in den Ferien ab 10 Uhr), Eintritt €4,50, Kinder €3, Familienkarte €11.*

**6 Kluterthöhle**

Die Höhle gilt als Nationales Naturmonument und ist durch Auslaugung einer 12,5 Meter starken Riffkalk-Schicht entstanden. In 380 Gängen kann man hier versteinerte Lebewesen bestaunen, die vor 370 Millionen Jahren in diesem Korallenriff lebten. Die Höhle beeindruckt durch enge Gänge und hohe Räume und natürlich durch die Versteinerungen im Riff. Die Temperatur im Inneren liegt konstant bei zehn Grad, sodass im Sommer eine Jacke zu empfehlen ist. Die Besichtigung ist nur im Rahmen einer Führung möglich, Helme werden dazu ausgegeben. Für Gruppen sind auch besondere Führungen zu verschiedenen Themen möglich. Auch Kindergeburtstage für unterschiedliche Altersguppen werden angeboten.

Der Besuch der Kluterthöhle lässt sich gut mit **[› Tour 30]** verbinden. *Eintritt €8, Kinder 4 – 15 Jahre €4. Buchung online unter www.kluterthoehle.de.*

**7 Hengsteysee**

Am zwischen Herdecke, Hagen und Dortmund gelegenen Hengsteysee finden wir mehrere Spiel- und Grillplätze. Am 6,5 Kilometer langen Uferweg, der auch mit dem Rad befahren werden kann, stehen viele Bänke und Gaststätten laden zum Pausieren ein. Es gibt einen Bootsverleih, einen Kanu-Club und mehrere Möglichkeiten zum Segeln. Von Mai bis Mitte Oktober fährt ein Ausflugsschiff vom Schiffswinkel in Herdecke nach Hohensyburg. **[› Tour 27]** führt vom Hengsteysee hinauf zur Hohensyburg.
*Der See ist das ganze Jahr über frei zugänglich, die einzelnen Angebote variieren je nach Jahreszeit.*

**8 Ruhr-Viadukt**

Die über 700 Meter lange Brücke mit 20 Bögen wurde 1913 erbaut. Sie besteht aus Beton und ist mit Naturstein verkleidet. Den besten Blick auf das Viadukt haben wir vom Berger-Denkmal auf dem Hohenstein im Wittener Süden. Dort gibt es auch einen Streichelzoo, einen Spielplatz und ein Wildgehege. Wir können das eindrucksvolle Viadukt aber auch bei **[› Tour 27 und 28]** bestaunen.

*Schmale Gänge in der Kluterthöhle*

**9 Harkortsee**

Der Stausee zwischen Hagen, Herdecke und Witten wurde zur Feinreinigung des Ruhrwassers und als Ausgleichsbecken für den weiter flussaufwärts gelegenen Hengsteysee angelegt. Der Ruhrtalradweg führt an seinem Ufer entlang. Direkt am Seeufer können wir die Ruine der Burg Wetter erkunden, es gibt einen Bootsverleih, einen Minigolfplatz und mehrere Gaststätten. Nahe der Ortschaft Wetter gibt es am See ein Freibad mit Naturwasser.

*Der See ist das ganze Jahr über frei zugänglich.*

**10 Kletterwald Wetter**

Im Kletterwald hoch über dem Harkortsee können wir Mut und Kletterkünste auf vierzehn verschiedenen Parcours erproben. Die leichtesten vier Parcours eignen sich für Kinder ab fünf Jahren. Zusätzlich bietet sich eine tolle Aussicht auf den unten glitzernden Harkortsee und seine Umgebung. [› Tour 28] führt uns direkt am Kletterwald vorbei.

*Geöffnet März bis Nov. 10 – 19 Uhr, letzte Einweisung zwei Stunden vor Schließung, Eintritt ab € 11,90 für zwei Stunden, bis 5 Personen keine Voranmeldung erforderlich.*
*www.kletterwald-wetter.de*

**11 Freizeitbad Heveney**

Das Schwimmbad im Wittener Stadtteil Heven liegt direkt am Kemnader See und ist Bestandteil des Freizeitzentrums Kemnade. Riesenrutschen, Kinder-Spaßbecken, Saunawelt und vieles mehr erfreuen die Besucher. Nach einer Paddeltour auf der Ruhr [› Tour 31] kann man den Tag hier gut ausklingen lassen.

*Geöffnet täglich 10 – 21 Uhr, Tageskarte € 9, Kinder bis 17 Jahre € 6, Familien-Tageskarte € 22.*
*www.freizeitbad-heveney.de*

**12 Botanischer Garten, Bochum**

Im waldreichen Stadtteil Querenburg gelegen dient die Parkanlage der Ruhr-Universität zu Studien- und Forschungszwecken. Highlight ist der chinesische Garten, in dem 600 Tonnen Gestein unter Anleitung chinesischer Spezialisten zu einer Felsenlandschaft aufgetürmt wurden. Auch Tropen-, Savannen- und Wüstenhaus stehen den Besuchern offen. Am Wildbienen-Hotel können wir die fleißigen Bienen beobachten.

*Geöffnet April bis Oktober täglich 9 – 18 Uhr, im Winter nur bis 16 Uhr. Eintritt frei.*
*www.boga.ruhr-uni-bochum.de*

**13 Kemnader See**

Der jüngste der sechs Ruhrstauseen ist besonders bei Bootsfahrern beliebt. In Heveney lassen sich nicht nur Tret- und Ruderboote, sondern auch Segelboote und SUP-Boards ausleihen. Auch Kanus, Kajaks und Wasserbikes werden zum Verleih angeboten. Im Sommer fährt das Ausflugsschiff MS Kemnade seine Runden auf dem See, während wir mit der MS Schwalbe II vom Hafen Heveney über die Schleuse Herbede bis nach Witten-Bommern und wieder zurück schippern können. Die asphaltierten Wege rund um den idyllisch gelegenen See eignen sich zum Radeln und Skaten.

Gasthöfe, Spielplätze, Grillhütten, ein im Sommer wöchentlich stattfindender Kinderflohmarkt und Open-Air-Veranstaltungen wie die Beach-Party, das Musikfestival und ein Freiluftkino ergänzen die Freizeitmöglichkeiten. Die Paddeltour auf der Ruhr [› Tour 31] führt uns von Witten-Bommern bis zum Kemnader See.

*Der See ist das ganze Jahr über frei zugänglich. www.kemnadersee.de*

**14 Burg Blankenstein**

Die Burgruine im Hattinger Stadtteil Blankenheim stammt aus dem 13. Jahrhundert. Sie steht mit bestem Weitblick auf den Anhöhen am Ruhrufer. So lohnt auch besonders die Besteigung des Torturms. In der Burg befindet sich ein Restaurant. Am Wochenende öffnet es schon mittags (Sa ab 14 Uhr und So ab 11 Uhr). Warme Küche gibt es aber nur am Abend (täglich ab 18 Uhr).

**15 LWL-Industriemuseum Henrichshütte Hattingen**

Das ehemalige Hüttenwerk beheimatet unter anderem den ältesten Hochofen im Ruhrgebiet. Diesen kann man besteigen und die Aussicht über das Ruhrtal genießen. Ein Besuch in der Schaugießerei und in der Öko-Werkstatt, in der wir die typische Flora und Fauna einer Industriebrache kennenlernen, sowie mehrere Möglichkeiten zur Einkehr runden unseren Ausflug ab.

*Geöffnet Di bis So und Feiertage 10–18 Uhr, Eintritt €5, Kinder frei. www.lwl.org*

**16 Eisenbahnmuseum Bochum**

Das größte private Eisenbahnmuseum in Deutschland zeigt verschiedene Dampflokomotiven und historische Bahnwaggons aus verschiedenen Epochen. Insgesamt stehen auf dem Gelände über 120 Schienenfahrzeuge. Besonders beliebt sind die Fahrten mit historischen Zügen durch das mittlere Ruhrtal. [› Tour 35] startet unmittelbar am Eisenbahnmuseum.

*Geöffnet März bis Mitte November 10–17 Uhr (Mo und Sa geschlossen, außer an Feiertagen), Eintritt €8, Kinder (6–14 Jahre) €4, Familienkarte €20, zzgl. Fahrpreise. www.eisenbahnmuseum-bochum.de*

**17 Burg Altendorf**

Die Ruine der Wasserburg befindet sich auf einer Halbinsel südlich der Ruhr in Essen-Burgaltendorf. Auf dem Gelände steht der größte erhaltene Wohnturm zwischen Rhein und

Weser. Der Außenbereich ist jederzeit kostenfrei zu besichtigen, Infotafeln geben Auskunft über die einzelnen Elemente der Anlage. Von Mitte April bis Mitte Oktober kann man an Führungen teilnehmen und dabei den Turm und eine Aussichtsplattform besteigen.

*www.hbv-burgaltendorf.de*

**18 Hespertalbahn**

Die Museumseisenbahn ist ein lebendiges Denkmal der Industriegeschichte im Ruhrgebiet. Bereits im Jahr 1857 wurde sie als Schmalspurbahn in Betrieb genommen – damals zogen Pferde die Bahnwaggons. 20 Jahre später wurde sie zur Normalspurbahn umgebaut und damit zu einer vollwertigen Dampfeisenbahn, die bis 1973 Erz, Kohle und Arbeiter transportierte. Seit 1976 fährt sie als Touristenzug mit Dampf- und Diesellokomotiven vom Alten Bahnhof Essen-Kupferdreh am Baldeneysee vorbei bis zum Endbahnhof Haus Scheppen.

*Ausgewählte Betriebstage von Anfang Mai bis Ende Dezember, Hin- und Rückfahrt €5, Kinder €3,50, Familien €15. www.hespertalbahn.de*

**19 Baldeneysee**

Der größte der sechs Ruhrstauseen liegt im Süden von Essen. Das Naherholungsgebiet lockt mit einem asphaltierten Rundweg um den See, der sich zum Radfahren und Inline-Skaten anbietet. Außerdem findet man hier den Museumszug der Hespertalbahn, einen Minigolfplatz und zahlreiche Gastronomieangebote. Mit der Weißen Flotte können wir über den See fahren. [› Tour 36] führt uns direkt an das Ufer des Baldeneysees und auch an eine Anlegestelle der Weißen Flotte.

*Der See ist das ganze Jahr über frei*

*Herbststimmung am Baldeneysee*

*Die Villa Hügel in Essen ist das ehemalige Wohnhaus der Industriellen-Familie Krupp.*

zugänglich, die einzelnen Angebote variieren je nach Jahreszeit.

### 20 Villa Hügel

Das ehemalige Wohn- und Repräsentationshaus der Familie Krupp und der angrenzende Hügelpark können heute besichtigt werden. Beides liegt landschaftlich reizvoll auf den Ruhrhöhen über dem Baldeneysee im Süden von Essen. Von hier oben haben wir außerdem einen tollen Blick auf den See und seine Umgebung.
*Villa geöffnet Di bis So 10 – 18 Uhr, Hügelpark täglich 8 – 20 Uhr, Eintritt €5, Kinder unter 14 Jahre frei.*
*www.villahuegel.de*

### 21 Naturerlebnis Rutherhof

Schon mal ein Straußenei gegessen? Auf der Straußenfarm des Rutherhofes, die auf artgerechte Haltung setzt, können Eier und Fleisch direkt vom Erzeuger gekauft werden. Außerdem kann man auf dem Hof Poolball, Fußball-Golf, Swin-Golf und Fußball-Dart spielen.
*Geöffnet April bis September täglich 10 – 19 Uhr, März und Oktober nur Do bis So. www.rutherhof.de*

### 22 Herminghauspark

Den Park mitten in Velbert gibt es schon seit knapp 100 Jahren: Tiergehege, Streichelzoo, Wasserspielplatz, Minigolfanlage und ein Rundweg mit elf Spielstationen bieten Abwechslung zum Spielen und Experimentieren.
*Geöffnet ganzjährig 5 – 22 Uhr (Tiergehege 8 – 17 Uhr, im Sommer bis 19 Uhr, Wasserspielplatz 10 – 19 Uhr), Eintritt frei.*
*www.herminghauspark-velbert.de*

### 23 Funky Town

Der Indoorspielplatz in Ratingen begeistert auf 4.000 Quadratmetern Kinder jeden Alters. Trampoline, Hüpfburgen, zwei Riesenrutschen, Klettertürme und viele weitere Attraktionen sorgen für Abwechslung. Besonders beliebt sind die Bumper-Cars und Elektro-Karts, mit denen wir zu wilden Autorennen antreten können.
*Geöffnet Do, Sa, So 10 – 19 Uhr, Di, Mi und Fr 14 – 19 Uhr, in den Ferien auch Mo geöffnet, Eintritt ab 16 Jahre €5, Kinder ab 1 Jahr €4, Kinder 3 – 16 Jahre €7,50.*
*www.funkytown-ratingen.de*

### 24 Märchenzoo

Der Märchenzoo am Blauen See in Ratingen ist bundesweit einmalig. Esel, Pony und Ziegen freuen sich über Futter, Dornröschen, Aladin und andere Märchenfiguren schauen dabei zu. Ein Spielplatz und ein See gehören ebenfalls dazu. Der See selbst liegt sehr idyllisch in einem kleinen Tal, umzingelt von bewaldeten Hügeln. Hier lässt es sich wunderbar wandern, klettern, spazieren und die Natur genießen. Im Sommer gibt es am See eine Freilichtbühne mit Theaterstücken für Kinder.
*Geöffnet Mo bis Fr 11 – 18 Uhr, Sa, So und Feiertage 10 – 18 Uhr (im Winter Mo geschlossen), Eintritt €3, Kinder €2.*
*www.maerchenzoo.de*

# Tour 25:
# Schildkröten im Hexenteich

100 m

STRECKE

7,5 km

2 h 45

ab 6

*Mittelgebirgswanderung zwischen Menden und Neheim*

*Auf dieser Runde erleben wir das Mittelgebirge in all seinen Facetten. Mal wandern wir über weite Felder, dann an malerischen Bächen und durch dichten Wald. Nach knapp sieben abwechslungsreichen Kilometern nähern wir uns der kleinen Idylle am Hexenteich. Im See leben Schildkröten und im umliegenden Wald sind einige mehrere Meter hohe, kunstvoll geschnitzte Holzstelen zu entdecken.*

## TOUREN-STECKBRIEF

**Anfahrt:** A 46 bis zu ihrem Ende bei Iserlohn, weiter auf die B 7 Richtung Menden, dort rechts abbiegen auf die Balver Straße und kurz darauf nach links in den Oesberner Weg. Parkplatz nach etwa einem Kilometer auf der linken Seite: **GPS N 51°26'12", E 7°49'15"**.
**ÖPNV:** Haltestelle Hexenteich, Bus 26.
**Markierung:** Wechselnd M3, Z, umgedrehtes T, Kreis.
**Anspruch und Charakter:** Mittelgebirgswanderung in Wäldern, über freie Wiesenflächen und Bäche. Nach Regenfällen oft matschig, dann sind wasserdichte Schuhe wichtig. Ein kurzes Wegstück führt über Asphalt. Im Wald guter Orientierungssinn oder GPS-Track [> Seite 20] und digitale Karte notwendig.
**Highlights:** Aussichtspunkte über die Bergwelt des Sauerlands, direkter Zugang zu Bächen, Hexenteich mit Schildkröten und Skulpturen.
**Einkehr:** Almterrassen, Altes Gasthaus Hempelmann (sonntags ab 10 Uhr, sonst erst am Nachmittag geöffnet).
**In der Nähe:** Minigolfplatz Menden an den Almterrassen, Wildwald Vosswinkel.

**Wanderung:** Vom Parkplatz am Hexenteich, an dem auch der Rundwanderweg Mendener Konglomerat beginnt, gehen wir zurück Richtung **Oesberner Weg** und biegen kurz vor diesem nach rechts in den mit M3 und Z markierten Wander- und Radweg ab. Wir passieren eine **Picknickbank** und folgen kurz darauf den Wanderzeichen nach rechts in den schmaleren, leicht ansteigenden Weg, der uns zum **Parkplatz des TC Rodenberg** bringt. An dessen hinterem Ende biegen wir links in den schmalen Pfad ab, der zum »Oesberner Weg« zurückführt. Kurz vor der Straße zweigt rechts ein Fußweg zu den **Almterrassen** ① ab – einem Gasthof mit verlockender Speisekarte und Minigolfplatz.

Wir überqueren die Straße geradeaus, wählen gleich darauf den Abzweig nach links und folgen dem schmaleren Pfad. An einer **Picknickbank** erreichen wir **Asphalt** und biegen links ab. Noch vor der nächsten Picknickbank und dem rot-weißen Pfahl wählen wir am **Vogelhaus 240** den Abzweig nach links in einen schmalen Pfad, der uns bergab führt. Auf einer kleinen **Holzbrücke** ② überqueren wir kurz darauf den **Limbach**.

300 Meter weiter wenden wir uns nach links und steigen den schmalen **Abenteuerpfad** hinauf. Kurz darauf treffen wir auf einen neuen Pfad, auf den wir nach links abbiegen. Einige Höhenmeter später gehen wir am Abzweig geradeaus. Auf der linken Seite haben wir nun einen schönen Blick auf die umliegenden Berge. Wir gehen immer geradeaus bis zu einer rot-weißen Schranke. Hier überqueren wir die **asphaltierte Straße** geradeaus und wandern anschließend leicht bergab auf Pferdeweiden zu. Am Weidezaun geht es nach links und wir erreichen kurz da-

**Hexenteich und Skulpturenpark**

Der Teich erfreut Besucher durch seine intakte Natur und die idyllische Lage. In einer kleinen Bucht lebt sogar eine Schildkrötenpopulation. Im Mittelalter sollen im Hexenteich dagegen unschuldige Menschen als Hexen ertränkt worden sein. Die Holzstelen des serbisch-deutschen Bildhauers Mile Prerad, die am Hexenteich zu sehen sind, werben also an einem durchaus passenden Ort für Toleranz und ein friedliches Miteinander aller Menschen unterschiedlicher Herkunft und Gesinnung.

rauf ein **Wegekreuz** ③ **mit Picknickbank und toller Aussicht**.

Nach einer Rast laufen wir geradeaus weiter und überqueren eine asphaltierte Straße. Der Weg ist mit einem **umgedrehten T** markiert und führt uns durch einen Laubwald. Kurz bevor wir die nächste Straße erreichen, folgen wir dem markierten Weg nach rechts. Wir überqueren den malerischen **Limbergsbach** ④ auf einer Brücke.

Der folgende Wanderweg ist mit dem umgedrehten T und einem Kreis markiert. Wir folgen ihm in eine Rechtskurve und marschieren bergauf. Rechts von uns steht ein **Hochsitz** mit Picknickbank und Weitblick. Weiter geht es geradeaus und an ein paar Häusern vorbei. Wir erreichen die **Wolfskuhle**, auf die wir nach links abbiegen. Weiter spazieren wir bis zum zum »Oesberner Weg«. Ein kurzer Abstecher führt uns zum **Gasthaus Hempelmann** ⑤.

Um anschließend wieder auf unsere Wanderroute zu kommen, folgen wir dem Oesberner Weg nach Osten und biegen kurz darauf erneut links ab in die Straße **Bergheck**. An der nächsten Kreuzung gehen wir geradeaus in die Straße **Auf der Linne**. Hinter Haus Nr. 17 macht unser Weg einen scharfen Knick nach links und wir wandern an einer **rot-weißen Schranke** vorbei. Kurz darauf erreichen wir auf der rechten Seite einen schönen **Picknickplatz** ⑥ mit drei Bänken und einem großen Tisch. Auch die Aussicht auf die umliegenden Berge lässt sich hier genießen.

Wir wandern weiter geradeaus, nun mit dem **Wanderzeichen Z** und leicht bergab. Auch am nächsten Abzweig folgen wir dem Z und laufen über einen **Wiesenweg**, der allmählich zum schmalen Abenteuerpfad wird, immer weiter hinab. Wir überqueren noch einmal den **Limbergsbach** ⑦ und wenden uns kurz darauf nach rechts. Der Weg ist mit einem Kreis markiert.

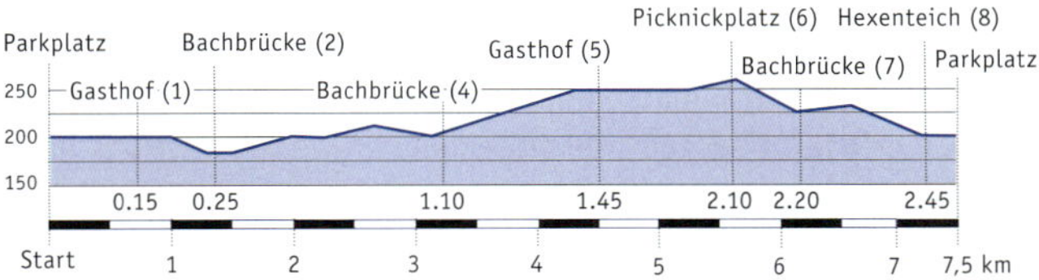

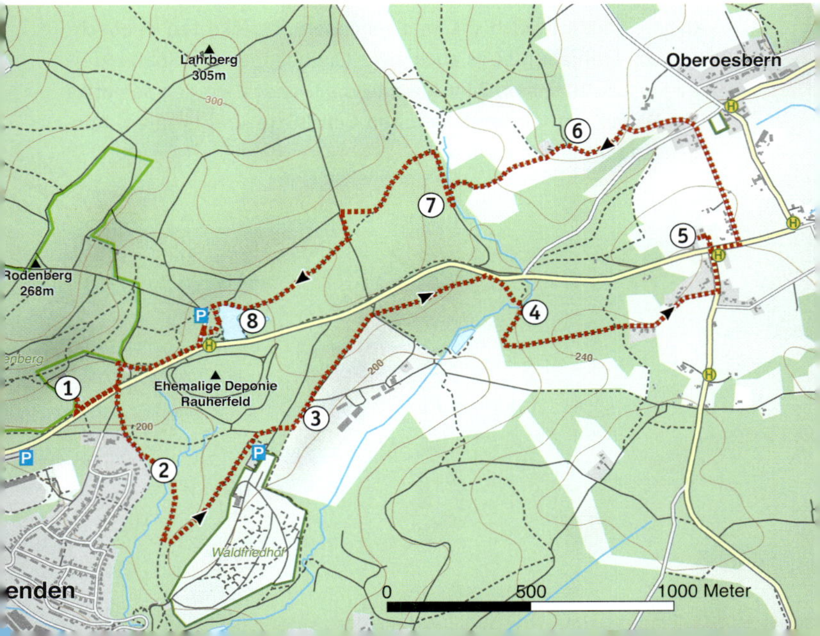

Nachdem wir über insgesamt **drei Brücken** gegangen, über Wurzeln bergab und danach über einige Stufen wieder bergauf geklettert sind, biegen wir scharf nach links ab und verlassen damit das Wanderzeichen Kreis. Nun wandern wir durch eine stille Wald- und Wiesenlandschaft.

An der **Picknickbank mit der Nr. 20** biegen wir links ab und bei erster Möglichkeit danach rechts. Dieser Weg führt uns zum **Hexenteich** ⑧. An dessen Ufer angekommen wenden wir uns nach rechts. Vorher lohnt ein kurzer Abstecher nach links zu einer Skulptur und einer Picknickbank. Hier hat man einen tollen Blick über den See. Mit etwas Glück können wir nicht nur Enten und Gänse, sondern auch die hier lebenden Schildkröten beobachten. Im Frühjahr gibt es auch viele Kaulquappen und später kleine Frösche zu sehen. Zum Abschluss umrunden wir den See etwa zur Hälfte, bis wir an der großen **Grillhütte** und unserem Ausgangspunkt ankommen.

# Tour 26:
# Spiel und Spaß am Elsebach

*Wanderung an der Grenze zum Sauerland*

110 m

7,5 km

2 h 45

ab 6

*Im Naturschutzgebiet Elsebachtal gibt es unzählige Möglichkeiten zum Klettern und zum Spielen am Bach, schmale Abenteuerpfade am Wasser und viele schöne Plätze für ein ausgiebiges Picknick. Am Wegrand sind außerdem eine üppig sprudelnde Quelle und ein großes Insektenhotel zu entdecken und wir haben an mehreren Stellen einen guten Ausblick auf das Ruhrtal.*

**Wanderung:** Vom Parkplatz folgen wir den Wegweisern in Richtung **Reingsen und Gut Böckelühr**, biegen an der ersten Kreuzung links ab und gehen ein Stück die Straße »Reingsen« entlang. Bei erster Möglichkeit biegen wir in den mit A2 markierten

## TOUREN-STECKBRIEF

**Anfahrt:** A 45, Ausfahrt Schwerte-Ergste, auf die Ruhrtalstraße Richtung Ergste, kurz hinter Ergste rechts abbiegen auf die B 236, links abbiegen auf den Michaelisweg, bis zur Straße »Bürenbruch«. Der Wanderparkplatz befindet sich an der Kreuzung auf der linken Seite bei **GPS N 51°24'20", E 7°36'02"**.
**ÖPNV:** Haltestelle Bürenbruch, Buslinie 138 Schwerte.
**Markierung:** Wechselnd A2, A3, Ruhrhöhenweg.
**Anspruch und Charakter:** Überwiegend naturbelassener Untergrund durch Wäl-
der und Feldlandschaften, nur ein paar wenige, kurze Asphaltstrecken. Besonders schön ist der Weg durch das Elsebachtal.
**Highlights:** Elsebach, August-Heinrich-Quelle, großes Insektenhotel.
**Einkehr:** Unterwegs keine Einkehr- aber zahlreiche schöne Picknickmöglichkeiten. Am nahen Gasthof Gut Böckelühr (1,8 Kilometer vom Parkplatz) kann man auch Ponyreiten.
**In der Nähe:** Zoo Dortmund, Dechenhöhle und Deutsches Höhlenmuseum Iserlohn.

Weg links ab in die Sackgasse. Nun geht es auf unbefestigtem Weg leicht bergauf. An der **grün-weißen Schranke** ① biegen wir links ab in den schmaleren Weg, der mit A3 benannt ist. Kurz darauf müssen wir über zwei Baumstämme klettern. Wir erreichen eine **asphaltierte Straße**, die wir geradeaus überqueren.

Nun führt unser Weg leicht bergab. An der nächsten **Kreuzung** ② wandern wir weiter geradeaus und verlassen damit den Wanderweg A3, um dem Weg A6 zu folgen. Kurz darauf genießen wir beste **Aussicht** auf die vor uns liegende Landschaft, bevor uns der Weg ordentlich bergab führt. Wir wandern nun länger geradeaus, passieren mehrere Picknickbänke und erreichen schließlich die **Kreuzung Gut Heistenberg**, an der wir ebenfalls geradeaus weitergehen. Wir erreichen am Abzweig zu einer Imkerei einen kleinen Garten mit Picknickbank und großem **Insekten-**

**hotel** ③. Eine Tafel informiert hier außerdem über das Natur-schutzgebiet Elsebachtal.

Kurz darauf überqueren wir den **Elsebach** und biegen nur wenig später scharf rechts ab in die **Elsetalstraße**. Damit erreichen wir den markierten **Ruhrhöhenweg** und folgen diesem geradeaus. Kurz darauf treffen wir auf die **August-Heinrich-Quelle** ④ am Heistenberg, an der zwei Picknickbänke zu einer Rast einladen.

Nur wenige Schritte weiter stehen wir am Ufer des **Elsebachs**, an dem wir nun entlangwandern. Der Bach fließt immer rechts von uns, mal näher, mal etwas weiter entfernt. Mehrere schmale Pfade führen rechts des Weges ans Wasser. Hier können wir Boote schwimmen lassen, einen Hafen bauen, die Füße abkühlen oder einfach die Seele baumeln lassen.

Nach einem kurzen, steilen Anstieg wählen wir schließlich den scharf nach rechts abzweigenden Weg und gelangen noch einmal unmittelbar ans Ufer des Elsebaches. Wir folgen seinem Lauf bis zu einer kleinen gemauerten **Brücke** ⑤. Hier biegen wir rechts ab und überqueren den Bachlauf.

Kurz darauf wenden wir uns an der **Picknickbank** wieder nach links. An einem dicken abgestorbenen Baumstamm geht es um eine Rechtskurve und ein Stück bergauf bis zu einer **Kreuzung mit vier Wegen** ⑥. Hier wenden wir uns nach links, laufen berg-ab und durchwandern einen dunklen Mischwald. Wir überqueren einen meist trockengefallenen Bach – an den **Holzgeländern** an beiden Seiten des Weges erkennen wir die Stelle – und folgen unserem Weg in eine Rechtskurve.

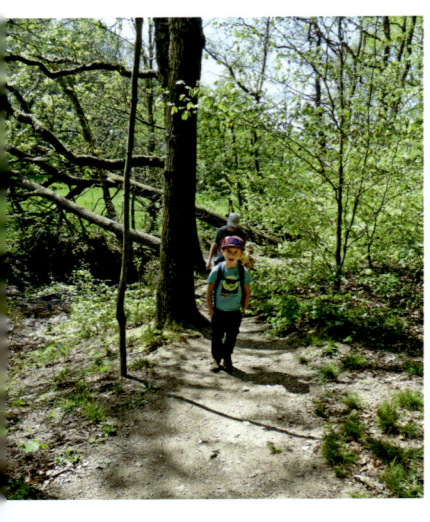

An der folgenden **Kreuzung** ⑦, an der ein Reitweg nach links abzweigt, biegen wir scharf nach rechts ab. Wir folgen dem ansteigenden Weg immer geradeaus, bis wir an der **Kreuzung mit der grün-weißen Schranke** ① wieder auf unseren Hinweg treffen. Hier biegen wir nun links ab und wandern auf dem bereits bekannten Weg zurück zum Parkplatz.

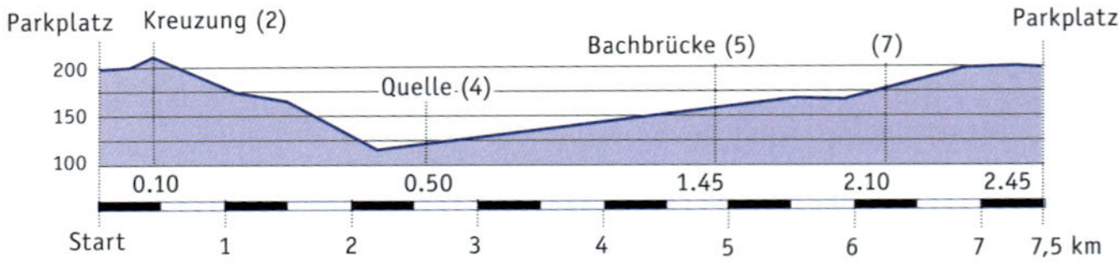
Parkplatz
Kreuzung (2)
Bachbrücke (5)
(7)
Parkplatz
Quelle (4)
200
150
100
0.10
0.50
1.45
2.10
2.45
Start
1
2
3
4
5
6
7
7,5 km

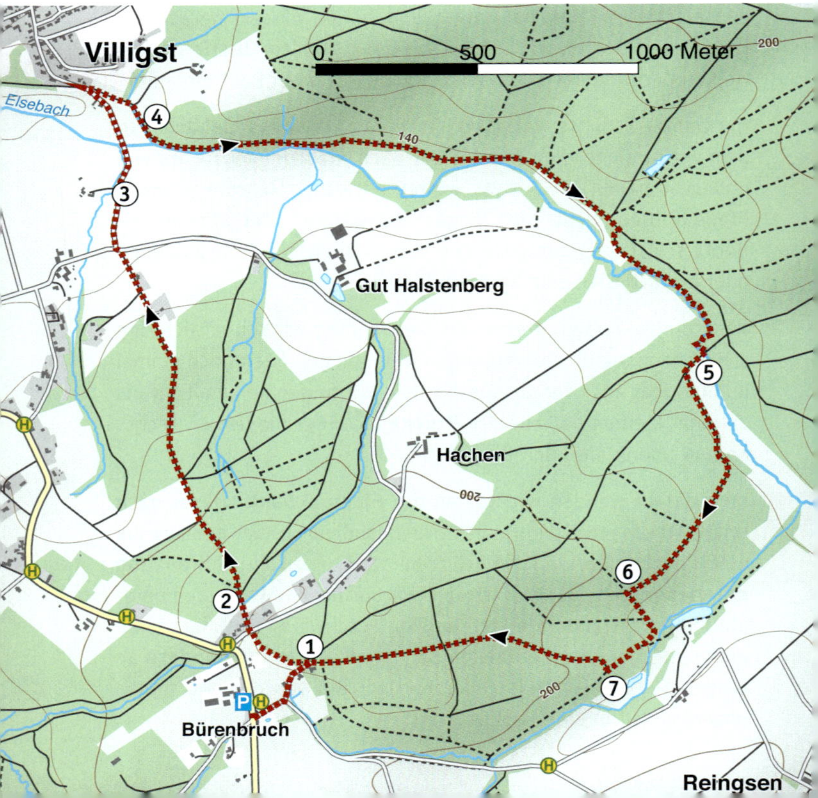
Villigst
0
500
1000 Meter
Elsebach
140
200
Gut Halstenberg
Hachen
Bürenbruch
Reingsen
1
2
3
4
5
6
7

# Eine Wettfahrt im Bach
## Boote aus der eigenen Werkstatt

*Eine Wettfahrt den Bach hinunter oder das Spiel im selbstgebauten Bootshafen – ein Schiffchen am Wasser weckt unzählige Spielideen. Zwar kann man auch Wettfahrten mit treibenden Blättern oder einfachen Rindenstückchen veranstalten – so ein richtiges Boot ist aber doch eine andere Sache. Selbstgebaute Boote aus Naturmaterialien haben einen entscheidenden Vorteil gegenüber mitgebrachten Plastikbooten: Man muss sie nicht tragen, kann sie am Ende des Spieles oder als ein Teil davon einfach auf dem Bach aussetzen – und es macht viel Spaß, sie selbst zu bauen.*

### Ein kleines Schiff – schnell gebaut

Der wichtigste Teil des Bootes ist eine gut schwimmende Basis. Ein Stück trockene Baumrinde, wie man sie lose im Wald findet, eignet sich gut. Noch besser funktioniert es mit der extrem leichten Rinde der Korkeiche. Stücke davon kann man im Zoofachhandel kaufen, wo sie für Mäuse und Reptilien angeboten wird. Ebenso geeignet für ganz kleine Boote sind halbierte Flaschenkorken.

Bevor dann der richtige Bootsbau beginnt, probieren wir aus, ob unser Bootskörper auch wirklich gut im Wasser liegt und zuverlässig schwimmt.

---

**Materialien für den Bootsbau**

**Aus der Natur:**
Rinde, Stöckchen, flexible aber stabile Halme, Weidenzweige.

**Mitgebracht:**
Zahnstocher oder Schaschlikspieße, halbierte Korken. Keine Schnüre verwenden, sie zersetzen sich zu langsam und werden zur Gefahr für Wasservögel.

**Werkzeug:** Taschenmesser und eventuell ein kleiner Handbohrer.

---

Damit es nach richtigem Boot aussieht, braucht das Ganze einen Mast und ein Blatt als Segel. Um den Mast stabil zu fixieren, wird ein kleines Loch in den Bootskörper gebohrt. Am einfachsten geht das mit einem Handbohrer.

Das Gewicht des Segels macht ein schmales Boot leicht kippelig. Um ihm mehr Stabilität zu geben, sind Ausleger nach rechts und links hilfreich, die man ganz einfach mit halben Zahnstochern anfügen kann. Ein Rindenboot aus einem breiteren Rindenstück, so wie das auf der vorigen Seite, schwimmt auch ohne diese Hilfe stabil genug, um kleine Wellen, leichte Strömung und ein bisschen Wind auszuhalten.

### Ein Katamaran aus Korken

Ebenfalls gut im Wasser liegt ein Bootskörper mit der Bauweise eines Katamarans. Dabei werden zwei schmale Schwimmkörper miteinander verbunden. Das funktioniert sowohl mit Flaschenkorken als auch mit zwei Rindenstücken. Als Verbindung zwischen beiden Teilen eignen sich auch hier Zahnstocher oder Schaschlikstäbe.

### Ein Floß im Miniformat

Baut man ein Boot an einem See oder während einer Pause am Bach und kann keine Baumrinde finden, kann man den Schwimmkörper auch nach dem Prinzip eines Floßes aus mehreren Zweigen herstellen. Um die Einzelteile zu verbinden, braucht man lange, stabile Halme, die dann zwischen den Stöcken hindurch gewoben werden. Einfacher ist es, zu zweit zu arbeiten, so dass einer die Einzelteile festhält. Man kann die Stöcke auch fixie-ren, indem man sie in den Boden steckt. Die Herstellung eines Floßes stellt trotzdem einige Ansprüche an die Feinmotorik und ist weniger geeignet für ungeduldige Naturen. Auch aus frischen Weidenzweigen kann man einen Schwimmkörper flechten.

220 m

STRECKE

7 km

3 h

ab 6

# Tour 27:
# Bergtour zur Ruine Hohensyburg

*Eine Kletterpartie durch die Ruhrsteilhänge*

*Der Parkplatz unter der eindrucksvollen Straßenbrücke bildet den Auftakt zu dieser spektakulären Wanderung am Hengsteysee. Danach jagt ein Highlight das nächste: Alpine Wanderwege durch die Ruhrsteilhänge, grandiose Aussicht vom Ardeygebirge bis ins Sauerland, eine beeindruckende Felswand mit dem Beinamen Todesfelsen, die Ruine Hohensyburg mit dem benachbarten Kaiser-Wilhelm-Denkmal, der Bergbauweg Syburg und zum Abschluss steile Serpentinen, die uns zurück zum Ausgangspunkt bringen. Da ist die Anstrengung durch die vielen Höhenmeter schnell vergessen.*

**Wanderung:** Vom Parkplatz gehen wir in Richtung Ruhr und wenden uns vor dieser nach links. So erreichen wir die **Infotafel** zu den Wanderwegen rund um Syburg. Hier biegen wir links ab in den steil bergauf führenden Pfad und betreten damit das **Naturschutzgebiet Ruhrsteilhänge Hohensyburg**. Der Weg ist mit A2 markiert. In mehreren Serpentinen gewinnen wir schnell an Höhe, ignorieren einen Abzweig nach links und wandern geradeaus an einem Geländer entlang. An der nächsten **T-Kreuzung** wenden wir uns nach rechts, weiter A2 folgend. Wir erreichen einen tollen **Aussichtspunkt ① mit Picknickbank**. Hier können wir nicht nur auf die Ruhr und den Hengsteysee schauen, sondern auch die Ausläufer des Sauerlands erkennen.

Hinter einem weiteren Aussichtspunkt erreichen wir die **Infotafel** zum **Schulmeister-Steinbruch**. Diese gehört zum Syburger

Bergbauweg, der uns zwischenzeitlich immer wieder begleiten wird. Am nächsten Abzweig gehen wir weiter geradeaus. Wir passieren eine eindrucksvolle **Felswand** ② – den Todesfelsen – die links von uns in den Himmel wächst. Mit Erreichen des vorerst höchsten Punkts wenden wir uns nach links, um dem Turm mit dem imposanten **Kaiser-Wilhelm-Denkmal** ③ einen Besuch abzustatten. Auch hier können wir wieder eine grandiose Aussicht genießen und auf einer der Picknickbänke rasten.

Durch die Bäume können wir bereits die **Ruine Hohensyburg** mit dem Vincketurm erahnen, auf die wir nun geradeaus zulaufen. Bevor wir diese erreichen, machen wir an der **Infotafel zum Ruhrhöhenweg** einen kleinen Schlenker nach rechts. Wir passieren den **Vincketurm**, vor dem viele Picknickbänke stehen, und

## TOUREN-STECKBRIEF

**Anfahrt:** A 1, Ausfahrt Hagen Nord oder A 45, Ausfahrt Dortmund-Süd. Den Schildern in Richtung Hengsteysee und Syburg folgen. Der Parkplatz liegt direkt an der Ruhr in der Hengsteystraße bei **GPS N 51°25'05", E 7°28'43".** Zwei weitere Parkplätze sind auf der Karte eingezeichnet.

**ÖPNV:** Haltestelle Hengsteysee, Buslinie 512. Die Ruhr überqueren und direkt danach rechts abbiegen zum Startpunkt. Alternativ Bushaltestelle »Auf der Wittbräucke«, dann beginnt die Wanderung bei der zweiten Überquerung der Hohensyburgstraße ⑨.

**Markierung:** Wechselnd A2, A3, A4, Bergbauweg Syburg, X, Dreieck, Raute, D, =.

**Anspruch und Charakter:** In den Ruhrsteilhängen steile Auf- und Abstiege, die Trittsicherheit und eine gewisse Grundkondition erfordern. Sehr abwechslungsreiche Wanderung.

**Highlights:** Kaiser-Wilhelm-Denkmal, Todesfelsen und Ruine Hohensyburg mit dem Vincketurm, Bergbauweg Syburg, tolle Aussichten ins Sauerland.

**Einkehr:** Mehrere Cafés nahe Start und Ziel, Kiosk am Vincketurm und beim Minigolfplatz, Restaurant Road Stop (mit Kinderkarte und Spielsachen).

**In der Nähe:** Hengsteysee, Ruhr-Viadukt.

lassen ihn links von uns liegen, um die **Ruine Hohensyburg** ④ zu erkunden.

Schließlich verlassen wir die Ruine an über **17 Steinstufen,** die sich links am hintersten Gebäude befinden. An der **Infotafel zur Ruine** geht es nach links. Kurz darauf wenden wir uns leicht nach rechts, beim Papierkorb aus Metall wieder nach links und stehen am **Minigolfplatz** ⑤. Hier können wir die Wanderung für eine Runde Minigolf unterbrechen.

Wir biegen unmittelbar vor der Anlage nach links und am nächsten **Abzweig** wieder nach rechts ab. Der Weg führt leicht bergab bis zur öffentlichen Toilette. Hier folgen wir dem mit einem **weißen Dreieck** markierten Weg nach rechts. Den nächsten nach rechts abzweigenden Weg ignorierend bleiben wir auf dem markierten Wanderweg (X, Dreieck, Raute und Bergbauzeichen) und marschieren weiter geradeaus. Wir laufen am **Parkplatz der Spielbank Hohensyburg** vorbei und biegen schließlich scharf nach links in den Wanderweg A2 ab.

Hier befinden wir uns auch wieder auf dem **Syburger Bergbauweg.** Nach 200 Metern wählen wir den leicht nach rechts abzweigenden Pfad, der unterhalb unseres bisherigen Weges parallel zu diesem verläuft. Kurz darauf erreichen wir die **Infotafel zur Steinkohlezeche Graf Wittekind.**

Dann geht es in Serpentinen bergab – zuerst bis zu einem ersten **Stollen** der Zeche, dann weiter bis zur **Straße** ⑥. Hier wenden wir uns nach links, bleiben also im Wald. Damit erreichen wir die Infotafel zu **Stollen Nr. 4.** Am nächsten Abzweig folgen wir dem Syburger Bergbauweg nach rechts. Wir machen mit unserem Weg eine große Linkskurve, es geht kontinuierlich bergab. Den nach links abzweigenden Weg ignorieren wir, dafür wenden wir uns kurz darauf nach rechts zur **Hengsteystraße**, die wir überqueren.

Für etwa zehn Meter gehen wir auf der Straße nach links und biegen dort in den schmalen Trampelpfad ab. Dieser führt uns steil bergauf in den Wald. Zuerst ist er unmarkiert und unscheinbar. Nach kurzem Anstieg treffen wir auf einen deutlich erkennbaren, aber immer noch schmalen Weg, auf dem wir uns nach rechts wenden.

Hier treffen wir auf die Wanderzeichen A3 sowie A4 und wandern nun parallel zur **Hengsteystraße**, die rechts unter uns verläuft. An der nächsten Weggabelung folgen wir dem markierten Wanderweg nach links. Nun geht es wieder bergauf. Schließlich erreichen wir das **Restaurant Road Stop** ⑦, das auch Kindermenüs auf der Speisekarte hat.

Wir überqueren die Hohensyburgstraße an der Ampel und biegen direkt nach links ab in den Fußweg mit den Wanderzeichen A3, A4, X und Dreieck. Links unter uns ist ein großer **Parkplatz** zu sehen. An der nächsten Kreuzung folgen wir der Markierung A4 und dem Dreieck nach rechts. An der

**Ruine Hohensyburg mit Vincketurm und Kaiser-Wilhelm-Denkmal**
Die steinerne Syburg wurde 1150 im Auftrag der Kölner Erzbischöfe erbaut. Man erkennt heute noch das Hauptgebäude, das von Burgmauern und zwei Türmen umgeben war. Der Vincketurm, der sich direkt neben der Ruine befindet, wurde 1857 auf dem höchsten Punkt des Sybergs errichtet. Das Kaiser-Wilhelm-Denkmal wurde zwischen 1893 und 1902 erbaut und 1935 vollständig umgestaltet. Heute steht alles unter Denkmalschutz und kann frei besichtigt werden.

Einfahrt zu **Haus Nr. 128a** führt der markierte Weg leicht nach links und nun bergab. Im Wald angekommen biegen wir nach einem kurzen Anstieg links ab. An einer **Kreuzung mit mehreren Wegen** ⑧, die teilweise beinahe zugewachsen sind, verlas-

sen wir für kurze Zeit den Wanderweg A4 und laufen auf dem am besten erkennbaren Weg weiter. Hinter einer Rechtskurve stehen auf der linken Seite ein Haus und ein großer Zaun. Kurz darauf erreichen wir einen **Parkplatz** ⑨, auf dem wir uns nach rechts wenden.

Wir überqueren die **Hohensyburgstraße** und folgen wieder dem Wanderzeichen A4 in die Straße **Auf der Wittbräucke**. Dort wo der Wanderweg A4 nach rechts abzweigt, biegen wir vor einer Mauer auf den Pfad nach links ab. Einen Abzweig nach links ignorierend wandern wir weiter geradeaus. An der nächsten **Kreuzung** ⑩ biegen wir nach rechts ab und laufen nun steil bergab.

Unser Weg macht eine Linkskurve und unter uns können wir bereits den Hengsteysee und die Ruhr durch die Bäume hindurch glitzern sehen. An der nächsten **Wegkreuzung** wandern wir leicht bergauf gehend weiter geradeaus. Wir erreichen die Straße **Am Klusenberg**, auf der wir uns nach links wenden. Nun begleiten uns die Wanderzeichen X und A3.

An der nächsten Gabelung halten wir uns rechts, laufen weiter bergab und treffen auf den **Westfalenwanderweg**. Etwa 400 Meter weiter in der **nächsten Kurve** ⑪ bleiben wir nicht auf der Straße, sondern verlassen diese auf dem Weg, der geradeaus in

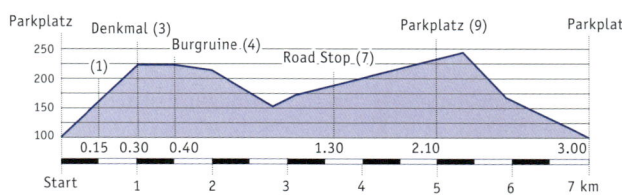

das Naturschutzgebiet führt (Wanderzeichen X, D und =). Auf dem mit D und = markierten Weg steigen wir über mehrere Serpentinen steil bergab. Unter uns sehen wir bereits den Parkplatz mit unserem Auto.

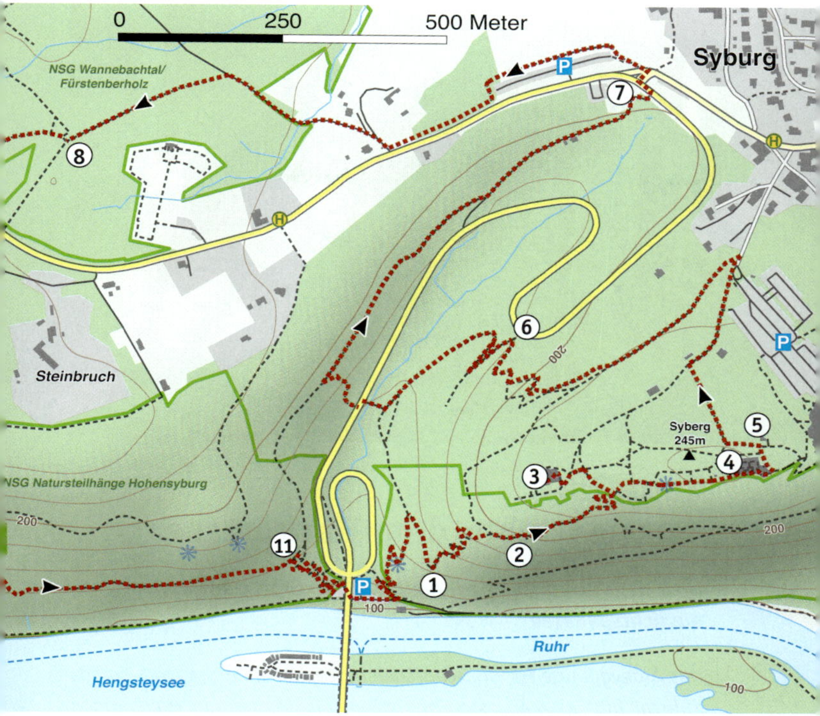

Wir gehen nicht über die **große Brücke**, sondern folgen den Wanderwegen A3 und A4 über mehrere Serpentinen weiter steil bergab, bis uns nur noch die Straße von unserem Ausgangspunkt trennt.

120 m

STRECKE

7,1 km

2 h 30

ab 6

# Tour 28:
# Aussicht über dem Harkortsee

*Über den Harkortberg zu Quellen, einer Grotte und vielen Aussichtspunkten*

*Das Ardeygebirge ist landschaftlich besonders eindrucksvoll. In das Ruhrtal fällt es meist steil mit schroffen Hängen ab. Hier prägen große Höhenunterschiede, felsige Steilhänge und tiefe Kerbtäler das Landschaftsbild. Eine Wanderung durch seine Hügel gibt uns das Gefühl, im Urlaub zu sein. Wir durchstreifen Laub- und Nadelwälder und unterwegs locken viele Aussichtspunkte, ein Bienengarten, Quellen, eine geheimnisvolle Grotte und natürlich der Harkortturm gleich zu Beginn der Wanderung.*

## TOUREN-STECKBRIEF

**Anfahrt:** A 1, Ausfahrt Hagen-West. Dann weiterfahren über die Weststraße Richtung Wetter, diese heißt ab Überquerung der Ruhr Friedrichstraße. Am Kreisverkehr in Wetter rechts abbiegen in die Kaiserstraße, danach links abbiegen in die Wolfgang-Reuter-Straße, an deren Ende nach rechts in den Sunderweg und direkt danach wieder links in die Straße »Harkortberg«. Diese immer geradeaus fahren bis zum großen Parkplatz auf der linken Straßenseite bei **GPS N 51°23'42", E 7°23'39"**.
**ÖPNV:** Haltestelle Wolfgang-Reuter-Straße, Buslinie 593. In 5 Minuten über die Wolfgang-Reuter-Straße, rechts abbiegen in den Sunderweg und wieder links in die Straße Harkortberg.
**Markierung:** Wechselnde Wanderzeichen, siehe Wegbeschreibung.
**Anspruch und Charakter:** Im Ardeygebirge sind einige Höhenmeter zu überwinden, wobei die Anstiege nicht allzu steil ausfallen. Dabei wandern wir fast ausschließlich Wege mit naturbelassenem Untergrund.
**Highlights:** Harkortturm, viele Aussichtspunkte, Quellen, Grotte im Wald.
**Einkehr:** Waldschänke (Vereinsheim) der TGH Wetter am Start.
**In der Nähe:** Kletterwald Wetter, Harkortsee, Ruhr-Viadukt, Freizeitbad Heveney, LWL-Freilichtmuseum Hagen, Freibad Hestert.

**Wanderung:** Vom Parkplatz gehen wir zuerst zum **Harkortturm** ①. Hinter diesem stehen Bänke und von dort haben wir eine wunderbare Aussicht auf das Ruhrtal.

Vom Turm gehen wir ein kurzes Stück zurück und folgen weiter dem Wanderweg in Richtung Kletterwald. Dabei lassen wir eine **große Wiese** links von uns liegen. An der ersten **Weggabelung** wählen wir den rechten Weg und folgen dabei dem **Wanderzeichen X,** das uns auf dem nächsten Wegabschnitt begleiten wird. Kurz darauf erreichen wir einen weiteren **Aussichtspunkt mit mehreren Picknickbänken** auf der rechten Seite des Weges.

> ### Harkortturm
>
> Der Aussichtsturm wurde 1884 aus Spendengeldern in Gedenken an Friedrich Harkort, den sogenannten Vater des Ruhrgebiets, erbaut. Harkort war Unternehmer und einer der Pioniere der industriellen Revolution im 18. Jahrhundert. Als Politiker setzte er sich für eine allgemeine Schulbildung, ein Verbot der Kinderarbeit und für Krankenversicherungen und Gesundheitsschutz für alle Werktätigen ein.
>
> Der nach ihm benannte Turm ist 35 Meter hoch, die Aussichtsplattform kann man über 130 Stufen erklimmen. Der Blick vom Turm reicht an klaren Tagen bis ins Sauerland.

Am **Kletterwald** angekommen wandern wir auf dem markierten Wanderweg (X, W und HW) weiter geradeaus. Nur wenig später erreichen wir den nächsten **Aussichtspunkt mit drei Bänken**. Dahinter laufen wir ein Stück bergab und wählen kurz darauf den ersten, leicht nach links abzweigenden Weg. Auf diesem geht es weiter bergab und immer geradeaus, bis wir nach einem kurzen Gegenanstieg eine Kreuzung mit mehreren Wegen und einer **Picknickhütte** ② erreichen.

Wir folgen weiterhin dem **Wanderzeichen X** und gehen zuerst geradeaus. Kurz danach halten wir uns rechts und bleiben auf unserem Weg (X, A1 und H). In der nächsten Linkskurve biegen wir nicht links ab, sondern bleiben auf dem Wanderweg X, der hier weiter geradeaus verläuft. Nachdem wir eine ganze Weile bergab gewandert sind, führt unser Weg jetzt wieder bergauf. Schließlich erreichen wir einen schön angelegten **Bienengarten** ③, an dem einige Bänke dazu einladen, die tolle Aussicht auf die Ruhr zu genießen.

Kurz darauf wenden wir uns an der **großen Kreuzung** nach links und gehen unmittelbar an einem Strommast vorbei. Nur etwa 100 Meter weiter biegen wir gleich noch einmal links ab. Dieser Weg ist mit den Wanderzeichen A1, A4, H2, H4 und H5 markiert. Wenig später geht es an einer **Picknickbank** wieder rechts ab und wir wandern nun bergab. Wir ignorieren den scharf nach rechts abzweigenden Weg. Auch an der **nächsten Kreuzung** ④ ändern wir die Richtung nicht. Dafür wählen wir beim ersten **Abzweig** danach den linken Weg und überqueren unmittelbar danach den breiten Weg, um weiter geradeaus zu gehen.

Nun gelangen wir in einen **Nadelwald**. Wir ignorieren den nach rechts abzweigenden Pfad. Schließlich erreichen wir eine T-Kreuzung, an der wir uns nach links wenden. Hier treffen wir auf eine unscheinbare **Quelle** ⑤. Den wenig später scharf nach rechts abzweigenden Pfad ignorieren wir. Wir wandern nun wieder etwas bergauf. Am nächsten Abzweig wenden wir uns leicht nach rechts und folgen dem ebenen Weg am Hang. An der nächsten **T-Kreuzung** ⑥ halten wir uns links.

Am höchsten Punkt angekommen ignorieren wir in der **Linkskurve** den nach rechts abzweigenden Weg und wandern weiter geradeaus. Auch die folgende **Kreuzung** überqueren wir geradeaus und wandern nun am Rand einer **Wiese** entlang. Hier genießen wir den Ausblick nach rechts in die umliegenden Hügel. Am Ende der Wiese angekommen geht es weiter geradeaus – in den Abenteuerpfad hinein.

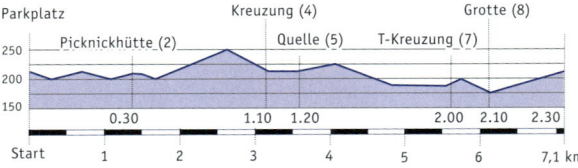

An der kurz darauf folgenden **T-Kreuzung** ⑦ wenden wir uns weiter auf schmalem Pfad nach links, kurz darauf wieder nach rechts. Wir ignorieren den scharf nach links abzweigenden Weg und wandern geradeaus bergab. Schließlich taucht vor uns im Wald eine Quelle und dahinter eine **Grotte** ⑧ auf, die erkundet werden kann. Oben auf dem Höhlendach befindet sich eine Feuerstelle.

Unser Wanderweg führt unmittelbar vor Quelle und Grotte scharf nach rechts und weiter bergab. Am **tiefsten Punkt** angekommen überqueren wir den querenden Weg geradeaus und klettern anschließend über einen **Bach**. Nun geht es noch einmal steil bergauf.

Auch an der nächsten **Kreuzung** laufen wir geradeaus. An der folgenden wenden wir uns kurz nach rechts, biegen sofort aber wieder links ab und steigen damit weiter bergan. Wir ignorieren den nach rechts bergab führenden Pfad. An der **nächsten Kreuzung** wenden wir uns nach links und wandern zwischen jungen Obstbäumen noch ein Stück weiter bergauf. Wir treffen auf einen breiteren Weg und **Haus Nr. 2**. Auch hier geht es weiter geradeaus und bergauf. Schließlich erreichen wir eine asphaltierte Straße und den **Sportplatz**. Hier wenden uns leicht nach links, laufen aber im Grunde weiter geradeaus. Links der Straße steht die **Waldschänke** ⑨, die zum Abschluss unserer Wanderung zu einer Einkehr einlädt. Geradeaus entlang des Sportplatzes und hinter einem Tor erreichen wir dann wieder unseren Parkplatz.

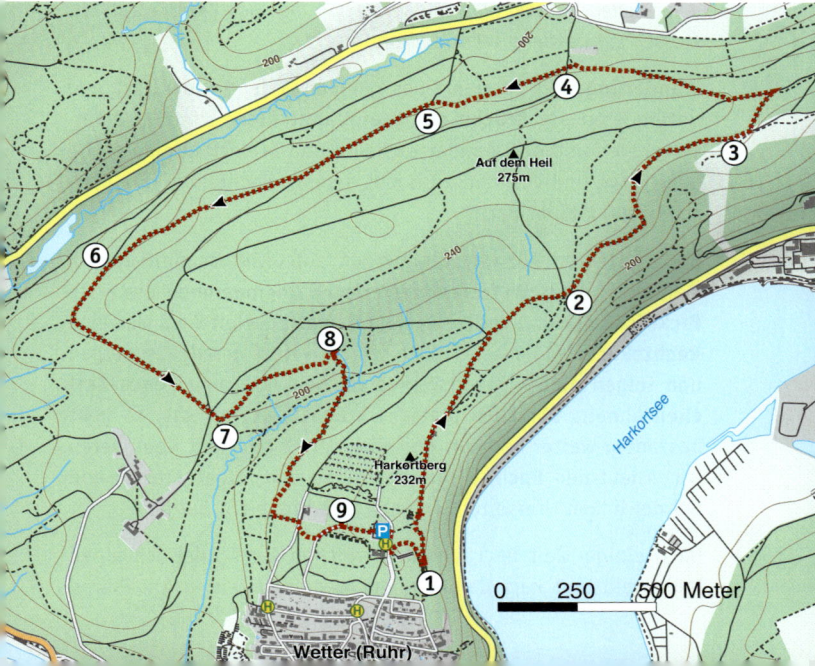

180 m

STRECKE

7 km

2 h 45

ab 6

# Tour 29:
# Staumauer und kleine Bäche

**Rund um und über die Hasper Talsperre**

*Schmale Pfade, plätschernde Bäche, weite Ausblicke, eine beeindruckende Staumauer und die unmittelbare Nähe zu einem Flugplatz – diese Tour bietet wirklich für jeden Geschmack etwas. Nach dem steilen Anstieg kurz vor dem Ende lädt das Café-Restaurant Plessen zur verdienten Einkehr ein.*

**Wanderung:** Vom Parkplatz überqueren wir den Hasper Bach und unterqueren die **Brücke der Kleinbahntrasse**. Wir folgen unserem Weg und den Wanderzeichen X und Dreieck in eine große Linkskurve und von nun an leicht bergan. Rechts von uns plätschert ein kleiner Bach.

Beim nächsten Abzweig bleiben wir auf unserem mit einem X markierten Weg. Wir überqueren den Bach, passieren die erste **Picknickbank** und verlassen kurz darauf unseren Weg, der eine **Rechtskurve** ① macht. Wir steigen weiter geradeaus bergan und folgen einem neuen Wanderzeichen, das dem **Peace-Zeichen** ähnelt. Der Bach plätschert nun links von uns. Es geht beständig weiter bergauf. Bei nächster Möglichkeit überqueren wir erneut den **Bach,** biegen rechts ab und folgen diesem nun auf der linken Uferseite. Es geht weiterhin leicht bergauf.

Nach einiger Zeit im Laubwald erreichen wir schließlich einen Nadelwald und kurz darauf einen Weg, dem wir in annähernd

### TOUREN-STECKBRIEF

**Anfahrt:** A1, Ausfahrt Wuppertal-Nord oder Gevelsberg. Von dort weiter in Richtung Gevelsberg, Ennepetal und Hasperbach. Parkplatz bis **GPS N 51°18'03", E 7°24'17"** (zeitweise gebührenpflichtig).
**ÖPNV:** Haltestelle Peddinghausen, Buslinie 571. Die Tour beginnt dann auf der Kettelbachstraße ③.
**Markierung:** Wechselnd X, Dreieck, Peace-Zeichen.

**Anspruch und Charakter:** Zwei Anstiege – ein langer, gemächlicher und ein kurzer, steiler – erfordern eine gewisse Grundkondition. Im Wald guter Orientierungssinn oder GPS-Track [> Seite 20] und digitale Karte hilfreich.
**Highlights:** Flugplatz, Hasper Talsperre, Staumauer mit Türmchen.
**Einkehr:** Café-Restaurant Plessen.
**In der Nähe:** Kluterthöhle, LWL-Freilichtmuseum Hagen, Freibad Hestert.

derselben Richtung weiter bergauf folgen. Hier treffen wir auch wieder auf die Wanderzeichen X und Dreieck. Die folgende **Kreuzung am höchsten Punkt unseres Anstiegs** ② überqueren wir geradeaus.

**Kleinbahntrasse Haspe-Voerde-Breckerfeld**
Zwischen 1903 und 1963 verband die Kleinbahn (und später eine Straßenbahn) die Orte Breckerfeld und Voerde mit dem Bahnhof Hagen-Haspe. Heute eignet sich die Strecke aufgrund ihrer geringen Steigung sehr gut als Radweg vom Ruhrgebiet ins Sauerland.

Kurz darauf erreichen wir den **Flugplatz Hagen-Hof-Wahl**, an dem wir nun entlang wandern. Rechts von uns starten und landen die Flugzeuge. Auf der linken Seite überblicken wir die umliegenden Hügel und Wälder. Hier können wir häufig Raubvögel auf der Jagd beobachten.

An der ersten **Kreuzung hinter dem Flugplatz** wenden wir uns nach rechts und wandern weiter am Flugfeld entlang. Auch auf der linken Seite schauen wir jetzt weit über die Landschaft. Den

ersten scharf nach links abzweigenden Weg Richtung Wahl 1 ignorierend wandern wir bergab und weiter geradeaus. Nun erreichen wir wieder einen Wald, lassen den ersten Abzweig links liegen und gehen weiter geradeaus am Zaun entlang bergab. Am Schild Wahl 1–3 treffen wir auf eine Straße und biegen links ab. Kurz darauf geht es rechts in die Kettelbachstraße. Nach 200 Metern verlassen wir diese kurz hinter dem **Stromhäuschen** ③ in den nach rechts abzweigenden Weg.

Es folgt eine **Linkskurve** und wir laufen weiter bergab. Der Weg wird zum schmalen Abenteuerpfad und führt immer weiter hinunter. Am nächsten Abzweig wenden wir uns nach links. Links unterhalb von uns plätschert jetzt ein **Bach**. Schließlich überqueren wir einen weiteren kleinen Bach und wandern immer weiter geradeaus und bergab daran entlang. Dabei kommen wir dem Wasser immer näher und es ergeben sich Spielmöglichkeiten. Kurz vor Erreichen eines breiteren Weges müssen wir auf unserem Pfad noch ein paar Baumstämme überklettern.

Auf dem größeren Weg wenden wir uns nach rechts. Hier lädt eine Picknickbank zur Rast ein. Nun wandern wir immer oberhalb

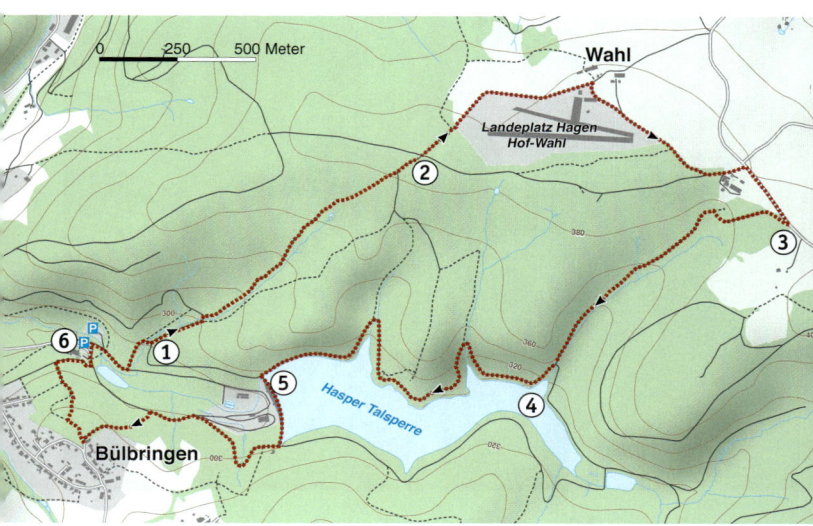

des **Stausees** ④, bis wir die **Staumauer** ⑤ erreichen. Wir überqueren sie und bewundern die beiden Türmchen. Im Anschluss daran wenden wir uns nach rechts und ignorieren den kurz darauf nach links bergauf führenden Weg.

### Haspertalsperre

Die Haspertalsperre wurden zwischen 1901 und 1904 zur Trinkwasserversorgung angelegt. Auf der Staumauer befindet sich an jedem Ende ein Türmchen. Ursprünglich standen beide in der Mitte. Heute geben zwei Steuerräder den ehemaligen Standort an. Die Staumauer ist 30 Meter hoch.

Am Ende des umzäunten Geländes vor der Staumauer folgen wir unserem Weg noch ein Stück bergab, passieren eine **Picknick-bank** und biegen etwa 100 Meter weiter nach links ab. Nun geht es noch einmal steil bergauf.

Schnell gewinnen wir an Höhe und wandern schließlich an einem Zaun entlang bis zu einem **Haus**. An diesem wenden wir uns nach rechts und gehen bergab. Die ersten beiden nach links abzweigenden Wege ignorieren wir und wandern weiter bis zu einer **Kreuzung**. Hier biegen wir rechts ab und gehen in Richtung **Restaurant Plessen** ⑥. Wir erreichen wieder einen größeren Weg, wenden uns auf diesem nach links und stehen kurz darauf auf unserem Parkplatz.

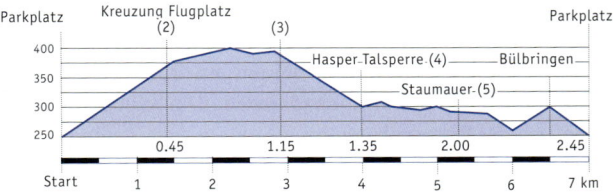

280 m

STRECKE
9,3 km

3 h 45

ab 8

# Tour 30:
# Endeckertour im Ennepetal

*Rund um die Kluterthöhle*

*Alleine der Besuch des Nationalen Naturmonuments Kluterthöhle lohnt schon den Weg nach Ennepetal. Doch es wäre schade, den Ausflug nur auf die Höhle zu beschränken. Die Ausläufer des Bergischen Landes sorgen für eine Landschaft mit vielen Hügeln und machen die Wanderung rund um den Buchenberg und über den Haufer Kopf zu einer abwechslungs- und aussichtsreichen Sache.*

**Wanderung:** Vom Parkhaus gehen wir die Südstraße entlang und biegen rechts ab auf die **Gasstraße**, dem Wegweiser in Richtung Mehrgenerationenhaus und Kluterthöhle folgend. Kurz darauf können wir auf der linken Seite das Haus Ennepetal sehen und folgen weiter dem Schild in Richtung Kluterthöhle. Über eine Treppe erreichen wir die **Information des GeoParks Ruhrgebiet**, in dem sich auch die Kasse für die Kluterthöhle befindet. Unsere Wanderung führt uns weiter geradeaus über die Ennepe, kurz darauf stehen wir vor der **Kluterthöhle** ①.

Der Wanderweg führt uns hier weiter geradeaus über **14 Eisen- und sieben Steinstufen** ein Stück steil bergauf. Wir wenden uns dann bei erster Möglichkeit nach links und laufen damit oberhalb des Höhleneingangs. Wir bleiben auf dem Wanderweg bis zum zweiten Abzweig nach links, der uns ein Stück bergab führt. Nun treffen wir auf den **Promenadenweg**, dem wir oberhalb der Ennepe und der Bahnschienen bis zu seinem Ende folgen. Dabei liegt das Holzgeländer immer links von uns.

Auch am Ende des Weges wandern wir weiter geradeaus die Straße hinab. Links am Weg steht hier eine große **Fuchs-Skulptur** ②.

Wir gehen auf der Straße durch eine **Rechtskurve** und erreichen den **Orchideenweg**, dem wir an einer **Schranke** ③ vorbei folgen. Er wird zum Ebbinghausener Weg. Auf diesem marschieren wir leicht bergauf und immer geradeaus bis zu einer **T-Kreuzung**. Hier biegen wir links ab in den Asternweg und gleich wieder links in einen **Schotterweg**. Rechts steht ein gelbes Haus. Wir wandern zwischen Zaun und Mauer immer geradeaus bis zur

## TOUREN-STECKBRIEF

**Anfahrt:** A1, Ausfahrt Gevelsberg. Am P&R-Parkplatz rechts abbiegen in die Wittener Straße, dieser bis zu ihrem Ende in Gevelsberg folgen, hier heißt sie Mauerstraße. Nach Überquerung der Ennepe die zweite Möglichkeit nach rechts in die Kölner Straße abbiegen, die entlang der Ennepe nach Ennepetal führt. Hier links abbiegen in die Friedrichstraße und kurz darauf erneut links in die Neustraße. Von dieser nach rechts in die Marktstraße. Nach kurzer Zeit befindet sich das Parkhaus auf der linken Seite bei **GPS N 51°17′55″, E 7°21′06″**.
**ÖPNV:** Ennepetal Busbahnhof. Von dort aus die Südstraße entlang laufen.
**Kluterthöhle:** Die Höhle ist nur mit Führung zu besichtigen. Diese muss vorab unter www.kluterthoehle.de gebucht werden. Eintritt €8, Kinder 4–15 Jahre €4.
**Markierung:** Zu Beginn Wegweiser zur Kluterthöhle, dann wechselnd Wappen, Raute, A1.
**Anspruch und Charakter:** Im Bergischen Land sind einige Höhenmeter zu überwinden, daher ist für diese Tour eine gute Grundkondition notwendig. Selten wandern wir über Asphalt, oft über Naturboden. Im Wald guter Orientierungssinn oder GPS-Track [› Seite 20] und digitale Karte notwendig.
**Highlights:** Kluterthöhle (Führung vorher buchen), toller Aussichts- und Picknickplatz, Meininghauser Haferkasten und Flachsteich.
**Einkehr:** Verschiedene Einkehrmöglichkeiten in Ennepetal. Unterwegs keine Gelegenheit, daher ausreichend Getränke und Essen mitnehmen.
**In der Nähe:** Freibad Hestert, LWL-Freilichtmuseum Hagen.

ersten **Weggabelung**. Hier wählen wir den rechten Weg und steigen hinauf zu einem Wäldchen. Hinter einer Rechtskurve biegen wir scharf nach rechts ab. In zwei großen Serpentinen geht es den Berg hinauf. An der Kreuzung mit dem Schild »Dem Wild zuliebe bitte Hunde an die Leine« wandern wir weiter geradeaus. Kurz darauf erreichen wir eine **asphaltierte Straße** ④, an der wir uns nach links wenden.

Hier oben wandern wir mit bester Aussicht weiter geradeaus bis zu einem besonders schönen **Aussichtspunkt** ⑤ **mit drei Picknickbänken**. Die Fernsicht ist grandios: An klaren Tagen sind es über 50 Kilometer.

Im nächsten Wegabschnitt führt uns das **Wappen-Symbol** des sauerländischen Gebirgsvereins zunächst leicht nach rechts. An der Infotafel zum **Meininghauser Haferkasten** ⑥ biegen wir links ab in Richtung Meininghauser Flachsteich. Mit weitem Blick geht es über Wiesen hinab und in den Wald hinein. Wir folgen dem **Schild zum Flachsteich** nach links und ignorieren die nach rechts abzweigenden Pfade. Schließlich erreichen wir den **Meininghauser Flachsteich** ⑦, der rechts von uns liegt.

Von hier geht es geradeaus hinauf, bis wir auf 314 Metern Höhe den höchsten **Punkt des Haufer Kopfs** erreichen. Hier lädt auf der linken Seite ein großes Tipi aus vielen Ästen zum Erkunden, Spielen und Verstecken ein. Wir wandern geradeaus an dem Tipi vorbei und folgen unserem Weg kurz darauf in eine Linkskurve.

Es geht in Kurven hinab, bis wir einen größeren Weg erreichen, auf dem wir scharf nach links abbiegen. Nun begleitet uns für kurze Zeit das **Wanderzeichen A1**. Wir laufen kurz bergab, dann steigt der Weg wieder an und macht eine Rechtskurve, bevor wir

nach rechts in einen deutlich sichtbaren Weg abbiegen. Dieser ist etwas schmaler als der vorherige und es geht noch einmal bergab.

Wir laufen an einem **großen Haus** vorbei und biegen links ab auf den leicht ansteigenden Waldweg. An einer **Picknickstelle mit zwei Bänken** ⑧ treffen wir dann auf einen größeren Weg, auf dem wir uns nach rechts wenden.

An der folgenden großen **Wegkreuzung** wählen wir den mit einer Raute markierten Weg, der uns beinahe geradeaus und leicht bergab führt. Wir ignorieren den nach rechts abzweigenden, stärker abfallenden Weg und passieren kurz darauf eine **Picknickbank**. Es geht immer am Hang entlang bis zu einem von rechts heraufkommenden Weg ⑨. Hier gehen wir links weiter und erreichen nach einem **steilen Anstieg** wieder den Wald.

Hinter einer engen Rechtskurve wählen wir an der Wegkreuzung den rechten Weg, der leicht bergab führt. Wir passieren eine **Schranke** und folgen dem Wanderzeichen Raute. Hier steht im Wald ein »vergessenes Verbotsschild«. In die Gegenrichtung ist jedoch alles frei begehbar und auch die Wandermarkierungen führen uns hier entlang.

Am nächsten Abzweig halten wir uns rechts und wandern auf dem mit Raute markierten Weg bergab, bis wir auf eine **asphaltierte Straße** treffen, auf der wir nach rechts abbiegen. Wir befinden uns jetzt wieder auf unserem Hinweg ③, dem wir nun zuerst bis zum **Fuchs** ② und dann weiter hinunter zum Ausgangspunkt folgen. Dabei können wir dem **Promenadenweg** bis zur Kluterthöhle folgen und müssen nicht noch einmal hinaufsteigen. Dazu folgen wir einfach dem Holzgeländer und kommen dabei an vielen Picknickbänken vorbei.

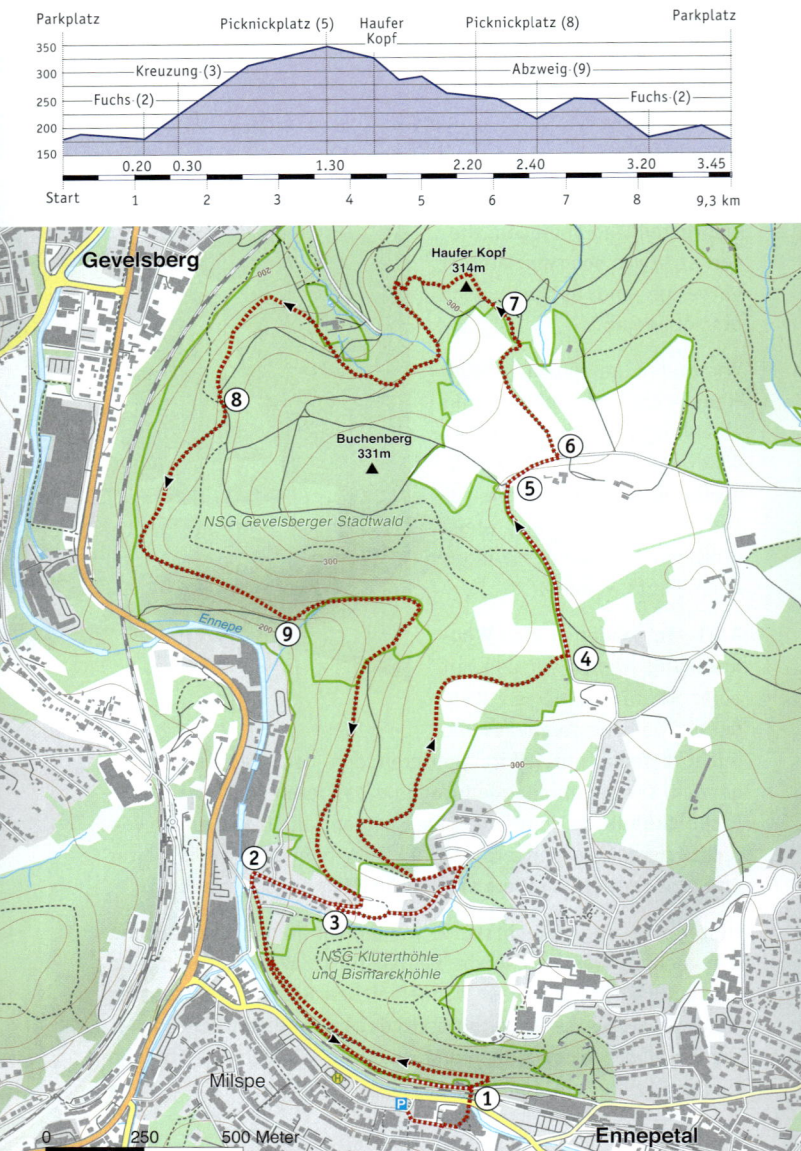

# Tour 31:
# Mit dem Kanu auf der Ruhr

STRECKE
9,5 km

2 h 30

ab 6

*Von Witten-Bommern zum Kemnader See*

*Die kurze Familientour eignet sich auch für ungeübte Paddler und bietet trotzdem viele Highlights: Wir paddeln direkt an der Burg Hardenstein vorbei und begegnen der Ruhrtal-Fähre bei der Überfahrt. In der Auenlandschaft rund um die Ruhr sind viele Wasservögel zu Hause. Mit etwas Glück können wir Eisvögel beobachten. Auch fahrtechnisch gibt es zwei spannende Stellen: Vor dem Wasserkraftwerk Hohenstein müssen die Kanus aus dem Wasser und ein Stück umtragen werden. An der Herbeder Schleuse können sie dagegen im Wasser bleiben, müssen aber »getreidelt« werden. Die Einfahrt in den idyllisch gelegenen Kemnader See ist der krönende Abschluss der Tour.*

## TOUREN-STECKBRIEF

**Anfahrt:** A 43, Ausfahrt Witten-Heven. Auf die Seestraße Richtung Heven, die im weiteren Verlauf erst Herbeder Straße und dann B 226 heißt, immer die Ruhr entlang und diese auf der Ruhrstraße überqueren. Links abbiegen in die Uferstraße und immer weiter geradeaus fahren bis zum Parkplatz am Startpunkt bei **GPS N 51°25'08", E 7°20'58"**. Ziel am Kemnader See N 51°26'18", E 7°16'49".

**ÖPNV:** Haltestelle Albrecht-Dürer-Straße, Buslinie 379. Von dort etwa ein Kilometer Fußweg über den Bommerfelder Ring, die Bleichestraße und die Uferstraße.

**Anspruch und Charakter:** Einfache Kanutour auf Zahmwasser, auch für Anfänger geeignet.

**Highlights:** Ruhrviadukt Witten, Burg Hardenstein, Kanus treideln, Kemnader See.

**Einkehr:** Verschiedene Gaststätten am Kemnader See.

**In der Nähe:** Freizeitbad Heveney, Botanischer Garten Bochum, Burg Blankenstein, Burg Hardenstein.

Die Paddeltour startet am Steg kurz vor dem **Campingplatz Steger**. Die Ruhr ist hier durch eine kleine Insel geteilt, aber bereits nach wenigen Metern erreichen wir den Zusammenfluss. Wir paddeln in Fließrichtung weiter und erreichen bereits nach kurzer Zeit auf der linken Seite die erste **Wehranlage am Wasserkraftwerk Hohenstein**. Hier heißt es aussteigen und die Kanus aus dem Wasser heben, denn ein Befahren der Wehranlage ist nicht möglich. Dazu fahren wir links des Hauses an die rechte Seite der Wehrmauer heran. Wer will, nutzt die Gelegenheit gleich zu einer ersten Rast.

**Das Ruhrviadukt Witten**
Auf einer Länge von 716 Metern überspannt das Viadukt mit insgesamt 20 Bögen das Ruhrtal. Der Bau wurde 1913 begonnen und 1916 abgeschlossen. Bis heute fahren Güterzüge über das Viadukt, der Personenverkehr allerdings nur noch in Ausnahmefällen, wenn andere Strecken zeitweise gesperrt sind.

Anschließend tragen wir die Kanus wenige Meter über die **Fischtreppe** hinunter und steigen am Unterwasser wieder in die Ruhr ein. Der rechts von uns fließende Mühlengraben ist das Privatgelände eines Ruderclubs.

Bereits kurze Zeit später paddeln wir erst unter dem eindrucksvollen **Ruhrviadukt Witten**, danach unter der Ruhrbrücke hindurch. Die Ufer sind jetzt von Wiesen gesäumt und hier in den Ruhrauen leben besonders viele Wildtiere.

Der nächste Orientierungspunkt ist die **Nachtigallbrücke**. Hinter der Brücke zieht der Fluss eine weite Linkskurve und wir kommen zur Ruhrtal-Fähre, die Radfahrer auf dem Ruhrtalradweg von einem Ufer zum anderen bringt.

Unmittelbar hinter der Fähre müssen wir uns noch vor der Burg Hardenstein im rechten Flussarm halten, um zur **Herbeder Schleuse** zu gelangen. Der linke Arm der Ruhr darf hier nicht befahren werden, da er in eine Werksanlage hineinführt. An der Schleuse heißt es erneut aussteigen, denn die Bootsrutsche führt nur wenig Wasser und ist daher nicht fahrbar. Dieses Mal müssen wir die Kanus aber nicht tragen, sondern können sie gemütlich treideln lassen, bis wir das Unterwasser erreichen. Beim **Treideln** laufen wir selbst am Ufer entlang und haben unser Boot unten im Wasser am langen Kanuseil wie einen Hund.

An der Herbeder Schleuse müssen wir außerdem zuerst durch Ziehen an der Kette dafür sorgen, dass genug Wasser in die Bootsgasse fließt. Anschließend warten wir auf das grüne Ampelzeichen, um unser Kanu durch die Schleuse zu ziehen.

**Kanustation Lenne-Ruhr-Kanu**
Das Kanu für diese Tour kann man an der Station am Campingplatz Steger mieten. Außerdem werden bei Ruhr-Kanu noch andere Touren auf der Ruhr angeboten, die sich für Familien eignen. Auch Mehrtagestouren sind möglich. Die Tagesmiete für ein Kanu liegt bei €60–70. Der Rücktransport der Kanuten kann zusätzlich vereinbart werden. www.ruhrkanu.de

**Rückfahrt mit dem Boot**
Statt auf dem Landweg können wir auch auf dem Wasser zum Auto zurückkehren: Das Ausflugsschiff MS Schwalbe II fährt vom Hafen Heveney bis nach Witten-Bommern. Infos zu Preisen und Fahrplan unter www.stadtwerke-witten.de.

Danach geht es bereits an den Endspurt: Wir paddeln noch einmal zwischen grünen Wiesen, unterqueren die **Lakebrücke**, die Wittener Straße und schließlich auch die A43. Danach öffnet sich der **Kemnader See** vor uns: Wir halten uns rechts, lassen die Herzinsel also links von uns liegen und genießen den Blick über die Weite des Wassers. Am kleinen **Leuchtturm** biegen wir rechts in den Bach ein und paddeln nun mit strammem Schlag den Oelbach entlang, vorbei am Tretbootverleih bis zum großen **Steg** auf der linken Seite kurz vor der Aussichtsbrücke. Hier endet unsere Paddeltour.

# Tour 32:
# Bergbau im Muttental

120 m

STRECKE
6 km

2 h 30

ab 6

**Wissenswertes in schöner Natur**

*Im wunderschönen Muttental wandern wir von einer Station des Bergbauwanderwegs zur anderen und erfreuen uns am romantischen Muttenbach, der die Kinder zum Spielen einlädt. Auch in der Bergbau-Ausstellung und rund um die Burgruine Hardenstein gibt es noch einmal viel zu entdecken.*

**Wanderung:** Vom Parkplatz wählen wir den bergab führenden Weg in Richtung Muttental und Schacht Renate. Kurz darauf erreichen wir zwei Picknickbänke und die Station zum ehemaligen **Schacht Renate** ①, über den wir uns auf einer Hinweistafel informieren können.

Dann überqueren wir den Muttenbach und wenden uns direkt hinter der Brücke nach links. Der Bachlauf schlängelt sich hier idyllisch durch die grüne Wiese. Rechts von uns gelangen wir zum Schacht Juno und zum **Stollen Fortuna** ②.

Weiter geht es geradeaus bis zur **Muttentalbahn** ③, von der hier ein alter Wagen zu sehen ist. Danach kommen wir zu einem Platz am Ufer des Muttenbachs, das sich gut zum Spielen eignet. Ein kurzer Abstecher über den Bach bringt uns zum **Stollen Stettin** ④. Zurück auf dem Hauptweg folgen wir den Wanderzeichen A2 und A3 nach links.

Am nächsten **Abzweig** wenden wir uns leicht nach rechts und steigen nun steil bergan. Kurz vor einem großen Bauernhof bie-

gen wir in einer **Spitzkehre** links ab und laufen nun unterhalb unseres Hinwegs auf dem **Wanderweg H** bergab. Am Ende des schmalen Pfades biegen wir rechts ab und laufen wieder parallel zum **Muttenbach**. Kurz darauf erreichen wir eine

> **Bergbauwanderweg Muttental und Muttentalbahn**
> Am neun Kilometer langen Rundweg liegen Bauwerke aus vielen Jahrhunderten Bergbau an der Ruhr. So sind unter anderem Stollen, Verladeanlagen und Fördergerüste zu sehen. Die Muttentalbahn beförderte auf gut sechs Kilometern Kohle. Am Wanderweg ist ein Originalwagen der Bahn zu sehen.

ehemalige **Haspelanlage** mit der zugehörigen Infotafel. Wir wandern hier weiter geradeaus und passieren die **Zeche Hermann** (5) und das Zechenhaus Herberholz, denen wir unbedingt einen Besuch abstatten sollten.

Weiter geht es geradeaus, immer am Muttenbach entlang, bis wir das **Bethaus der Bergleute** (6) rechts von uns erreichen. Hier lohnt eine Einkehr!

Wir wandern weiter geradeaus, vorbei am **Stollen Turteltaube**. Auch die nächste Kreuzung wird geradeaus überquert, nun in Richtung **Zeche Nachtigall** (7). An der Zeche angekommen,

## TOUREN-STECKBRIEF

**Anfahrt:** A 43, Ausfahrt Witten-Herbede. Von dort weiter in Richtung Bommern und von der Rauendahlstraße zum Parkplatz bei **GPS N 51° 24'49", E 7° 18'48"**.
**ÖPNV:** Keine Verbindung.
**Markierung:** Viele Wegweiser; wechselnd A1, A2, A3, H, U.
**Anspruch und Charakter:** Munteres Auf und Ab, meist über Waldwege; aufgrund der vielen Stationen kann man auch wesentlich mehr Zeit auf dem Weg verbringen.
**Highlights:** Stationen des Bergbauwanderwegs, romantischer Bachlauf, Burgruine Hardenstein.
**Einkehr:** Bethaus der Bergleute, Restaurant Zur Alten Tür.
**In der Nähe:** Freizeitbad Heveney, Botanischer Garten Bochum, Burg Blankenstein, Kemnader See.

lohnt erneut ein kurzer Abstecher nach rechts: Man sieht hier im Hang deutlich die Kohleschicht und kann in den Stollen hineinschauen.

Von unserem Weg aus kommend biegen wir am **Besucherstollen Nachtigall** links ab in die Straße »Auf der Marta«. Kurz darauf wenden wir uns leicht nach rechts in den Pfad zur Ruine Hardenstein. Nachdem wir ein Eisentor durchschritten haben, biegen wir nicht in den nach links bergauf führenden Pfad ab, sondern bleiben auf unserem Weg. Ebenso halten wir es am nächsten Abzweig. Uns begleiten die Wanderzeichen A1 und A3, bis wir den **Nachkriegsstollen** erreichen. Linkerhand beeindruckt uns eine **große Felswand** ⑧, an der bei schönem Wetter mutige Kletterer zu beobachten sind.

**Burg Hardenstein**

Die Wasserburg wurde zwischen 1345 und 1354 erbaut. Im 18. Jahrhundert gab man sie auf und sie verfiel. Seit 1974 wird die Ruine von dem Verein Burgfreunde Hardenstein erhalten, erforscht und gepflegt.

Kurz darauf passieren wir den Vereinigungsstollen und können die **Burgruine** ⑨ bereits vor uns sehen. Wir laufen nun direkt auf diese zu und durch einen Torbogen in die Burganlage hinein. Nach einer ausführlichen Erkundungstour, bei der wir auch die Fähre über die Ruhr beobachten können, verlassen wir

das Gelände wieder, wandern am Naturschutzgebiet-Schild vorbei und steigen, den Wanderzeichen A1 und A3 folgend, leicht bergan. Kurz darauf stehen wir vor dem Stollen Reiger und der Infotafel zur **Zeche Orion** ⑩.

An der **großen Kreuzung** biegen wir scharf links ab in Richtung Muttental. Der Weg ist mit U und A3 markiert. Es geht nun bergauf. Weiter oben biegen wir zweimal rechts ab in Richtung Muttental, Alte Tür. Wir ignorieren den nach links abzweigenden Weg und kommen an einer **Infotafel zu einer Mulde des Steinkohlengebirges** vorbei. Dann folgen wir dem markierten Wanderweg bis zum einladenden **Restaurant Zur Alten Tür** ⑪.

Wir biegen vor der Gaststätte links ab in die **Berghauser Straße**. Damit folgen wir auch dem Wegweiser Richtung Muttental. Wir passieren die Infotafel zum Göpelschacht Wilhelm und lassen den **Feuerwehrturm** rechts von uns liegen. Die Wanderzeichen U, A1 und A3 führen uns geradeaus weiter, bis wir den **Göpelschacht Moses** ⑫ erreichen, den man erkunden kann. Unmittelbar danach biegen wir rechts ab und steigen bergab. Die nach wenigen Schritten folgende **Kreuzung** überqueren wir gerade-

**Bergbau mit dem Göpel**

Die Schachtförderung war vom 16. bis zum Anfang des 19. Jahrhunderts eine gängige Technik des Abbaus von Steinkohle. Um die schwere Kohle aus dem bis zu 100 Meter tiefen Schacht zu heben, arbeitete man mit einem Göpel. Ein Göpel besteht aus zwei ineinandergreifenden Zahnrädern. Mit deren Hilfe wird Kraft, zum Beispiel die Muskelkraft eines Zugtieres, in die Senkrechte übertragen. Diese Grundtechnik wurde auch in vielen Bereichen der Landwirtschaft genutzt. Kleine Göpel hat man per Hand betrieben, in größeren Anlagen waren meist Pferde im Einsatz.

aus, an der nächsten wenden wir uns nach rechts. Wieder eine Kreuzung weiter geht es geradeaus und durch eine Rechtskurve. Wir treffen auf einen neuen Weg, dem wir geradeaus und bergan folgen. Wir passieren eine **Infotafel** mit einem geologischen Überblick. Kurze Zeit später erreichen wir unseren Ausgangspunkt.

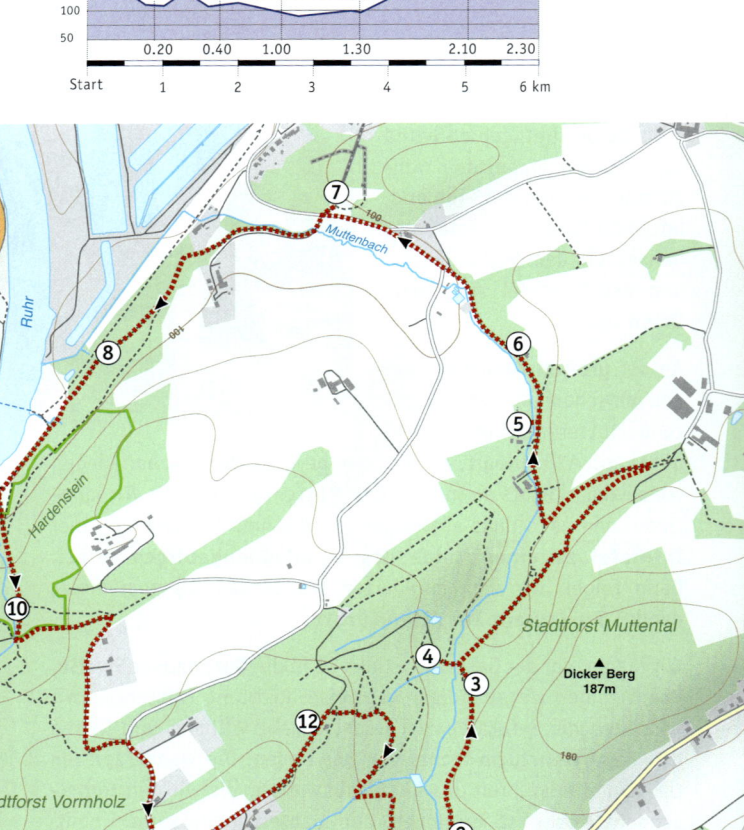

## Tour 33:
# Abenteuerwege im Wald und am Wasser

*Auf dem historischen Leinpfad rund um Bochum-Stiepel*

*Hier zeigt sich das Tal der Ruhr von seiner schönsten Seite: Wir wandern durch Wiesen und Felder in den Ruhrauen und auf schmalen Pfaden durch den Wald hinauf auf den Henkenberg. Anschließend führt uns der historische Leinpfad direkt am Flussufer entlang. Gleich zwei einladende Gaststätten und ein kleiner Spielplatz sorgen für den Wohlfühlfaktor auf dieser Runde.*

70 m

STRECKE
7,5 km

2 h 30

ab 6

## TOUREN-STECKBRIEF

**Anfahrt:** A 43, Ausfahrt Witten-Herbede oder A 40 bis Bochum-West und dann auf die A 448 bis zu deren Ende. Abzweig von der Kemnader Straße zum Parkplatz an der Gibraltarstraße bei **GPS N 51°24'51", E 7°14'45"**.
**ÖPNV:** Haltestelle Kemnader Brücke, Buslinie 350 und NE4.
**Markierung:** Streckenweise weißer Kreis.
**Anspruch und Charakter:** Überwiegend gute Wege. Auf den Pfaden im Wald sind etwas Trittsicherheit und Orientierungs-sinn notwendig. GPS-Track [**> Seite 20**] und digitale Karte sind hier hilfreich.
**Highlights:** Kletterspielplatz, abwechslungsreiche Pfade durch den Wald, alter Leinpfad an der Ruhr.
**Einkehr:** Wirtshaus Stiepel, Andrés alte Fähre mit Biergarten.
**In der Nähe:** Kemnader See, Burg Blankenstein, Botanischer Garten, LWL-Industriemuseum, Freizeitbad Heveney, Henrichshütte Hattingen, Tierpark und Fossilium im Stadtpark Bochum.

**Wanderung:** Vom Parkplatz gehen wir zur Kemnader Straße, überqueren diese an der Bushaltestelle und folgen geradeaus dem mit einem **weißen Kreis auf schwarzem Hintergrund** markierten Wanderweg. An der Kreuzung mit den vielen Wegen gehen wir weiter geradeaus am Parkplatz vorbei und wandern in sanftem Auf und Ab durch den Uferwald. Am Weg stehen mehrere altehrwürdige **Biotopbäume** ①. Links unter uns sehen wir die Ruhr durch die Blätter der Bäume blitzen.

---

**Biotopbäume**

Biotopbäume bieten einen besonders guten Lebensraum für andere Lebewesen, sind aber wirtschaftlich meist uninteressant. Oft sind sie sehr alt oder sterben bereits ab. Horstbäume oder solche mit Spechthöhlen zählen beispielsweise dazu. Sie werden sich selbst – und ihren Bewohnern – überlassen und nicht gefällt.

---

Unser Weg wandelt sich allmählich zu einem Pfad, der uns weiterhin munter auf und ab führt. Schließlich gelangen wir zu einigen **Holzstufen**, über die wir etwas steiler bergab steigen. Kurz darauf ignorieren wir den nach links abzweigenden Weg und wandern weiter geradeaus, leicht bergab und immer parallel zur Ruhr, bis uns ein paar **Steinstufen** am **Gasthof Andrés alte Fähre** ② zu einer schmalen **Straße** hinab bringen.

Wir folgen der Straße nach rechts und biegen bei nächster Gelegenheit links ab in das Naturschutzgebiet. Bei den **Kopfweiden** angekommen biegen wir an der nächsten Weggabelung leicht nach rechts ab. Hier sehen wir die Burg Blankenstein auf der anderen Seite der Ruhr auf einem Hügel thronen. Wir kommen an mehreren **Picknickbänken** vorbei. Am nächsten nach rechts abzweigenden Weg lohnt sich ein kurzer Abstecher: Wir entdecken einen kleinen **Kletter-Spielplatz** ③, eine Fußballwiese mit Toren und schöne Picknickmöglichkeiten. Während sich die Kinder eine erste Spielpause verdient haben, können die Erwachsenen hier wunderbar rasten.

Zurück auf unserem Weg biegen wir in der Rechtskurve nach links ab, laufen im Grunde also in gleicher Richtung weiter und passieren kurz darauf ein **Weidetor**. An der T-Kreuzung wenden wir uns nach rechts. Kurz darauf überqueren wir die **Brockhauser Straße** und gehen geradeaus weiter. Erneut begleitet uns dabei der weiße Kreis auf schwarzem Hintergrund.

> **Der historische Leinpfad**
> Vor etwa 150 Jahren zogen Kaltblutpferde die Kohle-Transportschiffe an langen Leinen auf der Ruhr stromaufwärts. Diese Art des Transportes wurde 1889 gänzlich eingestellt. Ein Teil der Lein- oder Treidelpfade ist heute noch erhalten. Sie sind durch die Lage direkt am Wasser besonders beliebt als Wander- und Fahrradwege.

Wir erreichen einen Laubwald, steigen leicht bergan und wenden uns an der nächsten **Kreuzung** nach links in Richtung des roten Hauses, an dessen Wand wir **Pippi Langstrumpf** ④ entdecken.

Die nächsten beiden **Abzweige** nach rechts ignorierend wandern wir weiter bergauf. Langsam wird es steiler, aber das Klettern über Steine und Wurzeln lässt uns die Anstrengung kaum spüren. Erneut ignorieren wir einen nach rechts abzweigenden Weg. Kurz darauf gabelt sich unser schmaler werdender Pfad mehrfach, beide Wege kommen aber immer wieder zusammen. An der **Kreuzung**, wo sich die Wege deutlich trennen, weil einer scharf nach rechts abzweigt, gehen wir weiter geradeaus. An der nächsten **Wegkreuzung** ⑤ wandern wir ebenfalls weiter geradeaus. Inzwischen geht es nur noch kaum spürbar bergan.

An der nächsten **Weggabelung** wenden wir uns scharf nach links und wandern immer leicht oberhalb einiger auffälliger **Mulden im Boden** steil bergab. Kurz danach lichtet sich der Wald und wir können die Aussicht genießen. Der nach links abzweigende Weg wird ignoriert. Wir wandern weiter geradeaus und schließlich geht es auf schmalem Pfad steil bergab. Auch links und rechts des Wegs fällt der Hang steil ab, daher ist hier ein wenig Vorsicht geboten, um nicht den Hang hinunter zu rutschen. Schließlich erreichen wir einen kleinen **Platz mitten im Wald** ⑥, der von einer Mauer umfasst ist.

Nun wandern wir in Serpentinen weiter bergab. Am Ende des Pfads wenden wir uns nach rechts, gehen weiter bergab und passieren eine **rot-weiße Wegsperrre**. An einer **Bank** biegen wir scharf nach links ab und überwinden ein paar **Steinstufen**. Plötzlich steht mitten auf dem Weg ein **Drehkreuz**, das wohl mal als Durchlass in einem Weidezaun diente. Serpentine für Serpentine geht es weiter hinunter, bis wir die Brockhauser Straße erreichen. Hier wenden wir uns nach rechts und überqueren die Koster Straße an der Ampel.

Direkt danach betreten wir wieder Landschaftsschutzgebiet und wandern über den Fußgängerweg bergab. Unten angekommen laden ein paar große **Steine zum Klettern** ein. Dann biegen wir links auf die **Blankensteiner Straße** ab. Kurz vor der Unterquerung der Koster Straße biegt unser Wanderweg nach rechts ab. Hier lohnt ein kurzer Abstecher zum **Wirtshaus Stiepel** ⑦. Dazu unterqueren wir die Koster Straße und sehen unsere Einkehrmöglichkeit direkt danach auf der linken Seite. Im Sommer kann man hier schön draußen sitzen. Aber auch eine Einkehr im Wirtshaus lohnt sich: Direkt an die Gaststube, die im Herbst und Winter gemütlich mit einem Ofen geheizt wird, grenzt eine Reithalle an. Während man auf sein Essen wartet, kann man Pferde und Reiter in der Halle beobachten.

Wenn wir das Wirtshaus verlassen, wenden wir uns nach rechts, unterqueren die Koster Straße und biegen direkt danach links ab. Den kurz darauf nach rechts abzweigenden Weg ignorieren wir und unterqueren zwischen den Pferdekoppeln erneut die Koster Straße. An der nächsten Kreuzung wandern wir weiter geradeaus, bis wir das Ufer der Ruhr erreichen. Hier wenden wir uns nach links und wandern fortan auf dem historischen **Leinpfad** ⑧.

Nach einem knappen Kilometer erreichen wir auf diesem die **Blankensteiner Schleuse** ⑨. Infotafeln berichten hier vom

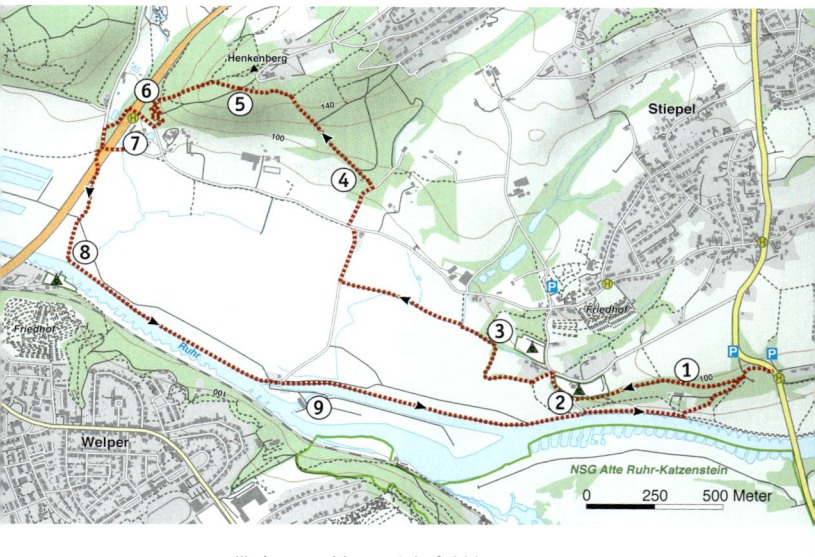

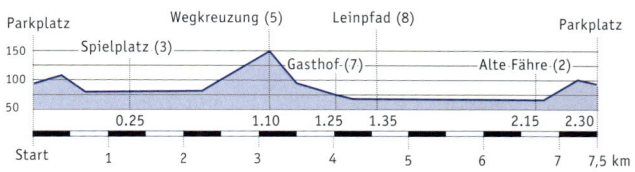

großen Hochwasser im Jahr 1808 und erklären die ökologische Wassergewinnung an der Ruhr.

Wir folgen weiter dem Leinpfad direkt am Ufer der Ruhr entlang auf schmaler werdendem Pfad. Knapp einen Kilometer vor dem Ende unserer Wanderung erreichen wir wieder **Andrés Alte Fähre** ②, wo uns Biergarten und Gaststube zu einer erneuten Einkehr einladen. Unser Wanderweg führt uns jedoch noch ein Stück weiter die Ruhr entlang. An der **Tafel der DLRG** und dem Mast mit dem Notruf-Standort 6330 biegen wir nach links ab auf den Wiesenweg.

An einer Verzweigung wandern wir weiter geradeaus und treffen einen alten Bekannten: Der **weiße Kreis auf schwarzem Hintergrund** begleitet uns nun bis zum Ziel. Nach einem leichten Schwenk nach links steigen wir leicht bergan und biegen rechts in die kurz darauf erreichte **Straße** ab. Diese verlassen wir nur wenig später wieder in den nach rechts abzweigenden Pfad, der uns parallel zur Straße leicht bergan führt. An der **Wegkreuzung**, die wir bereits von unserem Hinweg kennen, biegen wir rechts in den zweiten Weg ein und gehen auf unserem Hinweg zurück zum Auto. Dabei überqueren wir die nächste Kreuzung geradeaus und folgen dem weißen Kreis weiter bis zum Parkplatz.

# Tour 34: Weitblick über das Ruhrgebiet

*Unterwegs auf der Entdeckerschleife bei Velbert-Langenberg*

*Die Entdeckerschleife Weitblick führt uns über die grünen Höhenzüge des Bergischen Landes südlich der Ruhr. Es geht stetig auf und ab – durch den Wald und durch malerische Orte mit alten Fachwerkhäusern. An vielen Plätzen reicht der Blick weit über das Ruhrgebiet. Am Weg können wir Greifvögel beobachten und an einem der Aussichtspunkte picknicken.*

230 m

STRECKE
9,5 km

4 h

ab 8

**Wanderung:** Vom S-Bahnhof aus betreten wir die **Voßkuhlstraße**, überqueren die Fußgängerampel und biegen direkt danach rechts in die **Frohnstraße** ein. Sofort führt uns der Weg steil bergauf: Wir biegen links ab in die Kuhler Straße und wenden uns kurz darauf nach rechts in die **Voßnacker Straße**, der wir etwa 350 Meter folgen. Dann geht es rechts in die Straße **In der Kuhle**. Hier bietet ein **Spielplatz** ① nach dem ersten Anstieg eine erstes Zwischenziel zur Pause und zur Belohnung für die Kinder.

Unser Weg führt weiter geradeaus in den Wald hinein und in der folgenden Linkskurve nach rechts, leicht bergab. Wir wandern an einer Schafweide vorbei und treffen dann auf die **Nierenhofer Straße**, wenden uns auf dieser nach rechts und erreichen die **Gaststätte zur Wilhelmshöhe** ②.

Hinter dem Gasthaus geht es wieder nach links in die **Wilhelmshöher Straße**, der wir mit weitem, freien Blick über die Felder für den nächsten Kilometer folgen. Dann biegen wir rechts in die Kupferdreher Straße ein. 200 Meter weiter folgen wir den Wegmarkierungen **scharf nach links** ③, gehen im Wald empor, am kleinen

> **Neanderlandsteig**
> Der 240 Kilometer lange Neanderlandsteig verbindet als großer Rundweg Orte und Naturschönheiten im Neanderland. 17 Etappen führen zu kulturellen und naturnahen Highlights zwischen Velbert und Monheim sowie zwischen Ratingen und Langenfeld. Ergänzend dazu bieten die Entdeckerschleifen als Rundtouren die Möglichkeit, die Highlights des Weitwanderweges in Tagestouren zu erwandern.
> *www.neanderlandsteig.de*

gelben Wegweiser scharf nach rechts abbiegend, und immer geradeaus bis zur **Straße Eickelbecktal,** die wir überqueren. So erreichen wir schließlich nach einigem Auf und Ab durch Wald und Feld zuerst eine Kreuzung, an der wir uns links halten, und dann den **Priembergweg** ④, in den wir ebenfalls links einbiegen.

Kurz darauf zweigt unsere Entdeckerschleife auf schmalem Pfad links ab in den Wald. Wir kommen an einem **Steinmännchen** und einer guten Picknickmöglichkeit auf Baumstämmen vorbei, bevor der Steig erneut auf die **Nierenhofer Straße** trifft. Wir folgen dieser nach links und kommen an einigen Picknickbänken und an einem **Haus** ⑤ vorbei. Wenig später überqueren wir die Landstraße geradeaus und wandern auf der **Voßnackerstraße** leicht abwärts.

## TOUREN-STECKBRIEF

**Anfahrt:** A 44, Ausfahrt Langenberg. Auf die Rottberger Straße in Richtung Langenberg fahren, links abbiegen auf die Nierenhofer Straße und nach rechts auf die Voßnacker Straße. An der T-Kreuzung nach links wenden in die Frohnstraße und dieser auch in eine Rechtskurve folgen. An der T-Kreuzung links abbiegen in die Voßkuhlstraße, auf der sich der Parkplatz bei **GPS N 51° 21′ 18″, E 7° 07′ 19″** befindet.
**ÖPNV:** Bahnhof Velbert-Langenberg, Zuglinien RE49 und S9. Buslinien 637, 647, E805, E844, E939, O V6.

**Markierung:** Durchgängig das »n« des Neanderlandsteiges (Entdeckerschleife Weitblick).
**Anspruch und Charakter:** In den Ausläufern des Bergischen Landes sind einige Höhenmeter zu überwinden, bisweilen grandiose Ausblicke und eine abwechslungsreiche Wegführung trösten über Asphaltstrecken schnell hinweg.
**Highlights:** Greifvogelansitzstangen, Weitblicke auf das Ruhrgebiet, Fachwerkhäuser.
**Einkehr:** Gaststätte zur Wilhelmshöhe.
**In der Nähe:** Herminghauspark.

Beim dritten Abzweig auf der rechten Seite biegen wir ab in einen **Feldweg** ⑥, wenden uns bei erster Möglichkeit nach links und wandern auf einem Pfad durch Wald und Flur bis zur Krankenhausstraße. Vorher können wir an den **Greifvogel-Ansitzstangen** ⑦ mit etwas Glück Raubvögel bei der Jagd beobachten. Die waagrechten Sitzstangen auf einem drei bis vier Meter hohen Mast werden angebracht, um Greifvögeln eine Alternative zu jungen Bäumen für den Ansitz zu bieten, da diese sonst beschädigt werden könnten.

Dann trifft der markierte Wanderweg auf die **Krankenhausstraße,** der wir nach links folgen. Wir drehen eine halbe Runde um die Klinik, überqueren eine Kreuzung und gehen dabei weiter in die **Frohnstraße**. Nach etwa 400 Meter steigen wir rechts über Stufen zur **Voßkuhlstraße** hinunter und biegen dort links ab. An einigen hübschen Fachwerkhäusern vorbei geht es zurück zum S-Bahnhof und zum Parkplatz.

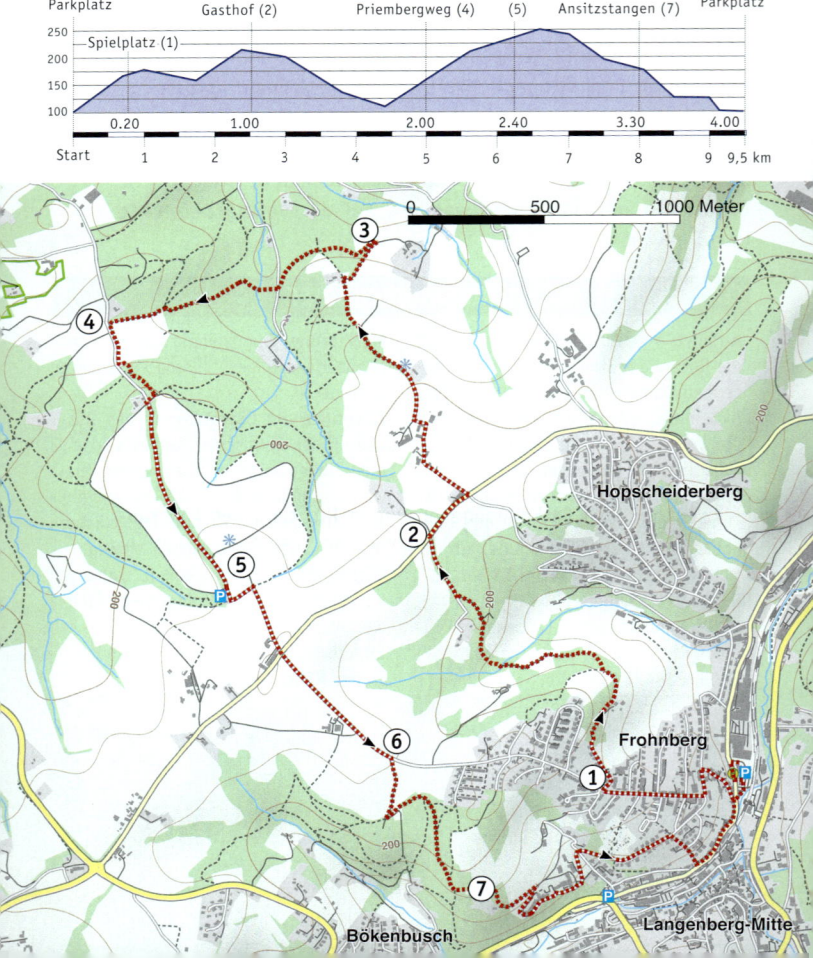

## Tour 35:
## An der rauschenden Ruhr

60 m

STRECKE

5,2 km

1 h 45

ab 6

*Über zwei Brücken, zur Horster Schleuse und in den Park Hörsterfeld*

*Näher kann man der Ruhr beim Wandern nicht kommen: Knapp die Hälfte der Wanderung verläuft direkt am Ufer, bei Hochwasser ist sogar eine Überflutung des Weges möglich. Dadurch bieten sich zahlreiche Möglichkeiten, Enten und Schwäne zu beobachten, aber auch zum Steine oder Stöcke ins Wasser werfen. Kurz vor Ende der Tour belohnt ein Abenteuerspielplatz die kleinen Wanderer mit zahlreichen Spiel- und Klettermöglichkeiten.*

**Wanderung:** Vom Parkplatz gehen wir in Richtung des **Fahrrad-knotenpunktes 87** und folgen dem Wegweiser in Richtung Kem-

### TOUREN-STECKBRIEF

**Anfahrt:** A 40, Ausfahrt Bochum-Wattenscheid West. Weiter über Höntrop, Eiberg sowie in Richtung Horst und Dahlhausen bis zum Parkplatz bei **GPS N 51°25′59″, E 7°07′31″**.
**ÖPNV:** Bushaltestelle Eisenbahnmuseum Dahlhausen, Buslinie 357.
**Markierung:** Zeitweise A2.
**Anspruch und Charakter:** Überwiegend leichte Wanderung am Ufer der Ruhr (Vorsicht bei Hochwasser). Im zweiten Teil wenige Höhenmeter hinauf in den Park Hörsterfeld, steiler Abstieg zurück zum Parkplatz.
**Highlights:** Horster Schleuse, Abenteuerspielplatz.
**Einkehr:** Gaststätte Haus Großjung.
**In der Nähe:** Eisenbahnmuseum Bochum, Burg Altendorf, LWL-Industriemuseum Henrichshütte Hattingen.

### Die Horster Schleuse

Die Schleuse wurde 1775 fertiggestellt, um die Ruhr schiffbar zu machen. Dadurch konnte die in der Region abgebaute Kohle besser transportiert werden. Zwischen Langschede im Kreis Unna und Werden wurden dafür insgesamt 16 Schleusen gebaut. Seit 1984 steht die Horster Schleuse in der Denkmalliste der Stadt Essen. Heute dient sie zur Sicherung des Wasserabflusses bei Hochwasser und damit zur Vermeidung von Uferschäden.

nader- und Baldeneysee. Nur 30 Meter entfernt befindet sich das Eisenbahnmuseum Bochum. Wir gehen parallel zu einem kleinen Bach leicht bergab und durch eine Unterführung hindurch. Dann überqueren wir die Ruhr über die **blaue Brücke** ①.

Am **Fahrradknotenpunkt 80** wenden wir uns leicht nach links und gehen weiter in Richtung Essen-Steele. Nun wandern wir unmittelbar am Ufer der Ruhr entlang. Bereits kurze Zeit später hören wir das Wasser an der **Horster Schleuse** ② rauschen. Am Aussichtspunkt der Schleuse erfahren wir auf einer Infotafel allerhand Wissenswertes über die Anlage.

In der Folge ignorieren wir den scharf nach links abzweigenden Weg und laufen geradeaus auf die **weiße Brücke** ③ zu, auf der wir die Ruhr erneut überqueren. Kleine Aussichtsluken mit Bänken laden hier zur Rast ein. Direkt hinter der Brücke erreichen wir das **Haus Großjung**, das uns nach knapp der Hälfte der Wanderung zu einer Einkehr einlädt. In der warmen Jahreszeit gibt es hier auch einen Biergarten.

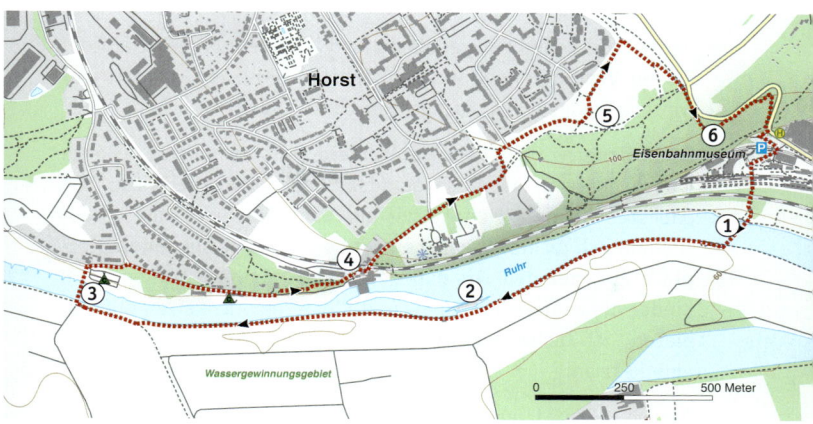

Im Anschluss lassen wir die Gaststätte links von uns liegen und steigen auf der Straße leicht bergan. Oben angekommen

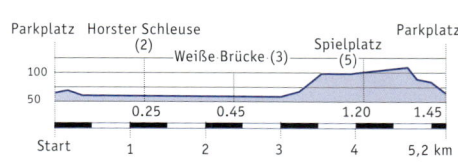

überqueren wir die **Horster Straße** und biegen nach rechts ab.

Nun wandern wir ein Stück oberhalb der Ruhr und können immer wieder schöne Ausblicke auf diese und die umliegenden Wiesen genießen. Kurz nach **Haus Nr. 83** wählen wir den mit **A2** markierten Fußweg, der uns links ein weiteres Stück bergauf führt. Der Weg wird zum schmalen Abenteuerpfad. Wir halten uns immer geradeaus und laufen am Wasserwerk vorbei. Im Anschluss unterqueren wir die Eisenbahnschienen und folgen der **Antonien-allee** ④ immer geradeaus. An der ersten Kreuzung mit der Eberhardstraße gehen wir geradeaus und befinden uns jetzt auf der Straße **Vryburg**. Auch an der nächsten Kreuzung wandern wir weiter geradeaus, am Sackgassenschild vorbei.

So erreichen wir den **Park Hörsterfeld**, passieren mehrere Bänke und wandern immer noch geradeaus quer über die Wiese. Am nächsten Abzweig wenden wir uns nach links und kurz darauf wieder nach rechts. Hier sehen wir bereits den **Abenteuerspielplatz ⑤**, auf den wir nun geradeaus zulaufen. Während die Kinder die zahlreichen Spiel- und Klettermöglichkeiten nutzen, bieten sich mehrere Bänke und schattenspendende Bäume für eine Rast an.

Danach gehen wir unmittelbar vor dem Spielplatz in einem Schwenk nach links leicht bergauf und ignorieren den nächsten, nach links abzweigenden Weg. An der zweiten Gruppe dreier nebeneinander stehender Bänke biegen wir scharf nach rechts ab. Am nächsten Abzweig, hier stehen zwei Bänke, wählen wir den linken Weg. Die nächste Kreuzung überqueren wir geradeaus. Nun geht es bergab. Den folgenden nach rechts abzweigenden Weg ignorieren wir und wandern weiter geradeaus auf nun schmaler werdendem Pfad. Nach einer Linkskurve haben wir besten **Ausblick auf das Ruhrtal ⑥**. Anschließend geht es auf einem Fußweg parallel zur Straße weiter bergab und zurück zu unserem Ausgangspunkt.

# Tour 36:
# Kletterpartie auf dem Baldeneysteig

*Zwischen Steig, See, Staumauer und Wildgatter*

130 m

7,7 km

3 h

ab 6

*Dass man am Baldeneysee prima schwimmen, inline-skaten und radfahren kann, ist allgemein bekannt. Der gut markierte Baldeneysteig macht das Umfeld des Sees aber auch zu einem schönen Wandergebiet. Es geht auf schmalen Pfaden auf und ab und natürlich an den See hinunter. Die abwechslungsreiche Runde führt uns zudem noch zu Mufflon, Rotwild und Wildschweinen, die im Wildgatter Heissiwald zuhause sind.*

## TOUREN-STECKBRIEF

**Anfahrt:** A 52, Ausfahrt Essen-Harzopf. Weiter über die B 224 Richtung Bredeney bis zum »Weg zur Platte« und zum Parkplatz bei **GPS N 51°23′45″, E 6°59′21″**.
**ÖPNV:** 1. Haltestelle Seeblick: Die Tour beginnt oberhalb des Restaurants Al Casale Bellavista ②.
2. Haltestelle Weg zur Platte: Beginn der Tour bei der ersten Überquerung der Bredeneyer Straße.
3. Haltestelle Löwenstein: die Tour beginnt bei der zweiten Überquerung der Bredeneyer Straße.
Buslinien 169 und NE8.

**Markierung:** Immer wieder Baldeneysteig, gegen Ende Raute.
**Anspruch und Charakter:** Oft schmale Wege, die ein paar Kletterpartien erfordern. Kurze steile An- und Abstiege. Feste Schuhe mit gutem Profil sind hilfreich.
**Highlights:** Baldeneysteig, Baldeneysee, Staumauer, Wildgatter Heissiwald.
**Einkehr:** Al Casale Bellavista, Bootshaus am Baldeneysee, Wirtshaus Purzelbaum (Sonntag ab 14 Uhr, sonst ab 17 Uhr)
**In der Nähe:** Baldeneysee, Hespertalbahn, Margarethenhöhe, Villa Hügel.

**Wanderung:** Vom hinteren Ende des Parkplatzes gehen wir an der **Infotafel über den Baldeneysteig**, dessen Wanderzeichen wir erst einmal folgen, vorbei in den schmalen Pfad hinein. Kurz darauf müssen wir über einen dicken Baumstamm klettern. Auch im weiteren Verlauf gilt es auf dem **Abenteuerweg** einige Baumstämme zu übersteigen. Kurze Zeit später können wir durch die Bäume hindurch bereits den Baldeneysee glitzern sehen. Nun führt uns der Baldeneysteig über mehrere **Serpentinen** ① bergab.

Kurz vor Erreichen der Bredeneyer Straße wenden wir uns an einer **T-Kreuzung** nach links, wandern also in annähernd der gleichen Richtung weiter. Damit **verlassen wir vorläufig den Baldeneysteig**. Wir erreichen eine niedrige Mauer und sehen rechts unter uns **Al Casale Bellavista** ②, das mit seinem Biergarten und dem Ausblick zum See zu einer Einkehr einlädt.

Wir wandern parallel zur unterhalb gelegenen **Bredeneyer Straße** weiter, bis wir am Bushalt »Weg zur Platte« auf die Straße treffen. Hier überqueren wir die Bredeneyer Straße und wenden uns direkt danach nach rechts. Bei erster Möglichkeit biegen wir nach links ab und gehen an der Schranke vorbei in den Wald, wo wir gleich darauf die erste Kreuzung geradeaus überqueren. Den scharf nach rechts abzweigenden Weg ignorieren wir und wandern weiter geradeaus. Nun treffen wir wieder auf den **Baldeneysteig** ③.

An einer Picknickbank vorbei wandernd wenden wir uns leicht nach rechts und folgen jetzt dem **Wanderzeichen** weiter bergab. Ebenso verfahren wir an der nächsten **T-Kreuzung**, an der wir uns leicht nach links wenden, ein Bachbett überqueren und durch eine Rechtskurve laufen. Am ersten Abzweig halten wir uns leicht links und biegen nicht nach rechts in den bergab führenden Weg ab. Die nächste Kreuzung überqueren wir dem Wanderzeichen folgend geradeaus. Dann, kurz hinter den alten Baumstämmen, die zum Balancieren einladen, **verlassen wir den Baldeneysteig** ④ wieder und biegen scharf nach rechts ab in den unmarkierten bergab führenden Pfad.

Kurz darauf biegen wir an der Kreuzung links ab und müssen im Anschluss daran über mehrere Baumstämme klettern. An der folgenden **T-Kreuzung** biegen wir rechts ab und wandern erneut bergab. Wir erreichen einen **Tunnel** ⑤, durch den wir die Eisenbahnschienen unterqueren.

Wir überqueren die **Freiherr-von-Stein-Straße** und wandern auf dem Pfad geradeaus. An seinem Ende wenden wir uns nach links. An der nächsten Kreuzung halten wir uns rechts und erreichen so den Baldeneysee und den **Regattaturm** ⑥ mit Kiosk. Hier legt auch die Weiße Flotte ab und wir könnten die Wanderung für eine Rundfahrt auf dem See unterbrechen. Informationen gibt es unter www.baldeneysee.com.

Am Seeufer angekommen wenden wir uns nach rechts und wandern auf die **Staumauer** ⑦ zu. Steinstufen führen hinauf zur Mauerkrone, Tafeln informieren über den Baldeneysee und das Fischliftsystem an der Staumauer.

Anschließend wandern wir weiter die hinter dem Wehr abfließende Ruhr entlang. Dabei treffen wir wieder auf den **Baldeneysteig** und folgen ihm jetzt fast bis zu unserem Parkplatz. Am

Ende unseres Weges biegen wir am **grünen Zaun** nach rechts ab. Wir überqueren die Freiherr-von-Stein-Straße, schlängeln uns durch die rot-weißen Fahrradtore und gelangen so an die Bredeneyer Straße, die wir ein kleines Stück entlanglaufen.

Hinter der Bushaltestelle »Löwenstein« überqueren wir sie an der **Fußgänger-Ampel** und biegen direkt danach nach rechts ab in den Wald. Nun geht es der Wanderwegmarkierung folgend bergauf. Am **großen Stein** ⑧ biegen wir scharf nach links ab in den Anna-Linder-Weg.

An der folgenden **Picknickbank** ignorieren wir den scharf nach rechts abzweigenden Weg. Kurz danach wenden wir uns leicht nach links in den **bergab führenden Abenteuerpfad**. Wir laufen an einem weiteren Abzweig nach links vorbei und folgen dem

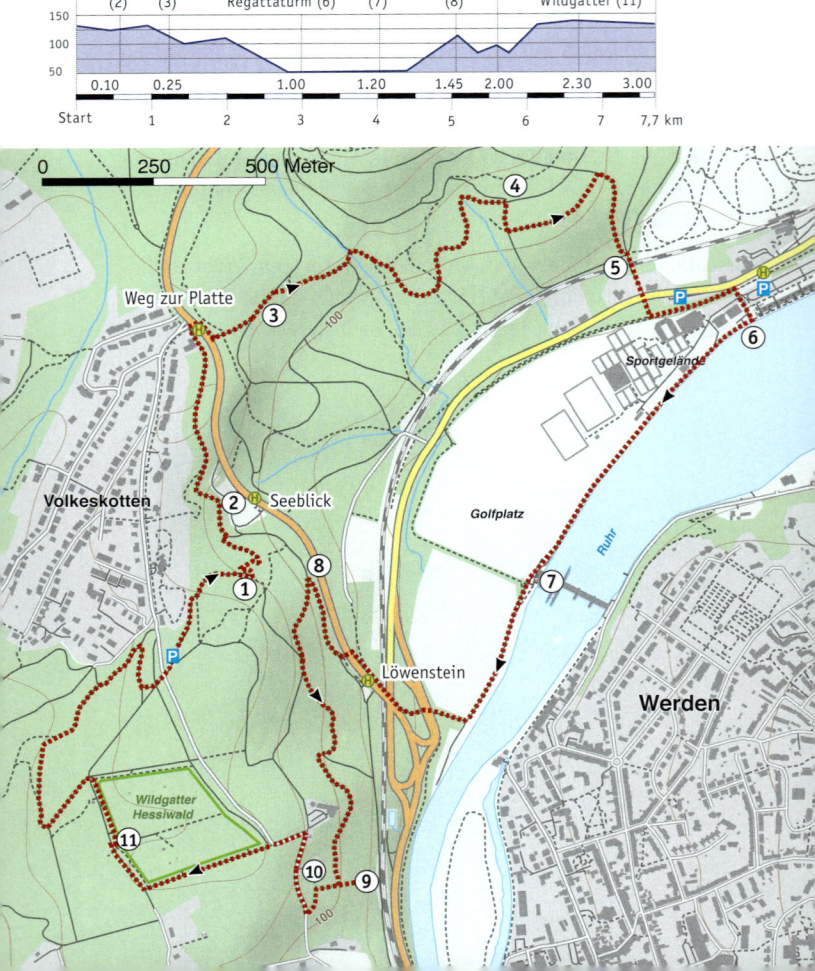

markierten Steig in einer Links-kurve bergauf. Am Ende des **Anna-Linder-Weges** führt uns die Markierung nach rechts. Hier lohnt ein kurzer Abstecher nach links zu einem **Aussichtspunkt** ⑨ mit Picknick-bänken. Der Blick reicht weit über das Ruhrtal und den Baldeneysee mit der Staumauer, auf der wir vorhin noch gestanden haben.

Beim Abzweig zum Wirtshaus biegen wir scharf nach rechts ab und stehen kurz darauf am **Wirtshaus Purzelbaum** ⑩.

Wenige Schritte weiter biegen wir links ab in den »Weg zur

**Baldeneysteig**

Der Wanderweg verläuft auf 26,7 Kilometern und mit über 600 Höhenmetern einmal rund um den Baldeneysee. Dabei führt er oft über schmale Pfade und an Aussichtspunkten und verschiedenen Sehenswürdigkeiten vorbei. Abstecher bringen uns zu weiteren kulturellen Highlights.

Platte«, rechts von uns liegt nun das **Wildgatter Essen Heissiwald** ⑪. Zuerst erreichen wir die Aussichtsplattform über das Mufflon-Gehege. Am nächsten **Abzweig** führt uns der Baldeney-steig nach rechts und wir gelangen zum Dam- und Rotwildgehege. Danach folgt das Wildschweingehege, an dessen Ende wir links abbiegen. Vorher lohnt noch ein kurzer Abstecher nach links zum Unterstand und der davor liegenden Wiese mit den geschnitzten Wildschweinen. Wer entdeckt zuerst die Eule?

Nun folgen wir nicht mehr dem Baldeneysteig, sondern der **weißen Raute**. Am nächsten Abzweig wenden wir uns nach rechts. Alle Abzweige ignorierend wandern wir immer weiter geradeaus und nun noch einmal bergauf, bis wir nach zwei Serpentinen wieder den Parkplatz erreichen.

# Wildschwein, Hirsch und Co –
# Wie leben eigentlich Tiere im Wald?

*In den Wäldern des Ruhrgebiets leben viele Tiere: Von der winzigen Ameise über die Blindschleiche zum stolzen Rothirsch. Wildschweine, Rehe und Hirsche, Füchse, Eichhörnchen, Marder, Dachse und Waschbären sind die größeren Säugetiere. In den Bäumen sind neben Singvögeln auch Raubvögel und Uhus zu Hause. Einige der größeren heimischen Wildtiere stellen wir hier näher vor.*

**Eichhörnchen** nutzen ihre scharfen Krallen, um sicher an Bäumen zu klettern. Ihr zwanzig Zentimeter langer Schwanz dient dabei als Balance- und Steuerruder. Der Schwanz spielt aber auch eine wichtige Rolle in der Kommunikation mit Artgenossen. Ihre Kobel, wie Eichhörnchennester genannt werden, bauen sie hoch oben in den Bäumen zwischen Astgabeln oder in Baumhöhlen. Eichhörnchen sind tagaktiv. Sie mögen Knospen, Samen, Früchte und Nüsse, fressen aber durchaus auch Vogeleier, Insekten und Schnecken. Im Sommer sieht man sie meist frühmorgens und nachmittags durch die Bäume springen, dazwischen halten sie Siesta. Im Herbst sammeln Eichhörnchen ihren Wintervorrat, den sie in Verstecken ablegen oder vergraben. Im Winter sind sie je nach Wetter nur wenige Stunden aktiv.

**Rehe** bevorzugen lichte Waldgebiete mit Feldern, die ihnen ausreichend Nahrung und Schutz bieten. Sie sind reine Pflanzenfresser und ernähren sich hauptsächlich von Blatttrieben, Gräsern, Knospen sowie Wald- und Feldfrüchten. Rehe sind Einzelgänger und leben nur im Winter in Gruppen zusammen. Sie haben einen ausgeprägten Geruchssinn und können Menschen aus einer Entfernung von bis zu 400 Metern riechen. Mit einer durchschnittlichen Schulterhöhe von 75 Zentimetern sind sie eher klein. Rehböcke entwickeln auch nur ein kleines Geweih.

In Ruhrgebiet gibt es mehrere Wildgehege, in denen wir Großwild beobachten können. Wir besuchen sie bei [**> Tour 11, 12 und 36**].

**Wildschweine** leben am liebsten in Laub- und Mischwäldern mit feuchten Bereichen und wiesenähnlichen Lichtungen. Sie sind Allesfresser und haben die Fähigkeit, den Boden aufzubrechen. Das ermöglicht ihnen Zugang zu Nahrung, an die andere Großsäuger nicht gelangen. Obwohl Wildschweine recht behäbig wirken, sind ihre sportlichen Fähigkeiten nicht zu unterschätzen: Sie können im Galopp bis zu 40 km/h erreichen, bis zu 1,50 Meter hoch springen und sehr gut schwimmen. Um sich zu putzen, scheuern sie ihre Körper an Bäumen entlang, was oft Spuren an diesen hinterlässt.

**Rotfüchse** leben in Höhlen unter der Erde, die sie meist selbst graben. Gerne übernehmen sie aber auch einen bereits bestehenden Bau anderer Tiere, den sie denn manchmal sogar mit Dachs oder Wildkaninchen teilen. In diesen ungewöhnlichen Wohngemeinschaften gibt es so etwas wie »Burgfrieden« und der Fuchs lässt das Kaninchen in Ruhe. Füchse sind Allesfresser und siedeln sich auch leicht im städtischen Raum an. Ihr Versteck finden die Tiere dann in Parks und Gärten. Auch Futter gibt es reichlich: Sie fangen Mäuse und Vögel und bedienen sich an Müll- und Komposthaufen.

Zur Familie der Hirsche gehören auch **Rot- und Damwild**. Rothirsche werden bis zu 1,40 Meter hoch, Dammwild ist kurzbeiniger und etwas kleiner. Beide Hirscharten leben im Gegensatz zum Reh grundsätzlich in Herden und teilen sich dabei in Familienrudel aus Hirschkühen und Kälbern und reine »Männergruppen« aus erwachsenen Hirschböcken. Nur zur Paarungszeit im Herbst trennen sich die älteren Hirsche von ihrem Rudel und schließen sich den Hirschkühen an. Die Position des Platzhirsches, der Vater der nächsten Generation werden darf, muss sich ein Hirsch dabei gegen Nebenbuhler erkämpfen. In den Wäldern der Üfter Mark können wir die eindrucksvolle Brunft der Rothirsche live erleben.
[› Tour 17]

80 m

STRECKE

2,7 km

1 h

ab 4

# Tour 37:
# Botanische Vielfalt an der Ruhr

*Auf dem Waldlehrpfad im Kettwiger Stadtwald*

Seit mehr als 30 Jahren wird in Deutschland jedes Jahr ein »Baum des Jahres« gekürt. Im artenreichen Kettwiger Stadtwald sind viele der so in den Fokus der Öffentlichkeit gerückten Baumarten in natura zu sehen. Jede der prämierten Baumarten hat eine eigene Infotafel, was diese Runde sehr kurzweilig macht. Als Zugabe können Kinder am Kahlensiepenbach spielen und an dessen Ufer klettern. Und zu guter Letzt verzaubert uns ein überraschender Ausblick über die Ruhr. Die Tour ist besonders lohnenswert im Herbst zum Sammeln der verschiedensten bunten Blätter, Kastanien und anderer Naturmaterialien, mit denen man erstklassig basteln kann.

**Wanderung:** Vom Parkplatz gehen wir die Straße **An der Nittlau** in Richtung Wald. Wir erreichen die Übersichtstafel zum Waldlehrpfad und gehen, nachdem wir uns einen kurzen Überblick verschafft haben, weiter geradeaus. Links von uns liegt ein großer Soldatenfriedhof.

Als erstes erreichen wir den Baum des Jahres 1998, die **Wildbirne,** die Wildform unserer Kultur-Birne. Ihre nur drei Zentimeter großen Früchte sind essbar, schmecken aber nur, wenn sie lange gekocht werden. Wir laufen weiter geradeaus und ignorieren den nach rechts abzweigenden Weg. So gelangen wir zum **Wildapfel**, dem Baum des Jahres 2013. Kurze Zeit später sind wir bereits am **Bergahorn**, der in unseren Wäldern weit verbreitet ist. Wir gehen weiter geradeaus, auch am nächsten nach rechts **abzweigenden Weg** ① vorbei, auf dem wir später zurückkommen werden. Dahinter steht eine mächtige **Rosskastanie**, der Baum des Jahres 2005.

## TOUREN-STECKBRIEF

**Anfahrt:** A 52, Ausfahrt Essen-Kettwig. Von der Meisenburgstraße in Richtung Kettwig halten, weiter auf der Graf-Zeppelin-Straße in die Schmachtenbergstraße bis zum Parkplatz im hinteren Teil von »An der Nittlau«: **GPS N 51°22'10", E 6°57'22"**.
**ÖPNV:** Schmachtenbergstraße, Buslinien 142 und NE13, von dort links abbiegen in die Straße »An der Nittlau« bis zum Startpunkt.
**Markierung:** Keine spezielle Markierung, Wegführung von Baum zu Baum.

**Anspruch und Charakter:** Kinderwagentauglicher Rundweg auf unbefestigten Wegen, leichte An- und Abstiege; leichte Orientierung aufgrund der zahlreichen Infotafeln.
**Highlights:** Waldlehrpfad mit vielen Infotafeln zu den Bäumen des Jahres seit 1989, Kahlensiepenbach, toller Aussichtsplatz über die Ruhr.
**Einkehr:** Keine.
**In der Nähe:** Naturerlebnis Rutherhof, Hofladen Buchholz-Hof.

Hier lädt bereits die zweite **Picknickbank** zu einer Rast ein, bevor wir Feldahorn, Fichte, gemeine Eibe, Traubeneiche, Bergulme und Weißtanne besuchen.

Hinter dem Baum des Jahres 2016, der **Winterlinde**, biegen wir nach links ab und steigen zur **Sommerlinde** hinauf, die etwas früher im Jahr blüht, aber sonst für Laien kaum von der Winterlinde zu unterscheiden ist. Auf Linden fühlt sich eine Honigtau erzeugende Laus besonders wohl, sodass die Zeit der Lindenblüte für Bienen und Imker besonders wichtig ist. An der nächsten **Kreuzung** wenden wir uns nach rechts und erreichen Hainbuche und Sandbirke.

Inzwischen geht es leicht bergab und wir biegen an der nächsten **Kreuzung** ② nach rechts ab, wo der Abstieg etwas steiler wird. Am Weg reihen sich Flatterulme, Vogelkirsche und Spitzahorn. Nach der nächsten Picknickbank sind wir im Jahr 2012 bei der **europäischen Lärche** angekommen. Es folgen die gemeine Esche und die schwarze Pappel, dann sind wir am **Kahlensiepenbach** ③ und es ist eine Pause zum Klettern, Spielen und über das Bächlein springen angesagt.

An der Silberweide, einem Baum, der vor allem an Gewässern zu finden ist, bietet ein dicker **Holzstamm** direkt die nächste Klettergelegenheit für kleine Wanderer. Hinter der Schwarzerle biegen wir scharf nach rechts ab und steigen steil bergan.

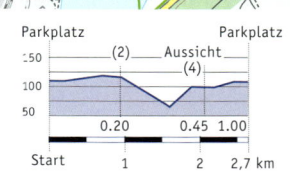

Vorbei an Rotbuche und Eberesche geht es zu Wacholder, Kiefer und Walnuss. Den folgenden Abzweig nach rechts ignorieren wir und spazieren weiter geradeaus. Der Weg ist nun an der linken Seite mit einem **grünen Geländer** gesichert, denn es geht hier einige Meter steil den Hang hinunter. Durch die Blätter der Bäume können wir die Ruhr im Tal glitzern sehen.

An der Esskastanie erreichen wir schließlich einen fantastischen **Aussichtspunkt über das Ruhrtal** ④. Einige Bänke laden ein zur Rast, wobei die meisten Kinder wohl lieber auf den Stein in der Mitte klettern. Hier hat auch der Baum des Jahres 1993, der Speierling, seinen Platz.

Nachdem wir die Aussicht genossen haben, gehen wir weiter geradeaus und erreichen als letzten Baum des Jahres die Traubeneiche aus dem Jahr 1989. An der **Kreuzung mit der Rosskastanie** ① treffen wir wieder auf unseren Hinweg und gehen links an der Mauer entlang zurück zum Parkplatz.

# Buche, Eiche oder Ahorn?
## Die Bäume in unserem Wald

*Bäume gehören zu den Lebewesen der Erde, die am ältesten werden. Eine 100-jährige Eiche ist noch in ihren besten Jahren. Eichen gelten als besonders langlebige Baumart und können über 1000 Jahre alt werden. Ein Baum steht fest verwurzelt in der Erde und reckt seine Äste weit in den Himmel. Er sieht Generationen von Tieren und Menschen vorüberziehen. Kein Wunder also, dass Bäume in der Mythologie und den Geschichten vieler Völker eine wichtige Rolle spielen.*

*Aber auch die moderne Wissenschaft beschäftigt sich mit dem Wald. So gilt es inzwischen als erwiesen, dass die Bäume in einem Wald durch die Verbindung ihrer Wurzeln unter der Erde ein Informationssystem aufbauen. Über dieses Wurzel-Netzwerk findet wohl eine Art Kommunikation statt, die auch eine Unterstützung mit Nährstoffen von starken gesunden für ganz junge oder kranke Bäume möglich macht. Unser Wald ist eine Zauberwelt, in der es viel zu entdecken gibt.*

## Bäume im Laubwald

Rotbuche und Eiche sind die häufigsten Bäume in unseren Wäldern, was auch damit zusammenhängt, dass beide Baumarten der Forstwirtschaft wertvolles Holz liefern. Fast alle Wälder in Deutschland sind Nutzwälder und nicht natürlich gewachsen. Zwischen diese beiden Baumarten, die wohl fast jeder richtig benennen kann, mischen sich in kleinerer Zahl Waldbäume wie zum Beispiel der Bergahorn mit seinen markanten Blättern, die Ulme, die Esche und die Hainbuche.

*Rotbuche, Stieleiche und Ahorn sind die häufigsten Laubbäume in unseren Wäldern.*

Laubbäume erkennt man nicht nur an ihren Blättern und ihrer Wuchsform, sondern auch an ihren Früchten. Die Früchte sind ein wichtiges Futter für Waldtiere und einige eignen sich auch gut zum Basteln und Spielen.

**Eichel und Buchecker** sind nahrhaftes Futter und werden oft von Tieren im Wald verteilt. Eichelhäher und Eichhörnchen vergraben ihren Wintervorrat und finden längst nicht alle Verstecke wieder. Der Ahorn verteilt seine **Samen** auf andere Weise: Zwei Flügel am Samen sorgen dafür, dass der Wind sie davonträgt und neue Bäume sät.

Die **Hainbuche** trägt ihren Namen, weil ihre Blätter denen der Buche so ähnlich sind. Sie ist aber eigentlich ein Baum aus der Familie der Birken. Im Gegensatz zum Buchenblatt sind die Blätter der Hainbuche an ihren Rändern gezackt. Im Frühjahr trägt der Baum bis zu fünf Zentimeter lange Blütenkätzchen. Auch die Frucht der Hainbuche sieht ganz anders aus als eine Buchecker. Sie trägt ein dreilappiges Rotorblatt, sodass der Wind den Samen bis zu einem Kilometer weit tragen kann.

Mit **Bergulme, Feldulme und Flatterulme** gibt es bei uns drei Ulmenarten. Ulmenblätter sehen Buchenblättern ähnlich. Sie sind jedoch weicher, der Blattrand ist gesägt und zackiger als beim Buchenblatt und der Blattansatz am kurzen Blattstiel ist asymmetrisch. Ulmen sind leider sehr anfällig gegen einen Pilz, der vom Ulmensplintkäfer von einem Baum zum anderen getragen wird, und daher in ihrer Existenz bedroht. Nur die Flatterulme scheint resistent zu sein.

*Ulme und Hainbuche*

Das Blatt der **Esche** besteht aus vier bis sechs »Fieder« genannten Blattpaaren, die symmetrisch am Blattstiel angeordnet sind. Im September trägt der Baum unauffällige Früchte. Im Winter erkennt man die Esche an ihren großen schwarzen Blattknospen. Auch Eschen werden von einem Pilz befallen und sterben so häufig ab, dass man inzwischen vom Eschensterben spricht.

Eine Unterart der Esche ist die **Eberesche**, im Volksmund auch Vogelbeere genannt, die im Herbst mit ihren roten Beeren hübsche Farbakzente setzt. Ihre Früchte sind ungiftig und bei vielen Tieren beliebt als Futter.

# Bäume im Nadelwald

Nadelbäume wachsen viel schneller als Laubbäume und waren in der Forstwirtschaft daher lange als schnelle Holzlieferanten beliebt. Heute weiß man, dass reine Nadelwälder sehr viel anfälliger gegen Windbruch bei Stürmen und als reine Monokultur den Laub- und Mischwäldern in Sachen Artenvielfalt und Lebendigkeit weit unterlegen sind. So wurden in den letzten zwei Jahrzehnten im Rahmen der Rückkehr zu einer naturnahen Forstwirtschaft in unseren Wäldern wieder mehr Laubbäume gepflanzt.

Die häufigsten Nadelbäume in unseren Wäldern sind Kiefer, Fichte und Tanne. Während Fichte und Tanne oben spitz zulaufen und aussehen wie der klassische Weihnachtsbaum, hat die Kiefer eine rundliche, abgeflachte Krone. Deutlich unterscheiden kann man die Bäume auch an ihrer Rinde. Kiefernrinde besteht aus großen, oft rötlich gefärbten Platten. Fichtenrinde ist feinschuppig und ebenfalls rötlich oder braun. Tannen haben einen relativ glatten Stamm, der eher grau ist als braun.

*Fichtenzapfen*

Die Nadeln einer **Fichte** sind hart und spitz und pieksen kräftig in die Finger. Sie wachsen überall am Zweig, während Tannennadeln in Reihen angeordnet sind. Fichten sind in unseren Wäldern viel häufiger als Tannen.

Fichtenzapfen sind lang und schmal und hängen mit der Spitze nach unten am Ast. Sind die Samen in ihrem Inneren reif, fallen die ganzen Zapfen herunter.

*Fichte*

Es gibt fast 50 verschiedene Arten der **Tanne**. In unseren Wäldern ist aber fast ausschließlich die Weiß-Tanne zu finden. Tannen können bis zu 70 Meter hoch werden und sind damit größer als Fichten. Ihre Nadeln sind flach und weicher als Fichtennadeln, haben eine abgerundete Spitze und zwei weiße Linien auf der Unterseite.

Tannenzapfen wachsen vom Ast nach oben. Im Herbst fallen nur die Samen aus den Kapseln, der Zapfen bleibt auf dem Zweig. Wenn man Zapfen auf dem Boden findet, handelt es sich also immer um einen Fichten- oder Kiefernzapfen.

*Tannennadeln haben auf der Unterseite zwei weiße Linien.*

Die Nadeln der **Kiefer** sitzen nicht einzeln am Ast, sondern wachsen in Büscheln. Sie sind weich und biegsam und mit drei bis acht Zentimetern deutlich länger als die Nadeln anderer Bäume. Kiefernzapfen sind eiförmig und hängen am Ast. Je nach Kiefernart unterscheiden sie sich in der Größe.

# Pionierbäume

Als Pionierbäume bezeichnet man Baumarten, die sich zuerst auf Brachflächen oder durch einen Sturm zerstörten Waldflächen ansiedeln. Zu ihnen gehören Birke, Weide und Pappel. Pionierbäume kommen auch auf nährstoffarmen oder feuchten Böden zurecht, brauchen aber Licht und Raum, wodurch sie im dichten Wald oft nicht gedeien. Sie wachsen besonders schnell, ihr Holz ist aber wirtschaftlich weniger interessant.

**Weiden** mögen feuchte Böden und wachsen rasant. Unter den vielen Weidenarten, die ganz unterschiedliche Blattformen ausbilden, gibt es kleine buschartige Pflanzen, aber auch mächtige Bäume. Weidenzweige sind biegsam und das übliche Basismaterial zum Flechten von Körben. Bei uns am bekanntesten ist die Trauerweide mit ihren hängenden Zweigen, die häufig an See- und Flussufern zu finden ist. Eindeutig erkennbar sind Weiden im Frühjahr durch ihre Blüten: Weidenkätzchen fühlen sich weich und samtig an.

Die **Birke** ist leicht an ihrer weißen Rinde zu erkennen und auch ihre spitz zulaufenden kleinen Blätter sind sehr charakteristisch. Birken wachsen gut auf nährstoffarmen Böden – egal ob trocken oder feucht. Sie sind deshalb sowohl in sandigen Heideregionen als auch im Moor zu Hause.

### Mehr Waldwissen
Bei mehreren Touren in diesem Buch können wir Bäume besser kennenlernen. Tour 11 und 37 führen uns zu einem Waldlehrpfad. Höhepunkt von Tour 12 ist das Walderlebniszentrum auf den Süchtelner Höhen. Bei Tour 19 und 37 lernen wir die Bäume des Jahres kennen. Bei Tour 23 kommen wir an einem Baumplateau mit Gräserfeld vorbei und das Infozentrum Waldwirtschaft bei Tour 40 informiert über die wirtschaftliche Bedeutung unserer Wälder.

110 m

STRECKE
9 km

3 h 30

ab 8

## Tour 38:
# Wandern im Schwarzbachtal

*Unterwegs in wilder Natur*

*Im wildromantischen Schwarzbachtal wird die Natur sich selbst überlassen. Der Mensch greift nicht ein, umgestürzte Bäume bleiben liegen. So gibt es unterwegs viele Klettergelegenheiten in unberührter Natur und einen fröhlich plätschernden Bach, an dessen Ufer immer wieder gespielt werden kann. Zum Abschluss der Wanderung lockt das Bauernhofcafé Groß Ilbeck zur Einkehr. Dort gibt es leckeres hausgemachtes Essen und für die Kinder einen kleinen Spielplatz zum Austoben.*

**Wanderung:** Vom Parkplatz gehen wir zum Ilbeckweg und folgen ihm nach rechts. Wir wandern am Bauernhofcafé vorbei, das rechts von uns liegt. Kurz darauf ist rechts ein Fischweiher zu sehen. Wir überqueren den Schwarzbach und biegen dort, wo von rechts der Rosendalweg kommt, links in einen Pfad ein, der uns ins Naturschutzgebiet und an den Schwarzbach führt.

Auf unmarkiertem Abenteuerweg geht es hier quer durch die Wildnis: Umgestürzte Bäume müssen überklettert werden, und wir gelangen immer wieder an das Ufer des plätschernden Schwarzbachs, der die Kinder zum Spielen einlädt. An der **Wegkreuzung**, an der wir rechts oben am Hang ein **Fachwerkhaus** sehen können, biegen wir scharf nach links ab und überqueren den Schwarzbach.

So gelangen wir nach 250 weiteren Metern zum **Rand einer Wiese**, an der wir nach rechts abbiegen und leicht bergan steigen. Schließlich geht es in Sichtweite der Autobahn A 3 steil bergauf und einmal quer über die Wiese, bis uns der Pfad zu einem Feldweg führt, auf den wir nach links abbiegen. An der nächsten Weggabelung wenden wir uns erneut nach links. Hier treffen wir auf den **Neanderlandsteig**. Am höchsten Punkt angekommen genießen wir den **Ausblick** ① in alle Richtungen und können auch den Düsseldorfer Flughafen erkennen.

An der nächsten **Kreuzung** biegen wir rechts ab auf die asphaltierte Straße, die uns leicht bergab führt. Nach etwa 800 Metern treffen wir auf die **Mettmanner Straße**, biegen auf dieser nach links und kurz darauf wieder rechts in den Gollenbergsweg ab. Dieser führt uns durch einen **Tunnel** ② unter der Autobahn. Das Echo ist in dem dunklen Gang übrigens großartig.

## TOUREN-STECKBRIEF

**Anfahrt:** A 3 oder A 44, Ausfahrt Ratingen-Ost. Von dort über Thomashofweg, Altenbrachtweg, Ilbeckweg zum Parkplatz bei **GPS N 51°17'04", E 6°55'06"**, Parkplatz offiziell nur für Gäste des Bauernhofcafés Groß Ilbeck ausgeschildert. Für diesen Wanderführer haben die Inhaber die Angabe als Wanderparkplatz freundlicherweise erlaubt.
**ÖPNV:** Haltestelle »Zur Hütte«, Bus 749. Die Wanderung startet dann an der Ratinger Landstraße, kurz vor Wegpunkt ②.

**Markierung:** Wechselnd Raute, R und Neanderlandsteig.
**Anspruch und Charakter:** In den Ausläufern des Bergischen Landes sind ein paar Höhenmeter zu überwinden. Die zuweilen schmalen Pfade erfordern gutes Orientierungsvermögen.
**Highlights:** Wilder Pfad im Schwarzbachtal, Echo im Tunnel, viele Bäche, Spielplatz am Start.
**Einkehr:** Bauernhofcafé Groß Ilbeck.
**In der Nähe:** Märchenzoo, Funky Town.

Etwa 200 Meter hinter dem Tunnel überqueren wir eine **Bachbrücke** und biegen direkt dahinter links auf einen schmalen Pfad ab, der uns an den **Hasselbach** ③ führt. Er ist mit den **Wanderzeichen Raute und R** markiert. An der nächsten Kreuzung an einem Hof wandern wir weiter geradeaus. Wenig später folgt eine Kreuzung, dort gehen wir links und erneut per **Tunnel** ④ unter der A 3 hindurch. Auch hier wird ein lauter Ruf garantiert vom Echo erwidert.

In der Folge überqueren wir einen kleinen Bach und bleiben weiter auf unserem Weg. Den nächsten Abzweig nach links ignorierend wandern wir nun bergan und erreichen das **Gut Schrödersberg** ⑤. Die Hühner laufen hier frei herum und auf den Weiden sind oft Pferde zu sehen. Auch die Hofhunde kommen gerne neugierig auf den Weg. Wir folgen dem Fahrweg durch zwei Kurven bis zur Ratinger Landstraße, die wir unterqueren.

Hinter der **Unterführung** wandern wir immer geradeaus und weiter bergauf. An der nächsten **Kreuzung** wählen wir den mittleren Weg, der leicht nach links abbiegend an einem Bauernhaus vorbeiführt. Hier treffen wir erneut auf den **Neanderlandsteig** und folgen seinem Wanderzeichen in Richtung Ratingen, Schwarzbach und Homberg. Es geht nun leicht bergab.

In der Talsenke angekommen wandern wir weiter geradeaus, überqueren den **Krumbach** ⑥, an dem einige große Steine zum Klettern einladen. Das Wanderzeichen des Neanderlandsteigs führt uns nun auf schmalem Pfad auf einer Wiese bergan. Wir kommen erst an einer Picknickbank, dann an einem Insektenhotel vorbei. Den folgenden **Abzweig** nach rechts ignorieren wir und laufen bergauf. Oben angekommen verlassen wir den Neanderlandsteig und biegen nach links ab in den **Schellscheidtweg**.

Nun erreichen wir einen **Golfplatz** ⑦. An einer gelben Bank verlassen wir den Hauptweg, der hier nach links abbiegt, und wandern weiter geradeaus den Berg hinunter. Die nächsten beiden Weggabelungen ignorieren wir und erreichen schließlich einen Laubwald. Von nun an geht es gemächlich weiter geradeaus. An einem Infoschild verlassen wir das Gelände des Golf-

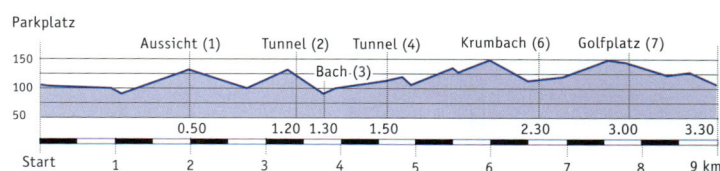

platzes wieder und laufen noch einmal auf einem schmalen Weg durch die Felder. Vor uns sehen wir bald das **Gut Groß-Ilbeck**, auf dem wir uns eine Einkehr verdient haben, bevor es wieder nach Hause geht. Auch den Kindern wird es hier nicht langweilig, denn auf dem Hof sorgt ein schöner Spielplatz für Abwechslung.

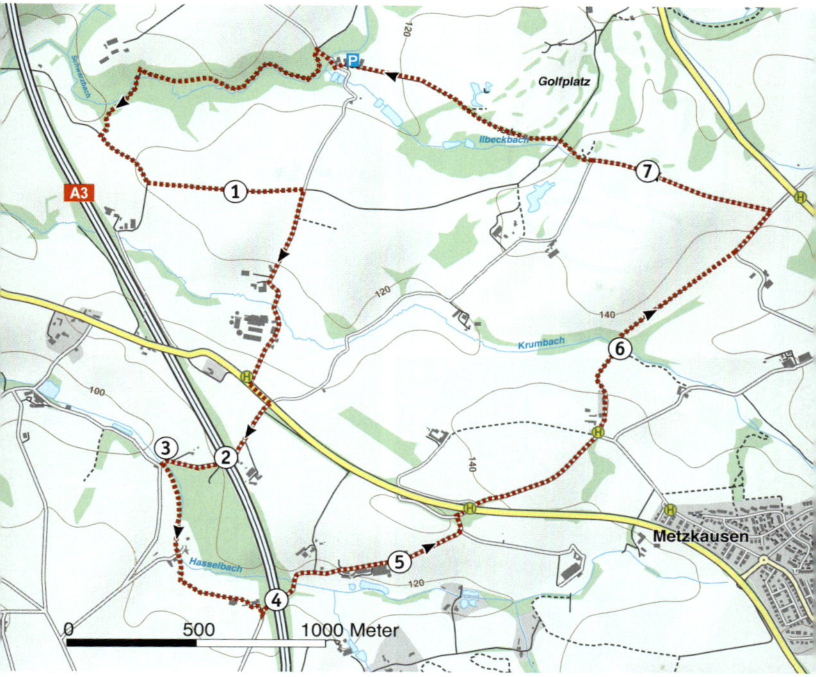

# Ausflug für ein Wochenende

500 m

STRECKE

20,3 km

2 Tage

ab 6

# Tour 39:
# Auf dem Wildnis-Trail in der Eifel

*In zwei Tagen von Heimbach nach Zerkall*

*Viele Picknickmöglichkeiten, grandiose Aussichtspunkte und die artenreiche Flora und Fauna des Nationalparkes bestimmen den Charakter unserer Wanderung in der Eifel. Ein Highlight der Tour ist der schöne Rastplatz in Blens direkt an der Rur auf einer großen Wiese. Hier kann man gut in der Sonne liegen, Fußball spielen oder die Füße in der Rur abkühlen. Der beschauliche Ort Blens, der zwischen bewaldeten Hügeln auf der einen und Buntsandsteinfelsen auf der anderen Seite sehr malerisch liegt, bietet mit seinen hübschen Fachwerkhäusern den idealen Rahmen für eine Übernachtung und erholsame Stunden zwischen den beiden Wandertagen.*

## TOUREN-STECKBRIEF

**Anfahrt:** A 1, Ausfahrt Erftstadt. Dann auf die B 265 in Richtung Erftstadt, bei Erp rechts abbiegen auf die L 33 bis Nideggen. Dort im Kreisverkehr auf die Abendener Straße (L 249) und diese bis nach Blens fahren. Hier auf der Rurstraße die Rur überqueren und unmittelbar danach in die Sankt-Georg-Straße abbiegen und dieser bis zum Parkplatz an der kleinen Kirche folgen: **GPS N 50° 39′ 33″, E 6° 28′ 56″**.
**ÖPNV:** Bahnhof Blens.
**Markierung:** Überwiegend die Wildkatze des Wildnis-Trail.

**Anspruch und Charakter:** Abwechslungsreiche Mittelgebirgswanderung durch den Nationalpark Eifel bzw. über die vierte Etappe des Wildnis-Trails.
**Highlights:** Nationalpark Eifel mit vielen Aussichtspunkten und wilder Natur.
**Einkehr:** Einkehrmöglichkeiten am Start der Wanderung in Heimbach, Gut Kallerbend am Ziel der Wanderung.
**Ausrüstung:** Gut eingelaufene Schuhe, Regenkleidung, ausreichend Verpflegung und Wasser.
**Übernachtung in Blens:** Burg Blens, DAV Kölner Eifelhütte, Knusperhaus Eifel.

### Erster Tag: Von Heimbach nach Blens

*8,6 km, ↓↑200 m, 3 h 15 min*

Vom **Parkplatz in Blens** laufen wir zurück zur Rur, überqueren diese und gehen bis zum Bahnhof Blens. Von dort bringt uns stündlich ein Zug zum **Startpunkt der Wanderung** in Heimbach.

Dort angekommen wandern wir am **Nationalpark-Tor** mit Touristen-Information vorbei. Hier ist der Startpunkt der vierten Etappe und wir treffen auf das **Wanderzeichen des Wildnis-Trails**, das uns nun ein paar Stunden führen wird. Wir überqueren die Rur und biegen direkt danach rechts ab, sodass wir nun parallel zu dieser wandern. Wir passieren das Freibad und dann eine **Kneipp-Anlage** ①. Hinter den Tennisplätzen folgen wir der Wildkatze nach links und wandern nun bergauf in den Wald hinein.

Wir überqueren auf einer **Brücke** einen kleinen Bach und steigen weiter bergan. Schließlich erreichen wir einen **asphaltierten Weg** am Rand des Dorfes Hasenfeld, dem wir zwischen Häusern folgen. Wir treffen auf die Landstraße und biegen dort nach links ab. Dann wandern wir wieder auf schmalem Pfad bergauf bis zu einem großen **Picknickpilz** ②, der links des Weges steht. Direkt dahinter macht der Weg eine scharfe Linkskurve.

Nun haben wir die **Eifelhöhen** erreicht und folgen unserem Wanderzeichen für die nächsten 2,5 Kilometer im leichten Auf und Ab. Immer wieder können wir uns an schönen Ausblicken in die unberührte Natur erfreuen. Dann treffen wir auf einen **Wegweiser** ③, an dem unser heutiges Ziel Blens noch 2,7 Kilometer weit entfernt ist. Dort verlassen wir den Wildnis-Trail. Auch hier bietet sich neben der großen **Wandertafel** eine schöne Gelegenheit zum Picknick.

Wir wandern geradeaus und leicht bergab in **Richtung Blens**, das immer wieder ausgeschildert ist. Um die schöne **Picknickstelle in Blens** ④ zu erreichen, überqueren wir in der Ortsmitte die Rur, biegen direkt danach rechts ab und gelangen zum Platz am Ufer.

### Zweiter Tag: Von Blens nach Zerkall

*11,7 km, ↓↑ 300 m, 4 h 15 min*

Der zweite Tag unserer Wanderung auf dem Wildnis-Trail beginnt erneut in Blens. Wir gehen zurück auf die **Odenbachstraße** und folgen einem kleinen **Baumlehrpfad**, bis wir wieder den Wald erreichen. Am Waldrand biegen wir unmittelbar hinter dem Durchfahrt-Verboten-Schild und noch vor der großen **Wandertafel** ⑤ rechts ab und steigen den Hang hinauf.

Kurz darauf erreichen wir eine Verzweigung, an der wir auf dem rechten Weg in gleicher Richtung weiterwandern. Der Weg wandelt sich allmählich zu einem schmalen Abenteuerpfad, der uns langsam bergauf führt. Hier begleiten uns die **Wanderzeichen 28 und schwarzes Dreieck.**

Am **Wegweiser** biegen wir links ab in Richtung Abenden (3,7 km) und Brück (5,4 km). Nun führt uns ein alpiner **Steig** ⑥ in einigen Serpentinen steil bergan. An den nächsten Wegweisern wenden wir uns nach rechts, noch einmal in Richtung Abenden und Brück. Kurz darauf treffen wir auf einen **Picknickpilz** ⑦ auf der rechten Wegseite, der sich nach dem anstrengenden Anstieg zu einer Rast anbietet.

> **Der Wildnis-Trail**
> Der 85 Kilometer lange Fernwanderweg in der Eifel führt seit 2007 in vier Etappen quer durch den Nationalpark von Höfen nach Zerkall. Markiert ist er mit einem Wildkatzensymbol. Wildkatzen leben seit dem Ende der letzten Eiszeit in der Eifel, im Nationalpark sind derzeit etwa 50 Tiere zuhause. Die einzelnen Etappen des Trails sind zwischen 17 und 25 Kilometer lang. Für diese Wanderung haben wir die vierte Etappe in zwei kurze Tagesetappen geteilt, sodass man dieses Stück des Wildnis-Trails auch gut mit Kindern erwandern kann.

Anschließend wandern wir über einen schönen **Wiesenweg** nur noch gemächlich bergauf und entdecken die erste Markierung des **Wildnis-Trails**, der hier von links auf unseren Weg trifft. Wir wandern weiter geradeaus in Richtung Brück (4,8 km). Ab der nächsten **Kreuzung** ⑧ (Brück 4,5 km, Schmidt 5,9 km) folgen wir der Wildkatze in Richtung Zerkall.

Dabei wandern wir zunächst weiter geradeaus, erreichen erst einen kleinen **Bach** auf der linken Seite und dann einen **idyllischen Waldsee**. Etwas später überqueren wir links abbiegend zwei **Bäche** ⑨ und gehen dann weiter am Schlehbach entlang, der links von uns fließt.

Schließlich erreichen wir knapp fünf Kilometer vor dem Ziel links am Weg eine tolle **Picknickmöglichkeit** ⑩ mit einer kleinen Hütte und Bänken sowie einem Tisch. Nachdem wir anschließend eine ganze Weile bergauf gestiegen sind, gelangen wir auf freiem Feld an den höchsten Punkt und genießen den Ausblick über die umliegenden Felder, Wälder und Berge. Wir überqueren die **Landstraße** ⑪ und biegen kurz danach rechts ab in einen Pfad, der uns durch den Laubwald bergab führt.

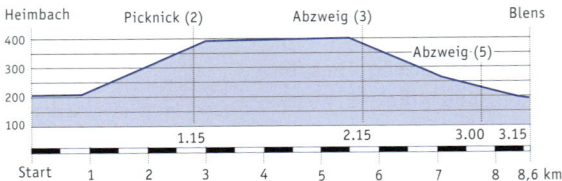

Nach dem steilen Abstieg auf dem schmalen Pfad biegen wir rechts ab auf einen größeren Weg, der uns nach ein paar hundert Metern in der Ebene zum letzten Anstieg der Wanderung bringt. Hier treten wir wieder aufs freie Feld und genießen den Ausblick auf die vor uns liegenden Berge. Auf schmalem Pfad wandern wir nun bergab auf den letzten 900 Metern bis zum Ziel des **Wildnis-Trails** ⑫ in Zerkall.

Um hier zum Bahnhof zu gelangen, überqueren wir die Rur hinter der Tourist-Info und wenden uns dann nach rechts. Vom **Bahnhof in Zerkall** bringt uns der Zug stündlich zurück zu unserem Ausgangspunkt in Blens. Vorher lohnt ein Abstecher zur Einkehr ins **Gut Kallerbend.** Dafür folgen wir einfach den Zugschienen, die wir rechts von uns liegen lassen.

### Ausflugsziele in der Nähe

**Burg Nideggen:** Die Burg stammt ursprünglich aus dem 12. Jahrhundert. Heute ist sie ein Kulturdenkmal für die Geschichte des Mittelalters im Rheinland und beherbergt ein Museum und ein Restaurant. *www.burgrestaurant-nideggen.de www.nideggen.de*

**Burg Hengebach:** Die Höhenburg wurde im 11. Jahrhundert errichtet, damit zählt sie zu den ältesten Bauwerken der Eifel. Die Hofräume mit Wehrgang und Burgfried sind ganzjährig zugänglich. Außerdem befindet sich hier die Kunstakademie Heimbach und im Sommer finden in der Burganlage Konzerte statt. *www.heimbach-eifel.de*

**Rurtalsperre Schwammenauel:** Der knapp acht Quadratmeter große Rurstausee ist eine der größten Talsperren Deutschlands. Auf dem 27 Kilometer langen Uferweg kann man ihn zu Fuß oder mit dem Rad umrunden. Abkürzungen sind mit den Rurschiffen möglich. Das Seebad lädt zum Schwimmen ein. Auch Stand-Up-Paddeling und Kanufahren sind möglich. *www.rursee.de*

520 m

STRECKE
18,6 km

2 Tage

ab 6

# Tour 40:
# Wo die Ruhr entspringt

*Auf dem Rothaarsteig zur Quelle der Ruhr*

*Die Ruhr, der Fluss, der dem Ruhrgebiet seinen Namen gibt, entspringt im Rothaargebirge. Mit dem Langenberg befindet sich hier der höchste Berg in Nordrhein-Westfalen. Über den Bergzug des Rothaargebirges, der so naturnah ist, dass man in seinem Zentrum Wisente in freier Wildbahn angesiedelt hat, führt in sechs bis zwölf Etappen der Rothaarsteig. Wir folgen auf dieser zweitägigen Tour dem Steig rund um Küstelberg und besuchen dabei auch die Quelle der Ruhr.*

## TOUREN-STECKBRIEF

**Anfahrt:** A 46, Ausfahrt Olsberg (Autobahnende). Der B 480 über Olsberg folgen bis Niedersfeld, dort auf die L 872 und über Hildfeld und Grönebach bis Küstelberg. Der Parkplatz befindet sich auf der Winterberger Straße gegenüber der Kirche und bei **GPS N 51°13'22", E 8°36'13"**.
**ÖPNV:** Haltestelle Küstelberg, S30, R48.
**Markierung:** Überwiegend Rothaarsteig (rot-weiß).
**Anspruch und Charakter:** Mittelgebirgswanderung fast ausschließlich über gut markierte Wald- und Feldwege. Zu Beginn anstrengender Anstieg zur Trasse des Weitwanderweges.

**Highlights:** Hochheidehütte, Clemensberg, Hochheide, Hoppeckequelle, Infozentrum Waldwirtschaft, Ruhrquelle.
**Einkehr:** Hochheidehütte (täglich ab 11 Uhr), Gasthof Lichte in Küstelberg. Für einen Abstecher zur Ruhrquellenhütte (Do – So ab 11 Uhr), verlängert sich die Tour am zweiten Tag um zwei Kilometer.
**Ausrüstung:** Gut eingelaufene Wanderschuhe, Regenkleidung, ausreichend Getränke und Proviant.
**Übernachtung in Küstelberg:** Gästehaus Astenblick, Landhaus am Schlossberg.

### Erster Tag: Von Niedersfeld nach Küstelberg

*10,2 km, ↓↑ 320 m, 4 h*

Von der Bushaltestelle am Parkplatz in Küstelberg bringt uns die Buslinie S 30 in gut zehn Minuten zum Ausgangspunkt der Wanderung, der **Haltestelle Am See** in Niedersfeld. Hier kann man gegen Gebühr ebenfalls parken.

Wir biegen an der Haltestelle ab in die Straße **Am Bergelchen** und wandern in der ersten Kurve geradeaus über die Wiese den steilen Weg hinauf. Dort erreichen wir den **Pölzweg** und folgen ihm nach rechts. Kurz vor dem **großen Kreuz** ① biegen wir scharf links ab und steigen weiter bergan.

An der **Kreuzung mit vier Wegen** wenden wir uns nach rechts und wählen kurz darauf den schmalen Pfad, der uns steil bergauf führt, bis wir einen **asphaltierten Weg** erreichen.

**Der Rothaarsteig**

Der 154 Kilometer lange Fernwanderweg verläuft zwischen Brilon im Norden und Dillenburg im Süden hauptsächlich auf dem Hauptkamm des Rothaargebirges. Er wurde im Mai 2001 eröffnet und inzwischen durch mehrere Varianten und Rundwanderwege (Rothaarsteig-Spuren, Rothaarsteig Audiowege, WanderHöhepunkte) ergänzt.

Ein kurzer Abstecher führt hier links auf den **Kreuzsteinchen-Gipfel** mit Madonnenstatue, Gipfelkreuz und schönem Ausblick auf die vor uns liegenden Berge und Täler des Sauerlands. Auch eine gute Picknickmöglichkeit bietet sich hier.

Zurück auf dem Asphaltweg **Auf der Knippe** folgen wir diesem durch eine Linkskurve bergauf bis zu einem kleinen **Parkplatz**. Hier biegen wir rechts ab und folgen dabei dem **gelb-schwarz** markierten Zubringerweg des Rothaarsteigs und dem Wanderzeichen N 2.

Bis zum Hochheide-Parkplatz sind es noch 1,7 Kilometer.

Am nächsten Abzweig folgen wir dem **Wegweiser zur Hochheide** nach links und weiter bergauf. An der folgenden **Kreuzung mit vier Wegen** wandern wir auf dem mit N 2 markierten Weg weiter geradeaus. Wir erreichen eine **Schotterstraße** ②, die wir geradeaus überqueren, um weiter auf dem Feldweg bergan zu steigen. Kurz darauf gelangen wir zum **Parkplatz** an der Hütte. Hinter diesem wenden wir uns nach links und erreichen kurz darauf die **Hochheidehütte** ③, die sich nach dem anstrengenden Anstieg für eine Pause und zur Einkehr anbietet.

Unmittelbar vor der Hütte wenden wir uns nach rechts, steigen noch einmal bergan und erreichen nur wenig später den **Hauptweg des Rothaarsteigs** (rot-weiß markiert). Diesem folgen wir nach rechts in Richtung Hochheide und Clemensberg und stehen kurz darauf auf dem 836 Meter hohen **Gipfel des Clemensbergs** ④. Von den Bänken am Gipfelkreuz können wir sowohl den Langenberg – das ist der höchste Berg in NRW – als auch das Skigebiet in Winterberg, den Kahlen Asten und weitere Berge und Täler sehen. Viele Kinder haben Spaß am Blick ins Gipfelbuch, in das wir uns natürlich auch eintragen dürfen.

Wir folgen jetzt den Markierungen des Rothaarsteiges, spazieren entspannt durch die wunderschöne **Hochheide** und erreichen schließlich die **Hoppeckequelle** ⑤.

Anschließend führt unser Weg nach rechts und gut markiert weiter durch den Wald, bis wir nach knapp drei Kilometern die **Hillekopfhütte** ⑥ mit verschiedenen Picknickmöglichkeiten erreichen. Von hier aus sind es noch 2,5 Kilometer bis nach Küstelberg. Dazu steigen wir mit gemütlichem Gefälle zuerst durch den Wald, später durch Felder bergab.

Auf der Straße **An der Schla** nähern wir uns dem Ortsrand von Küstelberg. Im Ort kommen wir am ehemaligen **Pferdemarkt** vorbei. Eine Skulptur in einem kleinen Park mit schöner Wiese erinnert an das Event. Kurz darauf treffen wir auf einen **Spielplatz** ⑦. An der nächsten Kreuzung **verlassen wir den Rothaarsteig** mit einem leichten Schwenk nach links und stehen unmittelbar danach wieder am Parkplatz in Küstelberg, wo wir im Ort unser Quartier aufsuchen. Küstelberg ist der höchstgelegene Ortsteil der Stadt Medebach und bei Wanderern wie Radfahrern beliebt. Für eine abendliche Einkehr haben wir die Wahl zwischen dem Gasthof Lichte und der etwas außerhalb des Ortes gelegenen Schloßberg-Alm. Auf Wanderer ist man im Ort eingestellt: Neben dem Rothaarsteig führt hier auch noch der Weitwanderweg »Sauerland-Höhenflug« vorbei.

### Zweiter Tag: Von Küstelberg nach Winterberg
*8,4 km, ↕ 200 m, 3 h 15 min*
Am nächsten Tag beginnt unsere Wanderung wieder am Parkplatz und der Bushaltestelle in Küstelberg. Wir biegen nach links ab in die Straße **Zum Hufeisen** und gelangen an die **Kreuzung Alter Pferdemarkt**. Hier treffen wir wieder auf die **Markierungen des Rothaarsteiges** und folgen diesem nun in Richtung Ruhrquelle und Winterberg (7,9 km).

Wir wandern zuerst durch Wiesen, überqueren die **L872** ⑧ und folgen unserem Weg über einen **Holzsteg**. Danach geht es im Wald ein Stück bergauf. Kurz vor Erreichen der Ruhrquelle überqueren wir schließlich die **L740** ⑨.

---

**Das Infozentrum Waldwirtschaft**

In sieben Holzpavillons werden die verschiedenen Formen der Waldwirtschaft vorgestellt. Die einzelnen Häuschen sind mit Seilen und wackeligen Brücken verbunden, sodass der Besuch zum informativen Kletterabenteuer wird.

---

---

**Ausflugsziele in der Nähe**

**Hillestausee:** Der kleine See inmitten idyllischer Natur kann gut zu Fuß umrundet werden (Wegstrecke 1,6 km). Es gibt einen Spielplatz, eine Badewiese, eine Wasserskianlage, einen Fitnessparcours, Ballsportplätze und eine Seehütte zur Einkehr.

**Schloßberg-Alm:** An der Hütte oberhalb von Küstelberg kann man hervorragend einkehren und wandern. Für Gruppen sind hier auch Outdoorevents zum Teambuilding oder für Feiern buchbar. Am Wochenende können Einzelbesucher in den Hochseilgarten oder zum Bogenschießen kommen.
*aktiv-im-sauerland.de*

---

Unmittelbar danach biegen wir rechts ab und verlassen kurz den markierten Steig, um zum **Infozentrum Waldwirtschaft** zu gelangen. Wer in der **Ruhrquellenhütte** ⑩ einkehren möchte, folgt dem Weg für einen weiteren Kilometer geradeaus und läuft später auf demselben Weg zurück zum Rothaarsteig. An der Hütte lockt neben der Einkehr eine wilde Fahrt mit Mountaincarts. (www.ruhrquelle.com)

Zurück auf dem Rothaarsteig laden an der **Quelle** ⑪ Bänke zur Rast ein. Wir verweilen hier ein bisschen und sehen dem kleinen Rinnsal zu, wie es sich auf den Weg über knapp 220 Kilometer bis zur Mündung in den Rhein bei Duisburg macht.

Danach folgen wir dem Rothaarsteig weiter bis nach **Winterberg**. Immer wieder laden schöne Aussichten über die umliegende Landschaft zum Innehalten ein. 2,5 Kilometer vor Winterberg passieren wir eine **Schutzhütte** ⑫, die als Unterstand, aber auch als Rastmöglichkeit dient.

Danach geht es ein letztes Mal leicht bergauf, bevor wir Winterberg vor uns liegen sehen. Der Abstieg bis zum Bahnhof fällt uns leicht, sodass wir die letzten Meter auf dem Rothaarsteig noch einmal in vollen Zügen genießen können. Dabei wandern wir mal über Felder, dann wieder durch den Wald. Vom Bahnhof bringt uns die Buslinie R48 zurück nach Küstelberg.

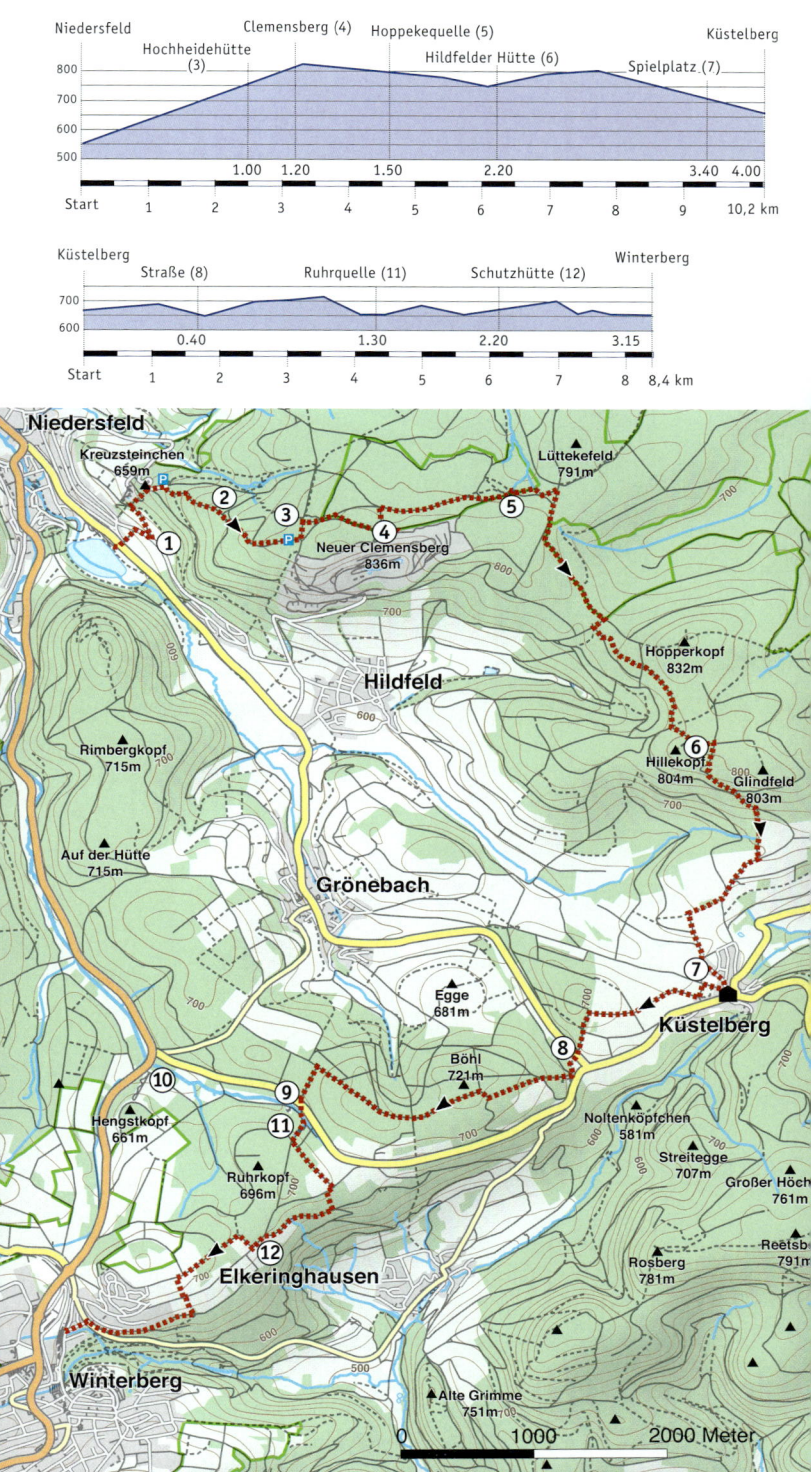

# Unterkunft und Übernachtung

# Eine Auszeit vor der Haustür

*Ein Kurzurlaub oder eine Auszeit am Wochenende? Das geht auch ohne weite Reise. An Lippe und Ruhr gibt es etliche schöne Campingplätze, die neben einer Zeltwiese und Stellplätzen für Campingfahrzeuge oft auch feste Unterkünfte wie Hütten, Wohnwagen oder urige Schlaffässer anbieten. Ein festes Dach über dem Kopf und trotzdem ganz viel Natur bieten die Naturfreundehäuser und wer ins urbane Leben eintauchen möchte, ist in einer der familienfreundlichen Jugendherbergen im »Pott« gut aufgehoben.*

# Familienunterkunft Jugendherberge

Jugendherbergen sind längst nicht mehr die leicht schmuddeligen Unterkünfte, die wir aus unserer Schulzeit in Erinnerung haben. Familien finden hier eher einfache, aber trotzdem ansprechende Übernachtungsmöglichkeiten. In einer Jugendherberge haben Kinder viel Platz und keiner murrt, wenn sie sich austoben. Meist trifft man auch auf andere Familien, und meldet man sich rechtzeitig an, kann man in allen Herbergen ein eigenes Familienzimmer bekommen – teilweise sogar mit Dusche und WC. In den als Familienherbergen zertifizierten Häusern gibt es außerdem Spielzimmer und Spielbereiche für Kinder in den Außenanlagen. Man kann Spiele leihen und eine Tischtennisplatte oder ein Kicker zählt beinahe zur Grundausstattung.

Zur Übernachtung in einer Jugendherberge braucht man einen gültigen Jugendherbergsausweis. Eine Mitgliedschaft für Familien kostet € 22,50 im Jahr. Die Basis ist Übernachtung mit Frühstück – man kann aber auch Vollpension zu günstigen Preisen buchen. Weitere Infos unter www.jugendherberge-nrw.de.

 **Jugendgästehaus Bermuda3Eck**
Zentrale Lage, gemütliche Familien-Komfortzimmer mit gehobener Ausstattung, WLAN.
*Humboldtstr. 59 – 63, 44787 Bochum, Telefon 0234 41757990.*

 **Jugendherberge Cappenberger See**
Idyllische Lage mit direktem Zugang zum Cappenberger See, ideal für Naturliebhaber. Viele Spielgeräte, Lagerfeuerplatz, Tischtennisplatten direkt an der Jugendherberge. Freibad, Freizeitanlage mit Kinderspielplatz und Tretbootverleih in der Nähe. Hunde erlaubt, WLAN.
*Richard-Schirrmann-Weg 7, 44534 Lünen, Telefon 02306 53546.*

**J3 Jugendherberge Dortmund**
Zentrale Lage, Billardraum, Tischtennis und Kicker. Lounge mit Kinderspielecke und Gästegarten. Barrierefrei, WLAN.
*Silberstraße 24 – 26, 44137 Dortmund, Telefon 0231 140074.*

**Jugendherberge Duisburg Sportpark**

Besonders gute Lage am Naherholungsgebiet Sechs-Seen-Platte, geräumige Familienzimmer und großes Außengelände. Barrierefrei. Großes Sportangebot unter anderem mit Fitnessbereich, Sauna, Sporthalle und Beach-Volleyballfeld. Freies WLAN im öffentlichen Raum.
*Kruppstr. 9, 47055 Duisburg, Telefon 0203 3639960.*

 **Jugendherberge Essen**

Schöne Lage am Naherholungsgebiet rund um den Baldeneysee. Alle Zimmer mit eigenem Bad mit Dusche und WC. Grillplatz, Kicker und Fußballplatz. WLAN im öffentlichen Raum, barrierefrei.
*Pastoratsberg 2, 45239 Essen, Telefon 0201 1258320.*

# Naturfreundehäuser

Die NaturFreunde sind ein sozial-ökologischer und gesellschaftspolitisch aktiver Verband für Umweltschutz, sanften Tourismus, Sport und Kultur. Mehr als 67.000 Mitglieder in 550 Ortsgruppen engagieren sich ehrenamtlich für die nachhaltige Entwicklung der Gesellschaft. In Eigenleistung haben die NaturFreunde Unterkünfte gebaut. Sie bieten günstige, einfache Übernachtungsmöglichkeiten. Meist gibt es auf den Zimmern nur ein Waschbecken und zusätzlich ein Gemeinschaftsbad. Die Häuser sind oft in Naturschutzgebieten gelegen und stehen allen offen, Mitglieder erhalten Ermäßigungen.

 **Ruhrtalhaus**

Am Rand des Rumbachtals, einfache Einzel- und Zweibett-Zimmer. Vollverpflegung möglich, Spielplatz.
*Böllrodt 3, 45470 Mülheim, Telefon 0208 373665.*
*www.ruhrtalhaus.de*

 **Eggeklause**

Im Landschaftsschutzgebiet oberhalb des Elbschebachtals, Zimmer für eine bis sechs Personen. Verpflegung auf Anfrage, Liegewiese, Spielplatz, Bolzplatz, Tischtennis, Trampolin.
*Auf der Egge 63, 58300 Wetter, Telefon 02335 71924.*
*www.nfh-eggeklause.de*

 **Jugendtagungsstätte Ebberg**

Am Waldrand, Zweibett- bis Vierbett-Zimmer mit Dusche und WC. Tischtennis- und Kickerraum, Liegewiese, Spiel- und Grillplatz, Vollverpflegung möglich.
*Ebberg 1, 58239 Schwerte-Westhofen, Telefon 02304 67164.*
*www.nfh-ebberg.de*

 **Stadtheim Schwerte**

Am Nordrand der Stadt, nahe des Stadtwalds. Zimmer für drei bis acht Personen. Liege- und Spielwiese, Spiel- und Grillplatz.
*Waldstr. 30, 58239 Schwerte, Telefon 02304 40967.*
*www.naturfreundehaus-schwerte.de*

 **Fritz Bohne**

Am Stadtgarten, Einbett- bis Vierbett-Zimmer und ein Appartement für vier Personen. Verpflegung nach Absprache, Freizeit- und Tischtennisraum, Spielwiese.
*Holbeinstr. 25, 45879 Gelsenkirchen, Telefon 0209 43813. www.nfh-ge.de*

 **Tönisheide**

Inmitten eines Waldgeländes mit Feldern und Wiesen, Zimmer für drei bis vier Personen. Verpflegung nach Absprache, Liege- und Spielwiese, Kinderspielplatz.
*Kuhlendahler Str. 129, 42553 Velbert-Tönisheide, Telefon 02053 6981.*
*www.naturfreunde-nrw.de*

# Campingplätze

Die meisten Kinder lieben die Atmosphäre auf einem Campingplatz. Hier ist viel Platz zum Toben, sie finden jede Menge Spielgefährten und im Zelt schlafen ist eine aufregende Sache.

Nicht alle Eltern teilen diese Meinung. Wer lieber in einem Bett schläft und beim Aufbauen eines Zeltes Tobsuchtsanfälle riskiert, kann auf vielen Plätzen voll ausgestattete Wohnwagen oder Bungalows mieten. Diese Unterkünfte sind preisgünstiger als ein Ferienhaus und verbinden den Komfort einer festen Unterkunft mit dem kindgerechten Umfeld eines Campingplatzes. Besonders an den Ufern von Ruhr und Lippe gibt es schöne Campingplätze, die zu einem entspannten Wochenend-Trip einladen.

 **Campingplatz Lippetal**
GPS N 51°40'14", E 6°50'44"
Mitten im Naturschutzgebiet Hohe Mark an Lippe und Wesel-Datteln-Kanal gelegen, am Rande eines Wäldchens. Ausblick auf das Wasser und die umliegenden Auen. Moderne Sanitäreinrichtungen, Waschmaschine und Trockner. Spielplatz, Angelmöglichkeit, Steg am Kanal, WLAN. Neben Stellplätzen für Zelte, Wohnwagen und Wohnmobile auch Vermietung von Ferienunterkünften. Gaststätte mit Biergarten. Hunde erlaubt.
*Ganzjährig geöffnet.*
*Platz inkl. 2 Pers. €25 – 30,*
*Kinder bis 3 Jahren kostenfrei,*
*Kinder 4 – 12 Jahre €4,50.*
*www.campingplatz-lippetal.de*

 **Freizeitpark Tillessensee**
GPS N 51°38'42", E 6°55'13"
Großer Campingplatz in Dorsten mit 500 Stellplätzen. Idyllische Lage zwischen See, Wald und Wiesen. Ein großer Spielplatz, Tischtennisplatten und das Freibad lassen Kinderaugen strahlen. Gepflegte Sanitäranlagen mit Waschmaschinen und Trockner. Alle Stellplätze mit Telefon-, Strom-, Frisch- und Abwasseranschluss. Hunde erlaubt.
*Ganzjährig geöffnet. Platz inkl. 2*
*Pers. €17, Kinder 4 – 16 Jahre €3,50.*
*www.tillessensee.freizeit-oasen.de*

 **Haard-Camping**
GPS N 51°40'41", E 7°16'57"
Unmittelbar am Naherholungsgebiet der Haard gelegen, umgeben von altem Baumbestand. Viele Wandermöglichkeiten in der Nähe. Sehr saubere Sanitärgebäude, Waschmaschine und Trockner. Familien- und hundefreundlich. Strom und Wasser direkt am Stellplatz. Separate Zeltwiese, Ausflugslokal mit Kiosk, Kleintierzoo, großer Spielplatz mit Trampolin.
*Ganzjährig geöffnet.*
*Platz inkl. 2 Erwachsene und zwei*
*Kinder €12 – 15, zusätzliche Pers.*
*€2. Privat-Bad €5 – 8.*
*www.haard-camping.de*

 **Seepark Ternsche**
GPS N 51°42'42", E 7°26'02"
Campingplatz in Selm direkt am Badesee mit Sandstrand, großer Liegewiese und Eichenwald. Strandcafé mit Shop, barrierefreie Waschhäuser mit Wasch- und Trockenmöglichkeiten, SUP-Angebote. Camping nur mit Wohnwagen oder Wohnmobil möglich, zusätzlich Vermietung von Safarizelten und Schwedenhäusern.
*Geöffnet Januar bis Mitte Dezember.*
*Platz inkl. 2 Pers. €24 – 27,*
*Kinder 6 – 15 Jahre €3 – 3,50,*
*Schwedenhaus (ab 2 Nächten)*
*€63 – 73, Safarizelt (ab 2 Nächten)*
*€58 – 68.*
*www.ternschersee.de*

### 5 Freizeitpark Klaukenhof

GPS N 51°40'09", E 7°22'05"

Familien- und tierfreundlicher Betrieb mit 200 Stellplätzen in Datteln. Am Rande eines Wäldchens gelegen, schöner, alter Baumbestand, in der Nähe des Wesel-Datteln-Kanals. Komfortable sanitäre Anlagen mit Wickelraum, Waschmaschinen, Trockenraum, Aufenthaltsraum. Gasthaus mit Biergarten, Grillmöglichkeiten, Feuerstelle für Lagerfeuer und Stockbrot. Streichelzoo mit Esel und Ziegen, Spielplatz, Liegewiese, eigene Imkerei, WLAN in der Nähe des Hauses. Hunde erlaubt. Auch Übernachtung in Apartments möglich.

*Ganzjährig geöffnet.*
*Platz inkl. 2 Pers. € 25,*
*Kinder unter 15 Jahre € 5.*
*www.freizeitpark-klaukenhof.de*

### 6 Campingplatz am Mühlenbach

GPS N 51°40'15", E 7°21'55"

Großzügig angelegter Platz in Datteln in der Nähe des Wesel-Datteln-Kanals und inmitten von Feldern und Wiesen. Großes Freizeitangebot für Familien in der Nähe. Moderne Sanitäranlagen, Wirtschaft mit Biergarten (hier gibt es WLAN) und Abenteuerspielplatz.

*Ganzjährig geöffnet.*
*Platz inkl. 2 Pers. € 11,*
*jede weitere Person € 4.*
*www.camping-am-muehlenbach.de*

### 7 Campingplatz Große Heide

GPS N 51°41'12", E 7°26'14"

Große Grünfläche im südlichen Münsterland bei Olfen. Sehr ländlich gelegen zwischen Wiesen und Wäldern, direkt neben einem Reiterhof. Moderne Sanitäranlagen, Einzelwaschkabinen, Waschmaschinen und Trockner. Große Zeltwiese, Fußball- und Spielplatz. Badesee mit Strand und Liegewiesen wenige Minuten entfernt. Gaststätte mit täglich wechselndem Mittagstisch, Kiosk. Hunde auf Anfrage.

*Ganzjährig geöffnet.*
*Platz inkl. 2 Pers. € ab 16,50,*
*Kinder bis 15 Jahre € 4,50.*
*www.grosseheide.de*

### 8 Campingplatz Uentrop

GPS N 51°41'39", E 7°58'13"

Mitten in den Lippeauen mit Blick auf den Fluss gelegen, aber auch recht nahe an der A2. Ringsum weite Felder- und Wiesenlandschaft. Gepflegte Sanitäranlagen, Waschmaschinen, Trockner und Entsorgungsstation. Spiel- und Minigolfplatz, Beachvolleyball, Tischtennis, Grillpavillon, Angelmöglichkeit, Kiosk, Brötchenservice, Restaurant. Hunde erlaubt.

*Ganzjährig geöffnet.*
*Platz inkl. 2 Pers. € 14,50 – 16,*
*Kinder bis 14 Jahre € 4.*
*www.camping-helbach.de*

**Campingplatz Kampmeier**
GPS N 51°28'09", E 7°40'58"
Bei Iserlohn in unmittelbarer Nachbarschaft zum Platz Ruhrtalblick und genauso schön ruhig direkt an der Ruhr gelegen. Gute Sanitäranlagen. Mehrere Spielplätze, Liegewiese mit Bademöglichkeit in der Ruhr und mehreren Bootsstegen.
*Ganzjährig geöffnet.*
*Platz inkl. 2 Pers. €18,*
*Kinder 4–14 Jahre €2.*
*www.campingplatz-kampmeier.de*

**10 Campingplatz Ruhrtalblick**
GPS N 51°28'04", E 7°40'52"
Naturnahe Lage bei Iserlohn direkt an der Ruhr, umgeben von Wiesen und Feldern. Direkt neben dem Camping Kampmeier. 120 Stellplätze, separater Zeltplatz. Saubere Sanitäranlagen, eigener Bootsanleger, Badeplatz, Bistro (am Wochenende mit hausgebackenem Kuchen), Tischtennis. Hunde erlaubt.
*Ganzjährig geöffnet.*
*Platz inkl. 2 Pers. €19,*
*Kinder bis 12 Jahre €2.*
*www.ruhrtalblick.de*

**11 Campingplatz Hohensyburg**
GPS N 51°25'14", E 7°29'41"
Tolle Lage an der Lennemündung in die Ruhr und in unmittelbarer Nähe der Ruhrsteilhänge. Von Wäldern umgeben, tolle Aussicht auf den Syberg. Separater Zeltplatz mit einer Größe von zwei Fußballfeldern auf einem Plateau. Modernes barrierefreies Sanitärgebäude mit extra Kindertoilette. Übernachtung auch im Campingfass oder Mietwohnwagen möglich. Spielplatz mit Spielhaus. Frühstück und Brötchenservice, Kiosk, Gaststätte, Imbisswagen. Kanadier- und SUP-Verleih fußläufig erreichbar, ebenso die Naturbühne Hohensyburg und ein Minigolfplatz. Hunde erlaubt.
*Ganzjährig geöffnet.*
*Platz inkl. 2 Pers. €20–24,*
*Kinder 6–16 Jahre €7.*
*www.camping-hohensyburg.de*

 **Campingplatz an der Kost**
GPS N 51°25'00", E 7°12'24"
Idyllischer, kleiner Platz in Hattingen direkt an der Ruhr auf einer Wiese mit eigenem Bootssteg und mit bewaldeten Hängen im Rücken. Blick über die Ruhr auf die Wiesen an der anderen Uferseite, gute Möglichkeiten zur Beobachtung von Wasservögeln und zu Spaziergängen auf dem Leinpfad. Gepflegte Sanitäranlagen, Gaststätte. Hunde erlaubt.
*Ganzjährig geöffnet.*
*Platz inkl. 2 Pers. €16–20,50,*
*Kinder unter 12 Jahren €4.*
*www.campinghattingen.de*

 **Campingplatz Ruhrbrücke**
GPS N 51°24'22", E 7°10'12"
Großzügig angelegter Campingplatz direkt am Ufer der Ruhr an der Bootsrutsche Hattingen und dem Ruhr-Wehr. Wiesenflächen an beiden Seiten des Ufers. Der Leinpfad lädt zu Spaziergängen ein und führt direkt am Platz vorbei. SUP-Verleihstation direkt am Campingplatz. Hunde erlaubt.
*Geöffnet Anfang April bis Ende Oktober. Platz inkl. 2 Pers. €16–19,*
*Kinder unter 14 Jahren €4.*
*www.camping-hattingen.de*

**14 Campingplatz Horster Brücke**
GPS N 51°25'47", E 7°05'52"
Auch nahe der Horster Schleuse bei Essen gibt es einen idyllischen kleinen Platz direkt an der Ruhr, der bewusst naturnah gehalten ist. Wiesenflächen an beiden Seiten des Ufers, Bootsanlegestelle. Gepflegte Sanitäranlagen, aber keine Stromanschlüsse an den Stellplätzen. Restaurant mit Biergarten in unmittelbarer Nähe. Lagerfeuerplatz mit der Möglichkeit, Feuerholz zu kaufen (€10–15). Hunde auf dem Platz nicht erlaubt.
*Geöffnet Mitte April bis Mitte Oktober.*
*Platz inkl. 2 Pers. €16–20,*
*Kinder unter 7 Jahren €2.*
*www.horster-ruhrbruecke.de*

**Campingpark Baldeneysee**

GPS N 51°24'06", E 7°02'27"

Direkt am südlichen Ufer des Baldeneysees gelegen mit Blick auf diesen
und die bewaldeten Hänge am anderen Ufer. Ebenes Wiesengelände mit
altem Baumbestand, alle Stellplätze
verfügen über einen Stromanschluss.
Separate Zeltwiese. In den Sanitäranlagen gibt es Waschkabinen, behin-
dertengerechte Toiletten und separate Kindertoiletten. Waschmaschine
und Trockner vorhanden.
*Geöffnet Mitte Februar bis Mitte*
*November.*
*Platz inkl. 2 Pers. €25–28,*
*Kinder 4–13 Jahre €3.*
*www.campingpark-baldeneysee.de*

 **KNAUS Campingpark**
**Essen-Werden**

GPS N 51°22'55", E 6°59'43"

Bei Essen direkt an der Ruhr gelegen
mit Blick auf den Wald auf der anderen Uferseite. Barrierefreie Sanitär-
räume mit Kinderbad, Waschmaschine
und Trockner. Brötchenservice, Bistro
und italienisches Restaurant mit Biergarten auf dem Platz. Tischtennis,
Spielplatz, Hunde erlaubt. Vermietung
von Campingfässern und Mobilheimen.
*Ganzjährig geöffnet.*
*Platz inkl. 2 Pers. €38,80–42 inkl.*
*Strom, Kinder 4–15 Jahre €5,10.*
*www.knauscamp.de*

 **Campingplatz Deichklause**

GPS N 51°22'42", E 6°59'20"

Naturbelassener, kleiner Platz in
Essen-Werden direkt an der Ruhr, auf
der anderen Seite bewaldet. Blick
vom Platz auf die Ruhr und die Ruhr-
wiesen auf der anderen Uferseite.
Kiosk, Angelmöglichkeiten, kleine
Bootsanlegestelle. Hunde erlaubt.
*Geöffnet April bis Mitte Oktober.*
*Platz inkl. 2 Pers. €12–15,*
*Kinder 4–13 Jahr €2,*
*Jugendliche 14–17 Jahre €3.*
*www.camping-deichklause.de*

 **Camping Ennepetal**

GPS N 51°15'46", E 7°22'25"

Wunderschöne, abgeschiedene Lage
zwischen Buchenwald und weiten
Wiesen. Stellplätze für Wohnwagen
und Wohnmobile, großzügig gestal-
tete Zeltwiese. Barrierefreies Sanitärgebäude, Waschmaschine. Überdachte
Remise mit Bierzeltgarnituren, Grill-
möglichkeit. Camper-Küche mit Ge-
schirr, Besteck, Herd, Backofen und
Kühlschrank. WLAN gegen Gebühr.
Außengelände mit Bolzplatz, Lager-
schuppen für Getränke. Alternative
Übernachtungsmöglichkeit auf dem
Heuboden oder in der Wanderhütte
mit eigenem Schlafsack. Hunde erlaubt.
*Ganzjährig geöffnet.*
*Platz inkl. 2 Pers. und Strom €14–16,*
*Kinder bis 16 Jahre €3.*
*www.camp-en.de*

 **Rheincamping Meerbusch**

GPS N 51°18'02", E 6°43'31"

Unparzellierter Naturcampingplatz auf
einem Wiesengelände direkt am Rhein-
ufer, das hier mit kleinen Sandbuch-
ten überrascht. Ruhige Lage zwischen
Feldern und dem Fluss. Gepflegte
Sanitäranlagen, Camperküche, Sport-
plätze, Minimarkt, Strandbar, Entsorgungsstation für Wohnmobile. Außerdem wird ein Schlaffass mit Blick auf
den Rhein vermietet.
*Geöffnet April bis Anfang Oktober.*
*Platz inkl. 2 Pers. €28,40,*
*Kinder 4–12 Jahre €5,20–5,70.*
*www.rheincamping.com*

 **Camping Eldorado**

GPS N 51°31'25", E 6°30'29"

Gut ausgestatteter Campingplatz mit-
ten im Nirgendwo bei Kamp-Lintfort.
Große, mit Hecken parzellierte Plätze,
Sanitäranlagen schon etwas äl-
ter, aber sehr sauber. Freundliche Be-
sitzer. Gaststätte mit Biergarten und
Schwimmbecken (Freibad) am Platz.
*Geöffnet April bis Oktober.*
*Platz inkl. 2 Pers. €16,*
*Kinder 2–15 Jahre €3.*
*www.camping-eldorado.de*

Abenteuer-Spielplatz ..................32
Adener Höhe ............................. 149
Ameisenbarfußpfad ................. 122
Arche-Park Witthausbusch .......... 25
AQUAPark Oberhausen ............... 27
Atlantis Dorsten ...................... 114

BahnLandLust .................. 13, 134
Baldeneysee .............................. 164
Baldeneysteig ........................... 221
Bergbauwanderweg ................. 201
Bergmannsbuche ....................... 34
Beversee ........................... 48, 149
Bittermark ................................. 28
Blaue Lagune ............................. 83
Botanischer Garten ................. 163
Brache Vondern .......................... 46
Burg Altendorf .......................... 164
Burg Blankenstein ................... 163
Burg Hengebach ......................242
Burg Nideggen ......................... 242

Dechenhöhle ........................... 160
Drevenacker Dünen .................. 118
Duisburger Zoo .......................... 25

Eisenbahnmuseum .................... 164
Elfrather See ............................. 80
Erzbahnschwinge ....................... 23
Ewaldsee ................................... 42
Explorado Kindermuseum ........... 26

Freilichtmuseum Hagen ............. 161
Fußballmuseum .......................... 22

Gasometer Oberhausen .............. 26
Geocaching ............................... 12
Geologischer Garten ................. 23
Gleispark Frintrop ..................... 46
GPS-Daten ................................. 20
Gysenbergpark ........................... 32

Halde Großes Holz ..................... 48
Halde Haniel .............................. 27
Halde Hoheward ........................ 42
Halde Lothringen ...................... 48
Halde Rheinelbe ........................ 47
Halde Rheinpreußen ................. 105
Halde Sachsen ........................... 48
Halde Zollern ............................ 48
Halterner Stausee ............. 117, 140
Harkortsee ...................... 163, 184
Hasper Talsperre ...................... 188
Haus Ripshorst ................. 46, 54
Heidesee .................................... 27
Hengsteysee ............................. 162
Henrichshütte ........................... 48
Herkules .................................... 50
Herminghauspark ...................... 165
Hespertalbahn .......................... 164
Hillestausee ............................. 248
Horizontobservatorium .............. 43
Horster Schleuse ...................... 213
Hullerner See ........................... 143

Industriemuseum Henrichshütte..164
Infozentrum Waldwirtschaft ...... 248

Kaisergarten Oberhausen ........... 26
Kemnader See ........................... 163
Kinderbauernhof Heupferdchen .. 117
Kletterwald Wetter ................... 163
Kloster Kamp ............................ 83
Kluterthöhle ..................... 162, 192
Kokerei Hansa ........................... 48
Krefelder Zoo ............................ 82

Landschaftspark Duisburg-Nord ... 46
Landschaftspark Hoheward .......... 47
Landschaftspark Mechtenberg ..... 47
Legoland .................................... 26

Märchenzoo .............................. 165
Margarethenhöhe ....................... 25
Maximilianpark Hamm ............... 117
Museum Strom und Leben ........... 24

Naturschutzgebiet Hallerey ........ 48
Naturwildpark Granat ............... 116
Neanderlandsteig ...................... 211
Niederrheinisches Freilichtmuseum ..83
Nordsternpark ..................... 24, 49

Radroutennetz ........................... 13
Raffelberg ................................. 68
Rheinorange ........................ 75, 77
Rombergpark .............................. 22
RömerLippeRoute ...................... 13
Rotbach .................................... 58
Rothaarsteig ............................ 246
Route Industriekultur ................. 13
Ruhrtalhaus ............................... 62
Ruhrtalradweg ........................... 13
Ruhr-Viadukt ................... 162, 198
Ruine Hohensyburg ................... 178
Rumbachtal ............................... 62
Rurtalsperre Schwammenauel .... 242

Schluff ...................................... 82
Schurenbachhalde ...................... 51

Terra-Zoo Rheinberg .................. 83
Tierpark Bochum ........................ 23
Tierpark Hamm ......................... 117
tree2tree ................................... 80

Villa Hügel .............................. 165
Vogelpark Maria Veen ............... 116
Vogelpark Wattenscheid ............. 24

Wasserschloss Lembeck ............. 114
Welterbe Zollverein ................... 46
Westpark ................................... 48
Westpark Bochum ...................... 23
Westruper Heide ....................... 141
Wildnis-Trail ............................ 241
Wildpark Frankenhof ................. 115
Wildpferdebahn Dülmen ........... 116
Wildwald Vosswinkel ................ 160

Xpad Walderlebniszentrum .... 82, 93

Zeche Ewald ............................. 43
Zeche Hannover ......................... 47
Zeche Nachtigall ....................... 48
Zoo Dortmund ........................... 22
ZOOM Erlebniswelt ................... 24

### Natalie Dickmann

Die gelernte Medienkauffrau, Jahrgang 1982, ist von Kindesbeinen an mit dem Wandervirus infiziert. Ihr Sohn Levin und ihr Mann Andreas, der für dieses Buch auch einen Großteil der Fotos gemacht hat, wandern meistens mit.

In Nordrhein-Westfalen beheimatet zieht es die Familie immer wieder in die Alpen, aber auch in die deutschen Mittelgebirge und die abwechslungsreiche Natur in und um NRW. Neben dem Wandern gehören Rad- und Skifahren sowie Geocaching und Hüttentouren zu ihren liebsten Outdoor-Aktivitäten.

Natalie bloggt auf **outdoor-familienglueck.com** über Natur- und Outdoor-Erlebnisse sowie aktive Reisen für die ganze Familie. Dabei liegt der Schwerpunkt auf dem Wandern und Reisen mit Kindern, aber auch auf Outdoor-Aktivitäten mit Freunden und ihrem Mann.

Es ist ihr eine Herzensangelegenheit, Familien dazu zu motivieren, freie Zeit an der frischen Luft zu verbringen und es Kindern zu ermöglichen, die Natur mit allen Sinnen zu erleben.

**1. Auflage, Februar 2021**
Naturzeit Reiseverlag e.K.
82288 Kottgeisering
www.naturzeit-verlag.de
info@naturzeit-verlag.de

**Vertrieb:** Geo Center, 70565 Stuttgart

**Satz und Gestaltung:** Stefanie Holtkamp, Naturzeit Reiseverlag

**Lektorat:** Stefanie Holtkamp, Lena Marie Hahn

**Druck:** Druckerei Louis Hofmann, 96242 Sonnefeld, www.lh-druckerei.de

**Kartographie:** Jonathan Holtkamp

**Kartenbasis:** Geoinformationen © OpenStreetMap (ODbL) - Mitwirkende
(www.openstreetmap.org/copyright)

**GPS-Daten:** GPX221RG282

**Bildnachweis:**

Bildagentur iStock: Seite 22 GlobalP, Seite 23 Sonsedska, Seite 26 Phil7721, Seite 27 Manninx , Seite 41 Solovyova, Seite 129 (Eisvogel) cherrybeans, Seite 129 (Reiher) Roger Whiteway, Seite 222 (Eichhörnchen) GlobalP, Seite 222 (Rehe) JMrocek, Seite 223 (Wildschwein und Fuchs) GlobalP, Seite 223 (Hirsch) Dgwildlife, Seite 229 (Hainbuche) emer1940, Seite 231 unten Jan Bussan, Seite 231 (Weide) dabjola, Seite 231 (Kiefer) Tetiana, Seite 254 m-gucci.

Bildagentur Adobe Stock: Seite 9 Petr Bonek, Seite 39 Cornelia Kalkhoff, Seite 115 Matthias, Seite 116 Nadine Haase, Seite 129 (Kormoran) Eric Isselée, Seite 164 hespasoft, Seite 165 emscherbild

Seite 250 / Lisa Edelhäußer
Seite 175, 176 oben, 228, 230 / Stefanie Holtkamp

**Alle weiteren Fotos:** Andreas und Natalie Dickmann

**Illustrationen:** Stefanie Holtkamp

ISBN 978-3-944378-28-2

*Aktuelle Angaben unterliegen einem ständigen Wandel. Daher sind alle Informationen über Freizeitangebote, Restaurants und Campingplätze, insbesondere die Angaben von Öffnungszeiten, Telefonnummern und Preisen trotz sorgfältiger Recherche nur eine Momentaufnahme. Alle schriftlichen und bildlichen Informationen in diesem Buch erfolgen nach bestem Wissen und Gewissen des Autors. Eine Haftung durch Verlag und Autor ist ausgeschlossen, soweit ein Schaden nicht an Leben, Körper oder Gesundheit eingetreten ist, es sei denn, unsere Verantwortung beruht auf Vorsatz oder grober Fahrlässigkeit.*

# Mehr Natur, mehr Abenteuer, mehr Erholung ...

Ziele für erlebnisreiche Familienferien zwischen Wasser, Wald, Bergen und Meer gibt es in diesen Bänden der Buchreihe *Naturzeit mit Kindern*.

Verena Wagner

### Naturzeit mit Kindern: Rund um Innsbruck

Tirols pulsierende Hauptstadt ist umgeben von hohen Bergen. Mit der Straßenbahn zum Wandern? Das geht nur in Innsbruck. Auf einzigartige Weise verbindet sich Kulturprogramm mit einer Familienwanderung im Amraser Schlosspark, im Stadtwald oder beim Geocaching über der Salzstadt Hall. Das Karwendel, die eindrucksvolle Wanderregion im Norden der Stadt, sorgt für alpine Wanderziele. Entlang von Wipptal und Stubaital erforschen wir die Berge südlich von Innsbruck bis über den Brennerpass.

1. Auflage 2021, 264 Seiten, **€ 18,00**
ISBN 978-3-944378-29-9

Stefanie Holtkamp

### Naturzeit mit Kindern: Mecklenburgische Seenplatte

Im »Land der tausend Seen« sind Biber und Fischotter zu Hause, Seeadler ziehen am Himmel ihre Kreise und im Herbst und Frühjahr ist der Kranich ein gern gesehener Gast. Eine spannende Exkursion mit dem Kanu, eine Fahrradtour ins Reich der Fischadler oder der perfekte Zeltplatz direkt an einem der gut versteckten Seen – in Mecklenburg finden Familien einen Hauch Wildnis und viel Raum für kleine und große Abenteuer in der Natur.

3. Auflage 2021, 264 Seiten, **€ 18,00**
ISBN 978-3944378-31-2

Weitere Informationen und eine Leseprobe zu jedem Buch unter
**www.naturzeit-verlag.de**

ISBN 978-3-944378-14-5
1. Auflage 2019, € 15,90

ISBN 978-3-944378-13-8
1. Auflage 2017, € 15,90

ISBN 978-3-944378-23-7
2. Auflage 2019, € 15,90

ISBN 978-3-944378-09-1
1. Auflage 2017, € 17,90

> abenteuertaugliche Routen durch die Natur für Familien mit Kindern – zu Fuß oder auch mal mit dem Fahrrad oder dem Kanu
> die schönsten Badeplätze
> interessante Ausflugsziele in der Nähe der Wanderrouten
> Kinderinfos zu Natur und Geschichte
> Campingführer und Übernachtungstipps

**Hochwertig produziert:**

> jede Tour mit topographischer Karte, übersichtlichem Tourensteckbrief, GPS-Tracks zum Download und stimmungsvollen Fotos
> große Übersichtskarte in der hinteren Umschlagklappe

Regina Stockmann, Stefanie Holtkamp, Johanna Kraus

### Trekkingträume für Familien
Vom Mikroabenteuer zur Trekkingtour

Gemeinsam raus in die Natur. Weit weg vom Lärm der Zivilisation, der Alltagshektik und vom Überfluss. Sich nur noch um elementare Dinge kümmern und ein bisschen langsamer leben. Draußen sein, kleine Abenteuer erleben, Neues entdecken, in die Sterne gucken, näher zusammenrücken und als Familie ganz viel Zeit miteinander verbringen.

*Für Outdoor-Anfänger und erfahrene Outdoor-Fans, die vor der Herausforderung stehen, ihr liebstes Hobby mit ihren Kindern zu teilen.*

1. Auflage 2020, 384 Seiten, € 19,90
ISBN 978-3944378-25-1

Regina Stockmann

## Alles bleibt anders

»Alles bleibt anders« erzählt von Familienreisen im Campingbus, mehrtägigen Trekkingtouren in Norwegen und im Val Grande, einer Kanufahrt auf der Loire und ersten Fernreisen nach Marokko und Südafrika.

Ein Buch, das outdoorbegeisterten Eltern Spaß und Mut macht, Ideen liefert, Erfahrungen teilt und mit vielen Fotos zum Reise-Träumen und Reise-Planen anregt.

1. Auflage 2017, 264 Seiten, € 15,90
ISBN 978-3-944378-12-1

Stefanie Holtkamp, Lena Marie Hahn

## Schottland mit Kindern

Blendend weißer Sand vor türkisblauem Meer und sattgrünen Wiesen, karge Hügel mit moorigdunklen Seen und sich windenden Wasserläufen, vom Wind zerzauste Schafe, kreischende Möwen, eine halb zerfallene Burg vor dramatisch blauschwarzem Himmel – Schottlands wilder Westen bietet unvergessliche Szenarien. Unsere Touren führen Sie von Glasgow die Küste hinauf über Loch Lomond und Loch Ness bis Durness und in die wilde Natur der Inseln Arran, Islay, Jura, Mull, Skye und Lewis and Harris.

1. Auflage 2019, 360 Seiten, € 19,90
ISBN 978-3-944378-20-6

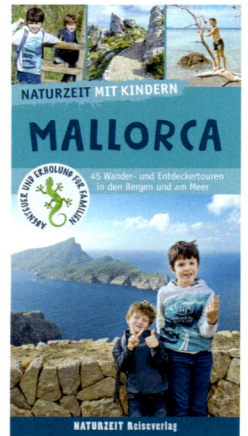

Damaris Weiss

## Naturzeit mit Kindern: Mallorca

Harsche Klippen, duftende Pinienwälder, malerische Dörfer und weite Strände – Mallorca hat tolle Plätze für jeden Geschmack. Familien können hier Sonne und Sand am Mittelmeer genießen, aber auch mit unseren Wanderabenteuern die stilleren Winkel der Insel erkunden. Unsere Streifzüge führen am Meer entlang, vorbei an Piratenwachtürmen und mittelalterlichen Burgen, zu magischen Quellen und skurril geformten Felsen, hinab in Höhlen und in die Berge.

1. Auflage 2021, 240 Seiten, € 18,00
ISBN 978-3944378-30-5

ISBN 978-3-944378-21-3
1. Auflage 2019, **€ 18,90**

ISBN 978-3-944378-19-0
1. Auflage 2019, **€ 17,90**

ISBN 978-3-944378-11-4
1. Auflage 2017, **€ 16,90**

ISBN 978-3-944378-15-2
1. Auflage 2018, **€ 17,90**

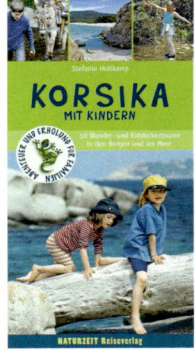

ISBN 978-3-944378-17-6
6. Auflage 2018, **€ 17,90**

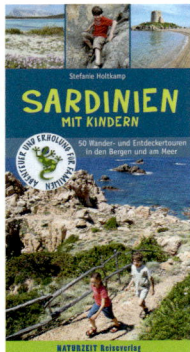

ISBN 978-3-944378-18-3
4. Auflage 2018, **€ 19,90**

# www.wandern-mit-kindern.info

ist die Website zur Buchreihe »Naturzeit mit Kindern«. Hier gibt es viele Infos und Tipps für alle, die gerne mit Kindern in der Natur unterwegs sind, und aktuelle Ergänzungen zu unseren Büchern, bevor diese Berücksichtigung in der nächsten Auflage finden.

Campingplatz geschlossen? Wegbeschreibung nicht mehr aktuell? Etwas Neues entdeckt? Wir freuen uns sehr, wenn Sie uns über positive und negative Erfahrungen berichten und stellen diese gerne allen Lesern zur Verfügung. Bitte schreiben Sie uns unter **info@naturzeit-verlag.de**